知名财税专家深度解读2013年8月1日实施的营改增新政

营改增

政策深度解析及

纳税辅导

樊剑英/著

YINGGAIZENG ZHENGCE
SHENDU JIEXI JI NASHUI FUDAO

经济管理出版社
ECONOMY & MANAGEMENT PUBLISHING HOUSE

图书在版编目（CIP）数据

营改增政策深度解析及纳税辅导/樊剑英著. —北京：经济管理出版社，2013.9
ISBN 978-7-5096-2615-3

Ⅰ.①营… Ⅱ.①樊… Ⅲ.①增值税—税收改革—税收政策—基本知识—中国 Ⅳ.①F812.422

中国版本图书馆 CIP 数据核字（2013）第 196518 号

组稿编辑：何 蒂
责任编辑：魏晨红
责任印制：杨国强
责任校对：李玉敏

出版发行：经济管理出版社
　　　　　（北京市海淀区北蜂窝 8 号中雅大厦 A 座 11 层　100038）
网　　址：www. E-mp. com. cn
电　　话：(010) 51915602
印　　刷：北京银祥印刷厂
经　　销：新华书店
开　　本：720mm×1000mm/16
印　　张：17
字　　数：286 千字
版　　次：2013 年 9 月第 1 版　2013 年 9 月第 1 次印刷
书　　号：ISBN 978-7-5096-2615-3
定　　价：42.00 元

在女儿执意报考理科院校而我又无力劝止时，我努力说服自己学习理科思维或许更加厚重、扎实且后劲十足，脑海中泛出的成功案例，就是樊剑英先生。

不论少年时的樊先生是否美男子、高材生，这都不影响他在 30 岁后的一连串难度可观、帅呆酷毙、眼花缭乱的华丽转身，掠来一片惊艳之色和喝彩之声，甚至挑战了观众的呼吸频率、心跳幅度和尖叫分贝。在"士别三日当刮目相看"这一主要用于杰出分子的分析模型下，称呼樊剑英为税收筹划行业中的"黑马"甚至"新星"，都不为过。

我与樊先生在 2007 年于河北纳税人网的一次聚会上认识时，正当他"不鸣则已，一鸣惊人"的起飞期。那个时间段极可能也是樊剑英成长、成才、成熟、成功的一个分水岭，此前的他平凡但是勤奋，此后的他火爆并且忙碌。此前人们对他的一般称呼是"小樊"，此后对他的规范称谓则是"老师"，唯有那个时候相识，还可以自然而然地拍了肩膀互道"哥们儿"。之后的每一次相见和相闻，便如目视某些天才少年习练围棋的长进曲线，直线上升而不可限量。

学生时代专业为理工科的他，毕业后找到了一份类似于会计的统计和成本核算工作。这可以算是他后来成功于兼具财务、税收、财政、经济诸学科的税收筹划名家的专业起点。理科生擅下苦功夫、狠功夫、硬功夫的长处，确保他很快胜任了这个距离他的初始专业颇有沟壑的行当。而对财务会计专业的入门历练，又刺激了他进一步熟通这一业务的动力。之后的两三次跃进式跳槽，指向的已经是某大型房地产公司总会计师的职位了。就是在向这一职位冲刺的过程中，他又收获了注册税务师、税务顾问、税收筹划人的资质。于是，2009 年前后的他春风得意、意气风发、一发而不可收，在顺利就任公司总会计师的同时，也成为了《中国税务报》筹划专刊当仁不让的高产写家。在这份每年发表两三篇文章即堪称名家俊手的专刊上，"樊剑英"的署名每年数以十计地出现在版面上，这样的强势亮相，便是从事税务工作多年的"老税政"、从事税务教学工作多年的知名教师、从事税收筹划工作多年的金牌税务师，也会叹为观止。他的涉猎是那样的广泛，以至于我在 2010 年到扬州税院主讲"地税新政策解读"时还曾参阅他的成果，并将他发表在某份杂志上的半身照嵌入课件中。

也许是与在《中国税务报》、中国税网的频频出镜有关，樊剑英先生的稿约、课约、现场指导之约也空前地热络起来。2011 年 5 月，应大连出版社之邀写就的《房地产开发企业纳税实务与风险防范》，出版不久就销售一空，到今天已经修订、加印到了第四版。这是他创下的又一个令人艳羡的纪录。无论是为该书作序的高献洲先生还是时常为他编发稿件的我，著述经历都比老樊要早、著述要多，却因话题的相对小众而少有再版的机会，遑论这样的一版再版。

之后的樊剑英再度撩拨着人们的惊讶，他辞去待遇优厚的总会计师职位，游走于大江南北的各家讲坛、事务所、企业，宛如"空中飞人"，甚至于主要的活动基地也迁离了我们这座雾霾污染指数高居中华首位的高危城市。偶尔在电话、邮件、QQ、微信里惊鸿一瞥，又飘然而去。多方"百度"，方才知道他如今的身份已然是中国"得法网"业务总监，"房言税语"栏目首席顾问，"中国税网"房地产项目总监。待他将新书《营改增政策深度解析及纳税辅导》书稿发来索序时，我恍然想到与他已经一别经年。

税收筹划作为一门发育相对成熟的学科，正以其鲜明的实践性、工具性、技巧性，经由高金平、郭伟、王骏、高献洲、樊剑英的努力而化作征纳双方共同享有的智力资源。循着单体政策解读、多项政策串连、政策红利辨析、筹划空间厘定、筹划路径设计等次序，税收筹划不仅为纳税人寻到了足可节税、"避税"、提升纳税效率、降低税务风险的纳税策略组合和税收财务利益，也为将国家与税务当局立意赐予的显见和潜在税收优惠送达纳税人铺设了坦途。考虑到厘定筹划空间、设计筹划路径这两个阶段多属于"运用之妙存乎一心"甚至"可以意会不可言传"的高端功夫，税收筹划者们能够在更大的界面下耳提面命、倾囊以授、谆谆教诲于人的，主要的还是单体政策解读、多项政策串连、辨析政策红利等基础和中级层面的知识和技能，用樊剑英先生的表达来说，就是"深度解析"。因为立足于对税收及相关政策、规则、意图、倾向、界限、侧重、头绪、优劣的细密分解、融会贯通、旁征博引、"深文周纳",这样的解析对于税务官员、税收教研人员、企业高管、税务顾问、会计及办税人员都会提供思考问题的路数和解决问题的要领。《房地产开发企业纳税实务与风险防范》一书出版后八方争索、"洛阳纸贵"的情形,已经可以印证这一点。

从2013年8月1日起,一项大大冲击中国分税制格局使之在分税种、分税权、分税率、分税目、分税收等类型间更加迷幻莫测但对税务当局和纳税人同样意义重大、影响深远、利害攸关、运脉交关的税制改革——"营改增",将在2012年始自上海市继而扩大到北京、江苏等9省、直辖市试点的基础上,向其余22个省、自治区、直辖市全面推行。这样一项据说在整体上有减税效果可在局部增、减、免不一的改革,对于纳税人而言,是尽数享受缓释而出的改革红利,还是有限承担级差有别的税负"红包",会因为知与不知、会与不会、熟与不熟、精与不精而呈现不同的运算结果。用官方的说法就是:"避免因政策理解不当或运用错误,使自己应得的改革利益得不到保障。在制订经营方针时也要充分考虑政策导向,合理谋划。"因而,应对这场马上就要降临的机遇与挑战,尽快了解并熟悉相关政策,规范和完善财务管理,对采购、销售、定价等业务流程进行梳理与调整,是涉改企业必要的行事分寸。而《营改增政策深度解析及纳税辅导》一书,则是修炼得法、筹划有道、辅导有术的资深税务顾问樊剑英的研究成果,大可以参考借鉴之以收事半功倍之效。

财务会计以及税务处理、税收筹划,很接近、吻合、匹配缜密周详的理科思维。这恰是樊剑英先生的优势。本书依旧延续了他字斟句酌、丝丝入扣、一丝不苟甚至不苟言笑的文风,这一点应该很合乎企业财务人员这一主要读者群的胃口。我曾经当面调笑过老樊的"文采",今天想来这也并非他的缺点。真的要在这样严肃、严格、严谨的专业讲说中祭出一些怡情闲笔,读者们非但会"看不懂",简直会反感也未可知。好在作者能体会读者的辛苦,特意在略嫌枯燥的税务运筹之外点缀了相当篇幅的答问、图表、自测等,让全书泛出不同于学术、艺术的技术美感。

恰也因为认定税收筹划这门学问更适用理科思维,自负"系统构建税收学"情趣并在税理学、税史学、税法学、税收社会心理学、税收诗话、税收地理等多个分支有所斩获的我几乎很少涉足。这也局限了我,使我不大可能对樊先生书中的具体推演妄加置喙。好在我和他之间有着许多的共同朋友，这些人对老樊的统合观感便足以支撑本序的行文基调。我想，认识了下蛋的母鸡再去品尝其产下的那些蛋，口感是不是会更加纯正浓郁一些？

就请读者步入本序起承转合的正文吧……

清苑李胜良① 谨识

---

① 李胜良，税收学者。供职于河北省地税局科研所，兼上海交通大学税务研究所研究员。著有《纳税人行为解析》、《发票撷趣》、《税收脉络》、《大任斯人》、《税道长安》、《曹钦白评传》等书，先后在《陕西国税》、《宁夏日报税务周刊》、《海西税务》、《大连税务研究》、《唐山地税》、《广东地方税务》、《河北税务》等刊开设税收文化专栏。

"营改增" 2013 年 8 月 1 日全国推开，政策有何变动?

2013 年 5 月 27 日，财政部和国家税务总局联合印发《关于在全国开展交通运输业和部分现代服务业营业税改征增值税试点税收政策的通知》（财税〔2013〕37 号）（以下简称《通知》），进一步明确了自 2013 年 8 月 1 日起在全国范围内开展交通运输业和部分现代服务业营业税改征增值税试点的相关税收政策。《通知》新增了广播影视服务作为部分现代服务业税目的子目，规范了税收政策，完善了征管办法。

《通知》对前期试点的税收政策进行了整合，并根据前期试点中反映的情况，对部分政策进行了调整和完善，形成了修订后的交通运输业和部分现代服务业营业税改增值税（以下简称"营改增"）试点实施办法、试点有关事项规定、试点过渡政策规定以及应税服务增值税零税率和免税政策规定等。同时，《通知》明确，前期试点的相关税收政策规定自 2013 年 8 月 1 日起废止。

新政策自 2013 年 8 月 1 日起施行，尚未纳入交通运输业和部分现代服务业试点地区的企业自然政策从新，将直接自 8 月 1 日起执行新政策规定，而已经属于试点地区的企业势必要脱下旧袍改换新装，也要经历一个局部的政策调整，那么新旧政策有哪些不同呢？这是当前试点或非试点企业都非常关心的问题，为此，笔者结合新旧政策规定，对于试点实施办法逐条解读，力求能够帮助试点企业纳税人尽快掌握营改增政策实质，熟悉营改增前后会计核算和税收政策的变化，早日适应角色，吻合税收改革的方向，走出一条快速发展的阳光大道。

鉴于营改增政策当前仍处于不断调整和逐步推陈出新的状态，本书对于尚未纳入试点的行业借鉴了业内人士的部分观点，谨希望帮助大家未雨绸缪，早做税务安排；对于尚未明文公布的法规，笔者谨先借鉴原文件精神予以解读；对于试点地区与非试点地区的差异，为免使读者在理解上存在偏差，笔者一概以新文件精神为准。

本书适用于税务人员、企业管理人员、税务经理、财务人员、税务师事务所和会计师事务所从业人员。在本书的编写过程中，参考了业内专家的部分观点，并获得中国税网、方欣科技有限公司、得法网财税专家的鼎力支持，在此笔者一并致谢。

限于时间紧迫和笔者水平，本书难免存在疏漏之处，敬请业内同仁批评指正。

笔者电子邮箱：15132178515@126.com，517646608@qq.com

QQ：517646608

财税业务交流 QQ 群：

樊剑英税友汇 QQ 财税 1 群：181681591

樊剑英税友汇 QQ 财税 2 群：252768493

樊剑英税友汇 QQ 财税 3 群：271191823

樊剑英税友汇 QQ 财税 4 群：271086493

樊剑英税友汇 QQ 财税 5 群：252426800

方欣科技　**樊剑英**

2013 年 9 月 1 日

附 录
"营改增" 自测试题 / 213

第一章

营改增 2013 年 8 月 1 日起全国施行

第一节
营改增整合出新 "新" 在哪里？

一、试点范围扩至全国

交通运输业和部分现代服务业 "营改增" 试点自 2013 年 8 月 1 日起将扩至全国范围。最为明显的变化是之前尚未纳入试点的地区不需要再单独申请了。

从此再无 "税收洼地" 之说。之前营改增仅在部分试点地区施行，试点与非试点税收政策的差异形成了十分明显的 "政策洼地" 和 "吸金效应"。如上海试点后，因税负差异使国内各类投资和生产要素向上海加速集聚，周边省份和城市的企业将总部转移到上海，跨国公司投资意愿明显增强，试点两个月就吸引了 12 家跨国公司落户。这虽然有助于试点地区招商引资工作的开展，但对于非试点地区却是不公平的。

试点地区营改增后对于工业等实体经济具有一定推动作用，有利于其促进企业产品销售，降低生产成本，增加收入，增强企业发展后劲，推动企业更快发展。所以，尽管"营改增"可能将导致地方税收减少，但是各地方的积极性依然很高，这不仅仅是招商引资的需要，关键在于谁越早试点改革，谁就越有利于促进当地服务业的发展。目前各地试点时间不均衡，形成了一定差距，8月1日之后，所谓试点与非试点地区之称谓将成为历史。

二、广播影视服务纳入"营改增"试点

自2013年8月1日起，将广播影视服务业作为现代服务业税目的子目纳入试点，意味着该行业将等同现代服务业按照6%的税率征税。

前期的"营改增"试点应税服务范围主要是在"1+6"个行业中进行，即"交通运输业"和"部分现代服务业"中的"研发和技术"、"信息技术"、"文化创意"、"物流辅助"、"有形动产租赁"和"鉴证咨询"。在此次下发的财税〔2013〕37号文件中，在"部分现代服务业"中增加"广播影视服务"子目，将在全国开展的"营改增"试点的应税范围扩大成"1+7"个行业。

根据财税〔2013〕37号文件的解释，新增的"广播影视服务"适用的增值税税率为6%，其应税服务范围包括广播影视节目（作品）的制作服务、发行服务、播映（含放映）服务。三项服务的具体内容如下：

（1）广播影视节目（作品）制作服务，是指进行专题（特别节目）、专栏、综艺、体育、动画片、广播剧、电视剧、电影等广播影视节目和作品制作的服务。具体包括与广播影视节目和作品相关的策划、采编、拍摄、录音、音视频文字图片素材制作、场景布置、后期的剪辑、翻译（编译）、字幕制作、片头、片尾、片花制作、特效制作、影片修复、编目和确权等业务活动。

（2）广播影视节目（作品）发行服务，是指以分账、买断、委托、代理等方式，向影院、电台、电视台、网站等单位和个人发行广播影视节目（作品）以及转让体育赛事等活动的报道及播映权的业务活动。

（3）广播影视节目（作品）播映服务，是指在影院、剧院、录像厅及其他场所播映广播影视节目（作品），以及通过电台、电视台、卫星通信、互联网、有线电视等无线或有线装置播映广播影视节目（作品）的业务活动。

广播影视行业改征增值税后，对于广播电影电视行政主管部门（包括中央、

省、地市及县级）按照各自职能权限批准从事电影制片、发行、放映的电影集团公司（含成员企业）、电影制片厂及其他电影企业转让电影版权、发行电影以及在农村放映电影免征营业税的优惠政策调整为免征增值税，优惠期限截至 2013 年 12 月 31 日。

另外，对于境内的单位和个人在境外提供的广播影视节目（作品）的发行、播映服务将免征增值税。

将广播影视服务纳入"营改增"试点范围，标志着"营改增"试点范围从生产性服务业扩大到了生活性服务业。因为广播影视服务的播映服务，即在影院、剧院、录像厅及其他场所播映广播影视节目（作品），以及通过电台、电视台、卫星通信、互联网、有线电视等无线或有线装置播映广播影视节目（作品），已经是直接面向广大的个人消费者，为居民的文化生活提供服务。这不仅对振兴文化产业意义重大，还可以为今后"营改增"试点范围扩大到金融、餐饮等生活服务业积累经验。

问："营改增"前广播电影电视单位在农村取得的电影放映收入是否需要缴纳营业税？

答：《财政部、海关总署、国家税务总局关于支持文化企业发展若干税收政策问题的通知》（财税〔2009〕31 号）规定：广播电影电视行政主管部门（包括中央、省、地市及县级）按照各自职能权限批准从事电影制片、发行、放映的电影集团公司（含成员企业）、电影制片厂及其他电影企业取得的销售电影拷贝收入、转让电影版权收入、电影发行收入以及在农村取得的电影放映收入免征增值税和营业税。

提示：在农村取得的电影放映收入免征营业税，上述税收优惠政策执行期限为 2009 年 1 月 1 日至 2013 年 12 月 31 日。

三、自用的摩托车、汽车、游艇可以抵扣了

自 2013 年 8 月 1 日起，原增值税一般纳税人自用的应征消费税的摩托车、汽车、游艇，其进项税额准予从销项税额中抵扣。这是给增值税一般纳税人企业的一个"惊喜"，此举扩大了增值税的抵扣范围，将起到一定的降低税负效果。

前期试点政策中沿用了现行增值税暂行条例及实施细则政策规定，无论是原

增值税一般纳税人，还是试点一般纳税人购入自用的应征消费税的摩托车、汽车、游艇的进项税额不得从销项税额中抵扣，但对于试点一般纳税人将其作为提供交通运输业服务的运输工具和租赁服务标的物的除外。

新旧政策对比解析：

【案例 1】 方欣公司 2013 年 7 月购入小汽车一辆用于办公需要，车辆不含税价值 30 万元，取得增值税进项税额发票，税额 51000 元，如何会计处理？

解析：

（1）购买汽车自用进项税额不得抵扣，会计处理为：

借：固定资产——汽车　　　　　　　　　351000

　　贷：银行存款　　　　　　　　　　　　　　　351000

（2）购买汽车后出租给新正公司使用，每年租金 8 万元，则进项税额可以抵扣，会计处理为：

借：固定资产——汽车　　　　　　　　　300000

　　应交税费——应交增值税（进项税额）　51000

　　　贷：银行存款　　　　　　　　　　　　　　351000

借：银行存款　　　　　　　　　　　　　80000

　　贷：其他业务收入　　　　　　　　　　　　　68376.07

　　　应交税费——应交增值税（进项税额）　　　11623.93

可是公司办公需要自用汽车怎么办呢？方欣公司又从新正公司租回相同汽车一辆，每年租金 8 万元，会计处理为：

借：管理费用——汽车租赁费　　　　　　68376.07

　　应交税费——应交增值税——（进项税额）11623.93

　　　贷：银行存款　　　　　　　　　　　　　　80000

以上纳税处理吊诡的是，采购汽车自用进项税额不得抵扣，而以租赁方式使用的汽车进项税额则可以抵扣，我们之前的政策难免被理解为在鼓励纳税人租赁应征消费税的摩托车、汽车、游艇使用之嫌，增加了纳税人的经营环节和经营风险，且对企业运营起不到有效作用。

财税［2013］37 号为保证增值税不偏不倚的中性原则，取消了一般纳税人购入自用的应征消费税的摩托车、汽车、游艇的进项税额不得从销项税额中抵扣的规定。应当说是利好消息，但是，也应当注意到，进项税额能否抵扣，还要看汽车是否用于生产经营，对于采购汽车专用于简易计税方法计税项目、非增值税应税项目、免征增值税项目、集体福利或者个人消费等情形的仍然不能抵扣进项税额。

四、一个办法+三个规定

增值税的特点决定了"营改增"最好一次性在全国、全部行业推开，那样一来税率设置比较简单，抵扣链条更完整。

而之前试点之所以分行业、分地区推进，意在防范改革中不可预见的风险。根据财政部和国家税务总局之前的通报，通过一年的试点，总体看"营改增"渐行渐好，大部分的试点企业实现减负。

"营改增"不仅解决了重复征税、完善了税制，更重要的是助推了经济的增长。为此，2013 年 4 月 10 日，国务院召开常务会议，决定加快"营改增"的步伐，从 2013 年 8 月 1 日起至年底扩大到全国范围，力争让全国所有的纳税人都能够分享"营改增"带来的红利。

"营改增"试点范围扩大到全国，必然面临着试点政策的再次调整、整合。

自 2012 年 11 月以来，财政部、国家税务总局本着边试边改的原则，针对试点中反映的情况和问题，对部分政策进行了调整和完善。

先后以财税文号发布了 10 个"营改增"试点相关政策文件，文件包括：

（1）《财政部、国家税务总局关于印发〈营业税改征增值税试点方案〉的通知》（财税〔2011〕110 号）

（2）《财政部、国家税务总局关于在上海市开展交通运输业和部分现代服务业营业税改征增值税试点的通知》（财税〔2011〕111 号），2013 年 8 月 1 日废止。

（3）《财政部、国家税务总局关于应税服务适用增值税零税率和免税政策的通知》（财税〔2011〕131 号），2013 年 8 月 1 日废止。

（4）《财政部、国家税务总局关于中国东方航空公司执行总机构试点纳税人增值税计算缴纳暂行办法的通知》（财税〔2011〕132 号）〔注：根据《财政部、国家税务总局关于部分航空公司执行总分机构试点纳税人增值税计算缴纳暂行办法的通知》（财税〔2013〕9 号），本文件自 2012 年 9 月 1 日起废止〕。

（5）《财政部、国家税务总局关于交通运输业和部分现代服务业营业税改征增值税试点若干税收政策的通知》（财税〔2011〕133 号），2013 年 8 月 1 日废止。

（6）《财政部、国家税务总局关于交通运输业和部分现代服务业营业税改征增值税试点若干税收政策的补充通知》（财税〔2012〕53 号），2013 年 8 月 1 日废止。

（7）《财政部、国家税务总局关于在北京等 8 省市开展交通运输业和部分现代服务业营业税改征增值税试点的通知》（财税〔2012〕71 号），2013 年 8 月 1 日废止。

（8）《财政部、国家税务总局关于印发〈总分支机构试点纳税人增值税计算缴纳暂行办法〉的通知》（财税〔2012〕84 号）。

（9）《财政部、国家税务总局关于交通运输业和部分现代服务业营业税改征增值税试点应税服务范围等若干税收政策的补充通知》（财税〔2012〕86 号），2013 年 8 月 1 日废止。

（10）《财政部、国家税务总局关于部分航空公司执行总分机构试点纳税人增值税计算缴纳暂行办法的通知》（财税〔2013〕9 号）。

试点政策散布在多个文件中，无论对于纳税人还是对于主管税务机关和税务人员来说，在理解和执行上都增加了难度，不利于在全国范围内推广，由此，也导致了财税〔2013〕37 号新文件的出台，财税〔2013〕37 号整合了财税〔2011〕111 号、财税〔2011〕131 号、财税〔2011〕133 号、财税〔2012〕53 号、财税〔2012〕71 号、财税〔2012〕86 号现有 6 个文件中的政策，形成了 4 个附件。分别为：

《附件 1：交通运输业和部分现代服务业营业税改征增值税试点实施办法》

《附件 2：交通运输业和部分现代服务业营业税改征增值税试点有关事项的规定》

《附件 3：交通运输业和部分现代服务业营业税改征增值税试点过渡政策的规定》

《附件 4：应税服务适用增值税零税率和免税政策的规定》。

我们称之为"一个办法，三个规定"，该文件不仅适用于尚未纳税试点地区的纳税人，也包括在 2013 年 8 月 1 日之前已经属于试点地区的纳税人，2013 年 8 月 1 日之后纳税处理要发生新的变化。

五、试点行业营业税差额纳税政策废止，唯有形动产融资租赁服务可扣除部分费用金额

营业税改征增值税，原营业税差额征税政策是一道绕不过去的坎，在试点初期，考虑到营业税与增值税、试点地区与非试点地区政策的衔接问题，有必要设置一些过渡政策，财税〔2011〕110 号《营改增试点方案》中规定，试点纳税人计税依据原则上为发生应税交易取得的全部收入。对一些存在大量代收转付或代垫资金的行业，其代收代垫金额可予以合理扣除。

财税〔2011〕111 号规定，对于适用差额征收营业税的试点纳税人在接受非试点地区提供应税服务计算销售额时允许继续采取差额计算的方法，即允许其以取得的全部价款和价外费用，扣除支付给非试点纳税人价款后的余额为销售额。试点初期增值税执行差额征税政策是由于存在试点与非试点地区政策差别，有利于平稳过渡，试点推向全国后，差额征税政策显然与增值税征收原理不相协调，税务机关和纳税人都难以把握，因此，财税〔2013〕37 号对此也做了政策调整。

财税〔2013〕37 号明确，经中国人民银行、商务部、银监会批准从事融资租赁业务的试点纳税人提供有形动产融资租赁服务，以取得的全部价款和价外费用（包括残值），可在扣除由出租方承担的有形动产的贷款利息（包括外汇借款和人民币借款利息）、关税、进口环节消费税、安装费、保险费后，以其余额作为销售额。

即除有形动产融资租赁可有限度扣除部分费用外，再无其他差额纳税情形。

财税〔2013〕37 号同时明确，《财政部、国家税务总局关于营业税若干政策问题的通知》（财税〔2003〕16 号）第三条第（十六）款和第（十八）款，自 2013 年 8 月 1 日起废止。

问题：财税〔2003〕16 号第三条第（十六）款和第（十八）款是什么内容呢？

财税〔2003〕16 号第三条第（十六）款规定，"经地方税务机关批准使用运输企业发票，按'交通运输业'税目征收营业税的单位将承担的运输业务分给其他运输企业并由其统一收取价款的，以其取得的全部收入减去支付给其他运输企业的运费后的余额为营业额。"

第（十八）款规定，"从事广告代理业务的，以其全部收入减去支付给其他广告公司或广告发布者（包括媒体、载体）的广告发布费后的余额为营业额。"

也就是说，从 2013 年 8 月 1 日起，试点纳税人发生的陆路运输服务、水路运输服务、航空运输服务和管道运输服务以及广告服务业务，其销售额中不得再扣除支付给同行业纳税人的金额，而是统一按照增值税计税方法计税。

即使这部分纳税人截至本地区试点实施之日取得的全部价款和价外费用仍有尚未扣除的部分，也不得在计算试点纳税人本地区试点实施之日后的销售额时予以抵减，但可以向原主管地税机关申请退还营业税。

但对于在本地区试点实施之日前签订的尚未执行完毕的租赁合同，财税〔2013〕37 号规定在合同到期日之前，仍应继续按照现行营业税政策规定缴纳营业税，不适用此项规定。

增值税差额征税政策被压缩对于已经在试点的纳税人有什么影响呢？

应当说对于一些存在大量代收转付或代垫资金行业的小规模企业影响较大，"营改增"前，其代收代垫金额，可予以合理扣除计算营业税；"营改增"后，毫无悬念地接着差额纳税，但是 2013 年 8 月 1 日后再不能差额征税，又因为是小规模纳税人，无法抵扣进项税额，税负将直接上升。

六、增值税扣税凭证细化，计算方法明晰

试点纳税人经常遇到的一个难点问题是发生业务时，无法判断哪些凭证可抵扣税款，在增值税进项税额抵扣的计算上原试点政策的规定也不明晰。

财税〔2013〕37 号在明确规定增值税扣税凭证的种类的同时，也相应规范了可抵扣税额的金额和计算方法，纳税人能够扣除进项税额的情形为：

1. 从销售方或者提供方取得的增值税专用发票（含货物运输业增值税专用发票、税控机动车销售统一发票）上注明的增值税额。

特别提示：原《试点有关事项的规定》规定，增值税一般纳税人接受试点纳税人中的小规模纳税人提供的交通运输业服务，按照从提供方取得的增值税专用发票上注明的价税合计金额和 7% 的扣除率计算进项税额，从销项税额中抵扣。

而新《试点有关事项的规定》对此进行了重大调整，即原增值税一般纳税人取得的试点小规模纳税人由税务机关代开的增值税专用发票，不需再计算。而直

接按增值税专用发票上注明的税额抵扣进项税额。

注意：

2012 年 1 月 1 日起启用货物运输业增值税专用发票。

《关于启用货物运输业增值税专用发票的公告》（国家税务总局公告 2011 年第 74 号）规定：

一、货物运输业增值税专用发票，是增值税一般纳税人提供货物运输服务（暂不包括铁路运输服务）

二、货物运输业增值税专用发票的联次和用途

货物运输业增值税专用发票分为三联票和六联票，第一联：记账联，承运人记账凭证；第二联：抵扣联，受票方扣税凭证；第三联：发票联，受票方记账凭证；第四联至第六联由发票使用单位自行安排使用。

《国家税务总局关于在全国开展营业税改征增值税试点有关征收管理问题的公告》（国家税务总局公告 2013 年第 39 号）规定：

一、关于纳税人发票使用问题

（一）自本地区营改增试点实施之日起，增值税纳税人不得开具公路、内河货物运输业统一发票。

增值税一般纳税人（以下简称一般纳税人）提供货物运输服务的，使用货物运输业增值税专用发票（以下简称货运专票）和普通发票；提供货物运输服务之外其他增值税应税项目的，统一使用增值税专用发票（以下简称专用发票）和增值税普通发票。

小规模纳税人提供货物运输服务，服务接受方索取货运专票的，可向主管税务机关申请代开，填写《代开货物运输业增值税专用发票缴纳税款申报单》（附件 1）。代开货运专票按照代开专用发票的有关规定执行。

（二）提供港口码头服务、货运客运场站服务、装卸搬运服务、旅客运输服务的一般纳税人，可以选择使用定额普通发票。

（三）从事国际货物运输代理业务的一般纳税人，应使用六联专用发票或五联增值税普通发票，其中第四联用作购付汇联；从事国际货物运输代理业务的小规模纳税人，应使用普通发票，其中第四联用作购付汇联。

（四）纳税人于本地区试点实施之日前提供改征增值税的营业税应税服务并开具营业税发票后，如发生服务中止、折让、开票有误等情形，且不符合发票作

废条件的，应于 2014 年 3 月 31 日前向原主管税务机关申请开具营业税红字发票，不得开具红字专用发票和红字货运专票。需重新开具发票的，应于 2014 年 3 月 31 日前向原主管税务机关申请开具营业税发票，不得开具专用发票或货运专票。

二、关于税控系统使用问题

（一）自本地区营改增试点实施之日起，一般纳税人提供货物运输服务、开具货运专票的，使用货物运输业增值税专用发票税控系统（以下简称货运专票税控系统）；提供货物运输服务之外的其他增值税应税服务、开具专用发票和增值税普通发票的，使用增值税防伪税控系统（以下简称防伪税控系统）。

（二）自 2013 年 8 月 1 日起，一般纳税人从事机动车（旧机动车除外）零售业务开具机动车销售统一发票，应使用机动车销售统一发票税控系统（以下简称机动车发票税控系统）。

（三）试点纳税人使用的防伪税控系统专用设备为金税盘和报税盘，纳税人应当使用金税盘开具发票，使用报税盘领购发票、抄报税；货运专票税控系统和机动车发票税控系统专用设备为税控盘和报税盘，纳税人应当使用税控盘开具发票，使用报税盘领购发票、抄报税。

货运专票税控系统及专用设备管理，按照现行防伪税控系统有关规定执行。各省国税机关可对现有相关文书作适当调整。

（四）北京市小规模纳税人自 2012 年 9 月 1 日起使用金税盘或税控盘开具普通发票，使用报税盘领购发票、抄报税的办法继续执行。

三、关于增值税专用发票（增值税税控系统）最高开票限额审批问题

增值税专用发票（增值税税控系统）实行最高开票限额管理。最高开票限额，是指单份专用发票或货运专票开具的销售额合计数不得达到的上限额度。

最高开票限额由一般纳税人申请，区县税务机关依法审批。一般纳税人申请最高开票限额时，需填报《增值税专用发票最高开票限额申请单》（附件 2）。主管税务机关受理纳税人申请以后，根据需要进行实地查验。实地查验的范围和方法由各省国税机关确定。

税务机关应根据纳税人实际生产经营和销售情况进行审批，保证纳税人生产经营的正常需要。

四、关于货运专票开具问题

（一）一般纳税人提供应税货物运输服务，使用货运专票；提供其他增值税应税项目、免税项目或非增值税应税项目的，不得使用货运专票。

（二）货运专票中"承运人及纳税人识别号"栏填写提供货物运输服务、开具货运专票的一般纳税人信息；"实际受票方及纳税人识别号"栏填写实际负担运输费用、抵扣进项税额的一般纳税人信息；"费用项目及金额"栏填写应税货物运输服务明细项目及不含增值税的销售额；"合计金额"栏填写应税货物运输服务项目不含增值税的销售额合计；"税率"栏填写增值税税率；"税额"栏填写按照应税货物运输服务项目不含增值税的销售额和适用税率计算得出的增值税额；"价税合计（大写）（小写）"栏填写不含增值税的销售额和增值税额的合计；"机器编号"栏填写货运专票税控系统税控盘编号。

（三）税务机关在代开货运专票时，货运专票税控系统在货运专票左上角自动打印"代开"字样；"税率"栏填写小规模纳税人增值税征收率；"税额"栏填写按照应税货物运输服务项目不含增值税的销售额和小规模纳税人增值税征收率计算得出的增值税额；"备注"栏填写税收完税凭证号码；其他栏次内容与本条第（二）项相同。

（四）提供货物运输服务，开具货运专票后，如发生应税服务中止、折让、开票有误以及发票抵扣联、发票联均无法认证等情形，且不符合发票作废条件，需要开具红字货运专票的，实际受票方或承运人可向主管税务机关填报《开具红字货物运输业增值税专用发票申请单》（附件3），经主管税务机关核对并出具《开具红字货物运输业增值税专用发票通知单》（附件4，以下简称《通知单》）。实际受票方应暂依《通知单》所列增值税税额从当期进项税额中转出，未抵扣增值税进项税额的可列入当期进项税额，待取得承运人开具的红字货运专票后，与留存的《通知单》一并作为记账凭证。认证结果为"无法认证"、"纳税人识别号认证不符"、"发票代码、号码认证不符"以及所购服务不属于增值税扣税项目范围的，不列入进项税额，不作进项税额转出。承运人可凭《通知单》在货运专票税控系统中以销项负数开具红字货运专票。《通知单》暂不通过系统开具，但其他事项按照现行红字专用发票有关规定执行。

五、关于货运专票管理问题

(一) 货运专票暂不纳入失控发票快速反应机制管理。

(二) 货运专票的认证结果类型包括 "认证相符"、"无法认证"、"认证不符"、"密文有误" 和 "重复认证" 等类型 (暂无失控发票类型),稽核结果类型包括 "相符"、"不符"、"缺联"、"重号"、"属于作废" 和 "滞留" 等类型。认证、稽核异常货运专票的处理按照专用发票的有关规定执行。

(三) 稽核异常的货运专票的核查工作,按照《增值税专用发票审核检查操作规程 (试行)》的有关规定执行。

(四) 丢失货运专票的处理,按照专用发票的有关规定执行,承运方主管税务机关出具《丢失货物运输业增值税专用发票已报税证明单》(附件5)。

附件1

代开货物运输业增值税专用发票缴纳税款申报单

本人 (单位) 提供的开票资料真实、完整、准确,符合税法相关规定。否则本人 (单位) 将承担一切法律责任。现申请代开货物运输业增值税专用发票。

申请人 (单位) 签章:

年 月 日

金额单位: 元至角分

承 运 人	名　称	
	纳税人识别号	
实际受票方	名　称	
	纳税人识别号	
收 货 人	名　称	
	纳税人识别号	
发 货 人	名　称	
	纳税人识别号	
费用项目名称	费用项目金额 (不含税)	征收率	税　额
合计金额 (不含税)		合计税额	

续表

价税合计	
运输货物信息	

车种车号		车船吨位	
起运地、经由、到达地		备　注	

主管税务机关 及代码	税款征收岗签章：	税收完税凭证号：
	代开发票管理岗签章： 发票代码：	发票号码：

经核对，所开发票与申报内容一致。
申请人（单位）经办人签章：

单位法人代表签章：
年　月　日

注：本表一式三份，由申请代开货物运输业增值税专用发票的小规模纳税人填写，一份由税款征收岗留存，一份由代开发票管理岗留存，一份由纳税人留存。

附件 2

增值税专用发票最高开票限额申请单

申请事项 （由纳税人填写）	纳税人名称		纳税人识别号	
	地　　址		联系电话	
	购票人信息			
	申请增值税专用发票（增值税税控系统）最高开票限额	□ 初次　　□ 变更（请选择一个项目并在□内打"√"） □ 一亿元　　□ 一千万元　　□ 一百万元 □ 十万元　　□ 一万元　　□ 一千元 （请选择一个项目并在□内打"√"）		
	申请货物运输业增值税专用发票（增值税税控系统）最高开票限额	□ 初次　　□ 变更（请选择一个项目并在□内打"√"） □ 一亿元　　□ 一千万元　　□ 一百万元 □ 十万元　　□ 一万元　　□ 一千元 （请选择一个项目并在□内打"√"）		
	申请理由：			
	经办人（签字）： 年　月　日		纳税人（印章）： 年　月　日	
区县税务机关意见	发票种类		批准最高开票限额	
	增值税专用发票（增值税税控系统）			
	货物运输业增值税专用发票（增值税税控系统）			
	经办人（签字）： 年　月　日	批准人（签字）： 年　月　日	税务机关（印章）： 年　月　日	

注：本申请表一式两联：第一联由申请纳税人留存；第二联由区县税务机关留存。

附件3

开具红字货物运输业增值税专用发票申请单

填写日期：　　年　月　日

承运人	名　称		实际受票方	名　称	
	纳税人识别号			纳税人识别号	
收货人	名·称		发货人	名　称	
	纳税人识别号			纳税人识别号	

开具红字货运专票内容	费用项目及金额			运输货物信息			
	合计金额	税率	税额	机器编号（税控盘编号）	车种车号	车船吨位	

说明	一、实际受票方申请□ 　　对应蓝字货运专票抵扣增值税销项税额情况： 　　　　1.已抵扣□ 　　　　2.未抵扣□ 　　　　（1）无法认证□ 　　　　（2）纳税人识别号认证不符□ 　　　　（3）货运专票代码、号码认证不符□ 　　　　（4）所购服务不属于增值税扣税项目范围□ 　　对应蓝字货运专票的代码：＿＿＿＿＿＿＿＿　　号码：＿＿＿＿＿＿＿ 二、承运人申请□ 　　　　1.因开票有误受票方拒收的□ 　　　　2.因开票有误等原因尚未交付的□ 　　对应蓝字货运专票的代码：＿＿＿＿＿＿＿＿　　号码：＿＿＿＿＿＿＿ 开具红字货运专票理由：
申请方申明	我申明所提供的《申请单》内容真实、完整、准确，并愿意承担相关法律责任。 　　　　　　　　　　　　　　　　　　　　　　　申请方签章： 　　　　　　　　　　　　　　　　　　　　　　　　年　月　日

申请方经办人：　　　　　　　　　　联系电话：

注：本申请单一式两联：第一联由申请方留存；第二联由申请方所属主管税务机关留存。

附件 4

开具红字货物运输业增值税专用发票通知单

填写日期： 年 月 日 NO.

承运人	名　称		实际受票方	名　称	
	纳税人识别号			纳税人识别号	
收货人	名　称		发货人	名　称	
	纳税人识别号			纳税人识别号	

开具红字货运专票内容	费用项目及金额				运输货物信息		
	合计金额	税率		税额	机器编号（税控盘编号）	车种车号	车船吨位

| 说　明 | 一、实际受票方申请□
　　对应蓝字专用发票抵扣增值税销项税额情况：
　　　　1. 需要作进项税额转出□
　　　　2. 不需要作进项税额转出□
　　　　　（1）无法认证□
　　　　　（2）纳税人识别号认证不符□
　　　　　（3）货运专票代码、号码认证不符□
　　　　　（4）所购服务不属于增值税扣税项目范围□
　　　　对应蓝字货运专票的代码：＿＿＿＿＿＿　号码：＿＿＿＿＿＿

二、承运人申请□
　　　　1. 因开票有误受票方拒收的□
　　　　2. 因开票有误等原因尚未交付的□
　　　　对应蓝字货运专票的代码：＿＿＿＿＿＿　号码：＿＿＿＿＿＿
开具红字货运专票理由： |

经办人： 负责人： 主管税务机关名称（印章）：＿＿＿＿＿＿＿＿

注：1. 本通知单一式三联：第一联由申请方主管税务机关留存；第二联由申请方送交对方留存；第三联由申请方留存。

2. 本通知单内容应与开具红字货运专票申请单内容一一对应。

附件 5

丢失货物运输业增值税专用发票已报税证明单

NO.

承运人	名　称		实际受票方	名　称	
	纳税人识别号			纳税人识别号	
丢失货物运输业增值税专用发票	发票代码	发票号码	费用项目	金额	税额	运输货物信息
报税及纳税申报情况	报税时间： 纳税申报时间： 经办人：　　　　负责人：　　　　主管税务机关名称（印章）： 　　　　　　　　　　　　　　　　　　　　　年　月　日					
备　注						

注：本证明单一式三联：第一联由承运人主管税务机关留存；第二联由承运人留存；第三联由实际受票方主管税务机关留存。

补充：机动车销售发票进项税额

《国家税务总局关于推行机动车销售统一发票税控系统有关工作的紧急通知》（国税发〔2008〕117号）规定，自2009年1月1日起，增值税一般纳税人从事机动车（应征消费税的机动车和旧机动车除外）零售业务必须使用税控系统开具机动车销售统一发票。增值税一般纳税人购买机动车取得的税控系统开具的机动车销售统一发票，属于扣税范围的，应自该发票开具之日起90日内到税务机关认证，认证通过的可按增值税专用发票作为增值税进项税额的扣税凭证。

2. 从海关取得的海关进口增值税专用缴款书上注明的增值税额。

自2013年7月1日起，增值税一般纳税人进口货物取得的属于增值税扣税范围的海关缴款书，需经税务机关稽核比对相符后，其增值税额方能作为进项税额在销项税额中抵扣，即由"先抵扣后比对"调整为"先比对后抵扣"。

问题：纳税人抵扣海关缴款书的时限是如何规定的？

答：纳税人进口货物取得的属于增值税扣税范围的海关缴款书，应按照《国家税务总局关于调整增值税扣税凭证抵扣期限有关问题的通知》（国税函〔2009〕617 号）规定，自开具之日起 180 天内向主管税务机关报送《海关完税凭证抵扣清单》（电子数据），申请稽核比对，逾期未申请的其进项税额不予抵扣。

问题：纳税人如何取得海关缴款书稽核比对结果？

答：税务机关于每月纳税申报期内，向纳税人提供上月稽核比对结果，纳税人应向主管税务机关查询稽核比对结果信息。对稽核比对结果为相符的海关缴款书，纳税人应在税务机关提供稽核比对结果的当月纳税申报期内申报抵扣，逾期的进项税额不予抵扣。

问题：经税务机关稽核比对异常的海关缴款书能否继续申请抵扣，应如何操作？

答：稽核比对结果异常处理的三种情形：

（1）对于稽核比对结果为不符、缺联的海关缴款书，纳税人应于产生稽核结果的 180 日内，持海关缴款书原件向主管税务机关申请数据修改或者核对，逾期的进项税额不予抵扣。属于纳税人数据采集错误的，数据修改后再次进行稽核比对；不属于数据采集错误的，纳税人可向主管税务机关申请数据核对，主管税务机关会同海关进行核查。经核查，海关缴款书票面信息与纳税人实际进口货物业务一致的，纳税人应在收到主管税务机关书面通知的次月申报期内申报抵扣，逾期的进项税额不予抵扣。

（2）对于稽核比对结果为重号的海关缴款书，由主管税务机关进行核查。经核查，海关缴款书票面信息与纳税人实际进口货物业务一致的，纳税人应在收到税务机关书面通知的次月申报期内申报抵扣，逾期的进项税额不予抵扣。

（3）对于稽核比对结果为滞留的海关缴款书，可继续参与稽核比对，纳税人不需申请数据核对。

3. 购进农产品，除取得增值税专用发票或者海关进口增值税专用缴款书外，按照农产品收购发票或者销售发票上注明的农产品买价和 13% 的扣除率计算的进项税额。

计算公式为：

进项税额 = 买价 × 扣除率

买价，是指纳税人购进农产品在农产品收购发票或者销售发票上注明的价款和按照规定缴纳的烟叶税。

问题：采购农产品进项税额都可以抵扣13%吗？

【案例2】 A油品加工企业2013年10月计划以3700元/吨的价格采购大豆100万吨，其既可以从其他一般纳税人企业集中进货，又可以直接从农民个人以及农业合作社或者其他非一般纳税人企业分散采购。两者渠道不同，税负有区别吗？

解析：

《增值税暂行条例》第十五条规定，农业生产者销售的自产农产品免征增值税。《增值税暂行条例实施细则》第三十五条进一步明确，农业，是指种植业、养殖业、林业、牧业、水产业。农业生产者，包括从事农业生产的单位和个人。农产品，是指初级农产品，具体范围由财政部、国家税务总局确定。

增值税一般纳税人购进农产品，不论是从农业生产者手中购买的还是从经营者手中购买的，也不论是自己开具的农产品收购发票还是取得的普通发票或增值税专用发票，一律允许计算抵扣进项税。但是，从一般纳税人企业取得的增值税专用发票与农产品收购发票或者销售普通发票相比，同样的现金支出会取得不同的增值税进项税额。

A企业从一般纳税人企业集中采购，支出3700万元，取得增值税进项税额为 $3700 \div (1+13\%) \times 13\% = 425.66$（万元）。

A企业从非一般纳税人处采购进货，支出3700万元，取得增值税进项税额为 $3700 \times 13\% = 481$（万元）。

A企业从非一般纳税人企业或个人处进货可以增加增值税进项税额55.34万元（481－425.66），增加比例为13%。可见，按照买价×13%的公式计算扣除进项税额，比从一般纳税人处获得专用发票可以享有更高的扣除比例。

另外，需要注意的是，从非一般纳税人企业或个人处进货尽管可以提高增值税进项税额，但是材料成本将降低55.34万元，间接增加企业所得税 $55.34 \times 25\% = 13.84$（万元）。

综上所述，与从一般纳税人企业购货比较，A企业从非一般纳税人购货共减少税金支出41.50万元（55.34－13.84）。

问题：采购农产品都能抵扣进项税额吗？

1. 从农民专业合作社购进的免税农产品可抵扣。

《财政部、国家税务总局关于农民专业合作社有关税收政策的通知》（财税 [2008] 81 号）规定：

一、对农民专业合作社销售本社成员生产的农业产品，视同农业生产者销售自产农业产品免征增值税。

二、增值税一般纳税人从农民专业合作社购进的免税农业产品，可按13%的扣除率计算抵扣增值税进项税额。

2. 从批发、零售环节购进蔬菜不能抵扣。

《财政部、国家税务总局关于免征蔬菜流通环节增值税有关问题的通知》（财税 [2011] 137 号）规定自 2012 年 1 月 1 日起，对从事蔬菜批发、零售的纳税人销售的蔬菜免征增值税。

蔬菜是指可作副食的草本、木本植物，包括各种蔬菜、菌类植物和少数可作副食的木本植物。蔬菜的主要品种参照《蔬菜主要品种目录》（见附件）执行。

经挑选、清洗、切分、晾晒、包装、脱水、冷藏、冷冻等工序加工的蔬菜，属于本通知所述蔬菜的范围。

各种蔬菜罐头不属于本通知所述蔬菜的范围。蔬菜罐头是指蔬菜经处理、装罐、密封、杀菌或无菌包装而制成的食品。

3. 从批发、零售环节购进鲜活肉蛋产品不能抵扣。

《财政部、国家税务总局关于免征部分鲜活肉蛋产品流通环节增值税政策的通知》（财税 [2012] 75 号）规定自 2012 年 10 月 1 日起，免征部分鲜活肉蛋产品流通环节增值税：

一、对从事农产品批发、零售的纳税人销售的部分鲜活肉蛋产品免征增值税。

免征增值税的鲜活肉产品，是指猪、牛、羊、鸡、鸭、鹅及其整块或者分割的鲜肉、冷藏或者冷冻肉，内脏、头、尾、骨、蹄、翅、爪等组织。

免征增值税的鲜活蛋产品，是指鸡蛋、鸭蛋、鹅蛋，包括鲜蛋、冷藏蛋以及对其进行破壳分离的蛋液、蛋黄和蛋壳。

上述产品中不包括《中华人民共和国野生动物保护法》所规定的国家珍贵、濒危野生动物及其鲜活肉类、蛋类产品。

二、从事农产品批发、零售的纳税人既销售本通知第一条规定的部分鲜活肉蛋产品又销售其他增值税应税货物的，应分别核算上述鲜活肉蛋产品和其他增值税应税货物的销售额；未分别核算的，不得享受部分鲜活肉蛋产品增值税免税政策。

三、《中华人民共和国增值税暂行条例》第八条所列准予从销项税额中扣除的进项税额的第（三）项所称的"销售发票"，是指小规模纳税人销售农产品依照 3%征收率按简易办法计算缴纳增值税而自行开具或委托税务机关代开的普通发票。批发、零售纳税人享受免税政策后开具的普通发票不得作为计算抵扣进项税额的凭证。

4. "公司＋农户"采购来的农产品可抵扣。

《国家税务总局关于纳税人采取"公司＋农户"经营模式销售畜禽有关增值税问题的公告》（国家税务总局公告 2013 年第 8 号）规定：

目前，一些纳税人采取"公司＋农户"经营模式从事畜禽饲养，即公司与农户签订委托养殖合同，向农户提供畜禽苗、饲料、兽药及疫苗等（所有权属于公司），农户饲养畜禽苗至成品后交付公司回收，公司将回收的成品畜禽用于销售。在上述经营模式下，纳税人回收再销售畜禽，属于农业生产者销售自产农产品，应根据《中华人民共和国增值税暂行条例》的有关规定免征增值税。

本公告中的畜禽是指属于《财政部、国家税务总局关于印发〈农业产品征税范围注释〉的通知》（财税字〔1995〕52 号）文件中规定的农业产品。

本公告自 2013 年 4 月 1 日起施行。

4. 接受铁路运输服务，按照铁路运输费用结算单据上注明的运输费用金额和 7%的扣除率计算的进项税额。

进项税额计算公式：

进项税额＝运输费用金额×扣除率

运输费用金额，是指铁路运输费用结算单据上注明的运输费用（包括铁路临管线及铁路专线运输费用）、建设基金，不包括装卸费、保险费等其他杂费。

原增值税一般纳税人（包括试点纳税人）取得的 2013 年 8 月 1 日（含）以后开具的运输费用结算单据（铁路运输费用结算单据除外），不得作为增值税扣税凭证。

5. 接受境外单位或者个人提供的应税服务，从税务机关或者境内代理人取得的解缴税款的中华人民共和国税收缴款凭证上注明的增值税额。

纳税人凭税收缴款凭证抵扣进项税额的，应当具备书面合同、付款证明和境外单位的对账单或者发票。资料不全的，其进项税额不得从销项税额中抵扣。

原试点实施办法规定，接受境外单位或者个人提供的应税服务，从税务机关或者境内代理人取得的解缴税款的中华人民共和国税收通用缴款书上注明的增值税额可以抵扣，2013 年 8 月 1 日后修改为"税收缴款凭证"。

思考：接受劳务"税收缴款凭证"可否抵扣进项税额？

解析：对比营改增与《条例》中关于增值税扣税凭证的差异，我们发现多出一项"税收缴款凭证"，是不是可以说接受劳务、营改增应税服务可以凭"税收缴款凭证"抵扣进项税呢？

"接受境外单位或者个人提供的应税服务，从税务机关或者境内代理人取得的解缴税款的中华人民共和国税收缴款凭证上注明的增值税额。"只提到了"应税服务"，没有包括"应税劳务"。

《国家税务总局关于调整增值税纳税申报有关事项的公告》（国家税务总局公告 2013 年第 32 号）在《增值税纳税申报表附列资料（表二）》（本期进项税额明细）填表说明对于可以抵扣的第 7 栏"代扣代缴税收缴款凭证"描述为：填写本期按规定准予抵扣的中华人民共和国税收缴款凭证上注明的增值税额。

含义为：接受境外单位或个人提供的营业税服务，代扣代缴营业税的税收缴款凭证不允许抵扣，因此不得填入本栏；接受境外单位或个人在境内提供的加工修理修配劳务，代扣代缴增值税的税收缴款凭证不允许抵扣，因此不得填入本栏。

在上述五种可抵扣进项税额的凭证类型中，运费抵扣政策的调整变化较大，交通运输业全国推行"营改增"后，以前按运输费用结算单据计算进项税额的方式已无必要，因此，通知取消了财税〔2011〕111 号文件规定的两项运输费用进项税的抵扣政策，分别为：

取消了试点纳税人和原增值税纳税人，按交通运输费用结算单据上注明的运输费用金额和 7% 的扣除率计算进项税额的政策。

取消了试点纳税人接受试点小规模纳税人提供交通运输服务，按增值税专用发票注明金额和 7% 的扣除率计算进项税额的政策。

上述政策取消后，纳税人除了取得铁路运输费用结算单据外，将统一按照增值税专用发票的票面税额抵扣进项税额。

七、应税服务范围有整合

1. 明确广告代理归入广告服务子目；广告的设计、策划调整到设计服务子目。

2. 财税〔2012〕86 号规定整合到了《应税服务范围注释》中：

建筑图纸审核服务、环境评估服务、医疗事故鉴定服务，按照"鉴证服务"征收增值税；

代理记账服务按照"咨询服务"征收增值税；

文印晒图服务按照"设计服务"征收增值税；

组织安排会议或展览的服务按照"会议展览服务"征收增值税；

港口设施经营人收取的港口设施保安费按照"港口码头服务"征收增值税；

网站对非自有的网络游戏提供的网络运营服务按照"信息系统服务"征收增值税；

出租车公司向出租车司机收取的管理费用，出租车属于出租车公司的，按照"陆路运输服务"征收增值税，出租车属于出租车司机的，不征收增值税。

关于应税服务范围的规定，直接写入通知的《应税服务范围注释》。

八、适用增值税零税率的运输服务内容增加，是否适用零税率纳税人可选择

中华人民共和国境内（以下称境内）的单位和个人提供的国际运输服务、向境外单位提供的研发服务和设计服务，适用增值税零税率。

1. 国际运输服务，是指：

（1）在境内载运旅客或者货物出境；

（2）在境外载运旅客或者货物入境；

（3）在境外载运旅客或者货物。

2. 境内的单位和个人适用增值税零税率，以水路运输方式提供国际运输服务的，应当取得《国际船舶运输经营许可证》；以陆路运输方式提供国际运输服务的，应当取得《道路运输经营许可证》和《国际汽车运输行车许可证》，且《道路运输经营许可证》的经营范围应当包括"国际运输"；以航空运输方式提供国际

运输服务的，应当取得《公共航空运输企业经营许可证》且其经营范围应当包括"国际航空客货邮运输业务"。

以上为原政策基本规定，取消了试点地区限制，统一以"境内"做限制词。

以下为增加的内容：

境内的单位和个人提供的往返中国香港、澳门、台湾地区的交通运输服务以及在香港、澳门、台湾地区提供的交通运输服务适用增值税零税率。

境内的单位和个人适用增值税零税率，以陆路运输方式提供至香港、澳门、台湾地区的交通运输服务的，应当取得《道路运输经营许可证》并具有持《道路运输证》的直通港澳运输车辆；以水路运输方式提供至台湾地区的交通运输服务的，应当取得《台湾海峡两岸间水路运输许可证》并具有持《台湾海峡两岸间船舶营运证》的船舶；以水路运输方式提供至香港、澳门的交通运输服务的，应当具有获得港澳线路运营许可的船舶；以航空运输方式提供上述交通运输服务的，应当取得《公共航空运输企业经营许可证》且其经营范围应当包括"国际、国内（含港澳）航空客货邮运输业务"。

境内的单位和个人提供期租、程租和湿租服务，如果租赁的交通运输工具用于国际运输服务和港澳台运输服务，不适用增值税零税率，由承租方按规定申请适用零税率。

境内的单位和个人提供适用零税率应税服务的，可以放弃适用零税率，选择免税或按规定缴纳增值税。放弃适用零税率后，36个月内不得再申请适用零税率。

纳税人提供应税服务同时适用免税和零税率规定的，优先适用零税率。

九、离岸服务外包免税范围扩大

从事离岸服务外包业务中提供的应税服务免征增值税税优惠范围扩大到所有服务外包示范城市。注册在中国服务外包示范城市的试点纳税人从事离岸服务外包业务中提供的应税服务自本地区试点实施之日起至2013年12月31日均统一适用免征增值税优惠。

从事离岸服务外包业务，是指企业根据境外单位与其签订的委托合同，由本企业或其直接转包的企业为境外提供信息技术外包服务（ITO）、技术性业务流程外包服务（BPO）或技术性知识流程外包服务（KPO）。

第二节
营改增指导方针有无变化？

一、从增值税税改看营改增

营改增是因财税制度的要求应运而生。中国 1979 年引入增值税，最初仅在襄樊、上海、柳州等城市的机器机械等 5 类货物试行。

1984 年国务院发布增值税条例（草案），在全国范围内对机器机械、汽车、钢材等 12 类货物征收增值税。

1994 年税制改革，将增值税征税范围扩大到所有货物和加工修理修配劳务，对其他劳务、无形资产和不动产征收营业税。

2009 年，为了鼓励投资，促进技术进步，在地区试点的基础上，全面实施增值税转型改革，将机器设备纳入增值税抵扣范围，实现了由生产型增值税向消费型增值税的转变。

2012 年 1 月 1 日，开始实施营业税改征增值税工作。

第一个试点地区：上海市。

第一批试点行业：交通运输业及 6 个部分现代服务业，即 6+1 模式。

选择交通运输业作为试点主要考虑：①交通运输业与生产流通联系紧密，在生产性服务业中占有重要地位；②运输费用属于现行增值税进项税额抵扣范围，运费发票已纳入增值税管理体系，改革的基础较好。选择部分现代服务业作为试点主要考虑：①现代服务业是衡量一个国家经济社会发达程度的重要标志，通过改革支持其发展有利于提升国家综合实力；②选择与制造业关系密切的部分现代服务业进行试点，可以减少产业分工细化存在的重复征税因素，既有利于现代服务业的发展，也有利于制造业产业升级和技术进步。

二、增值税试点时间表

2013 年 8 月 1 日之前，已经纳入营改增试点区域的有上海市、北京市、江苏、安徽、广东、福建、天津市、浙江（含宁波市）、湖北 9 个省、市。

1. 2012 年 1 月 1 日起，上海市。

为使试点行业总体不增加税负，试点选择了 11% 和 6% 两档低税率，分别适用于交通运输业和部分现代服务业。

过渡政策。一是不同地区之间的税制衔接。纳税地点和适用税种，以纳税人机构所在地作为基本判定标准。试点纳税人在非试点地区从事经营活动就地缴纳营业税的，允许其在计算增值税时予以抵减。二是不同纳税人之间的税制衔接。对试点纳税人与非试点纳税人从事同类经营活动，在分别适用增值税和营业税的同时，就运输费用抵扣、差额征税等事项，分不同情形做出了规定。三是不同业务之间的税制衔接。对纳税人从事混业经营的，分别在适用税种、适用税率、起征点标准、计税方法、进项税额抵扣等方面，做出了细化处理规定。

为保持营业税优惠政策的连续性，试点文件明确，对现行部分营业税免税政策，在改征增值税后继续予以免征；对部分营业税减免税优惠，调整为即征即退政策；对税负增加较多的部分行业，给予了适当的税收优惠。

试点后税负变化。截至 2012 年 5 月，上海市共有 12.6 万户企业（其中，交通运输业 1.1 万户，现代服务业 11.5 万户；一般纳税人 4 万户，小规模纳税人 8.6 万户）纳入改革试点范围，由原缴纳营业税改为缴纳增值税。

原国家税务总局局长肖捷在《经济日报》撰文：试点的一般纳税人中，85% 的研发技术和有形动产租赁服务、75% 的信息技术和鉴证咨询服务、70% 的文化创意服务业纳税人税负均有不同程度下降；加工制造业等原增值税一般纳税人因外购交通运输劳务抵扣增加和部分现代服务业劳务纳入抵扣，税负也普遍降低。试点的小规模纳税人大多由原实行 5% 的营业税税率降为适用 3% 的增值税征收率，且以不含税销售额为计税依据，税负下降幅度超过 40%。

2. 2012 年 9 月 1 日起，北京市。

北京市已经于 2012 年 9 月 1 日启动 "营改增" 试点，成为继上海市之后第二个正式进行 "营改增" 的城市。

3. 2012 年 10 月 1 日起，江苏、安徽。

江苏省、安徽省于 2012 年 10 月 1 日如期启动"营改增"试点。

4. 2012 年 11 月 1 日起，广东、福建。

2012 年 11 月 1 日起，广东（含深圳市）、福建（含厦门市）"营改增"试点工作正式实施。广东省纳入"营改增"纳税人 16.46 万户，其中深圳市 6.42 万户；福建省纳入"营改增"纳税人 2.94 万户，其中厦门市 0.62 万户。

5. 2012 年 12 月 1 日起，天津市、浙江、湖北。

2012 年 12 月 1 日，天津市、浙江省（含宁波市）、湖北省正式启动营业税改征增值税试点工作。

据悉，天津市确认纳入试点的纳税人 34853 户，其中一般纳税人 13799 户，小规模纳税人 21054 户；浙江省（不含宁波市）确认纳入试点的纳税人 104590 户，其中一般纳税人 11337 户，小规模纳税人 93253 户；湖北省确认纳入试点的纳税人 33662 户，其中一般纳税人 3745 户，小规模纳税人 29917 户；宁波市确认纳入试点的纳税人 16418 户，其中一般纳税人 3633 户，小规模纳税人 12785 户。

6. 2013 年 8 月 1 日起，全国施行。

上述地区纳入试点之后，国务院第 212 次常务会议确定的将交通运输业和部分现代服务业营业税改征增值税试点范围，由上海市分批扩大至北京市等 8 省、市的改革阶段目标已顺利完成。

在北京等 8 省、市扩大试点后，改革涉及的地域范围已包括华北、华东、华中和华南地区，涉及的经济区域包括环渤海经济区、长三角经济区、珠三角经济区、海峡西岸经济区和长江中游经济区。试点地区范围进一步扩大，对下一步改革在全国推开，具有十分重要的意义。

"营改增"试点于 2013 年 8 月 1 日扩至全国。据测算，全部试点地区企业今年将减负 1200 亿元左右。

"营改增"成绩显著，但一些具体问题仍需关注。财政部公布的数据显示，从各地试点情况看，到今年 2 月底企业减负超过 550 亿元，95% 的企业是减负或税负没有增加的，5% 左右的企业是税负有所增加的。

据了解，出现税负不降反增情况的主要是物流和交通运输业的企业。对大多数物流企业来说，可用于作为成本抵扣的商品税额很少，占营运成本比重较大的人工费、路桥费、保险费等支出均不属抵扣范围，这使多数大型物流企业的税额猛增。

此外，在实际业务层面上，由于很多加油站、维修点等无法开具增值税发票等具体情况，导致交通运输企业无法进行抵扣，造成税负增加。

但是也要认识到，企业增负是阵痛。随着试点推进，税负增加情况正呈逐步下降乃至逐月下降态势。相信随着改革范围扩大，试点行业增加，企业增负面还会继续下降。此外，各省财政都对税负增加较多企业实行临时扶持政策，也会减轻增负企业压力。

三、政策整合 8 月 1 日后废止的文件会增加

1. 新政推出作废了哪些文件？

《财政部、国家税务总局关于在上海市开展交通运输业和部分现代服务业营业税改征增值税试点的通知》（财税〔2011〕111 号）

《财政部、国家税务总局关于应税服务适用增值税零税率和免税政策的通知》（财税〔2011〕131 号）

《财政部、国家税务总局关于交通运输业和部分现代服务业营业税改征增值税试点若干税收政策的通知》（财税〔2011〕133 号）

《财政部、国家税务总局关于交通运输业和部分现代服务业营业税改征增值税试点若干税收政策的补充通知》（财税〔2012〕53 号）

《财政部、国家税务总局关于在北京等 8 省市开展交通运输业和部分现代服务业营业税改征增值税试点的通知》（财税〔2012〕71 号）

《财政部、国家税务总局关于交通运输业和部分现代服务业营业税改征增值税试点应税服务范围等若干税收政策的补充通知》（财税〔2012〕86 号）

《财政部、国家税务总局关于营业税若干政策问题的通知》（财税〔2003〕16 号）第三条第（十六）项和第（十八）项

自 2013 年 8 月 1 日起废止。

2. 新政推出影响到哪些文件？

国家税务总局所发布公告制定依据来源于原营改增财税文件，且已经完成试点地区营改增任务，原财税文件自 2013 年 8 月 1 日废止，8 月 1 日后从增值税一般纳税人认定以及纳税申报等方面一定会有新的公告指导全国营改增政策执行。

3. 新规将陆续出台。

需要及时关注政策更新。

四、营改增基本方针未变

《中华人民共和国国民经济和社会发展第十二个五年规划纲要》第三节"改革和完善税收制度"强调：按照优化税制结构、公平税收负担、规范分配关系、完善税权配置的原则，健全税制体系，加强税收法制建设。扩大增值税征收范围，相应调减营业税等税收。合理调整消费税征收范围、税率结构和征税环节。逐步建立健全综合与分类相结合的个人所得税制度，完善个人所得税征管机制。继续推进费改税，全面推进资源税和耕地占用税改革。研究推进房地产税改革。逐步健全地方税体系，赋予省级政府适当税政管理权限。

财税〔2011〕110号《营改增试点方案》所明确的营改增指导方针规定：

一、指导思想和基本原则

（一）指导思想

建立健全有利于科学发展的税收制度，促进经济结构调整，支持现代服务业发展。

（二）基本原则

（1）统筹设计、分步实施。正确处理改革、发展、稳定的关系，统筹兼顾经济社会发展要求，结合全面推行改革需要和当前实际，科学设计，稳步推进。

（2）规范税制、合理负担。在保证增值税规范运行的前提下，根据财政承受能力和不同行业发展特点，合理设置税制要素，改革试点行业总体税负不增加或略有下降，基本消除重复征税。

（3）全面协调、平稳过渡。妥善处理试点前后增值税与营业税政策的衔接、试点纳税人与非试点纳税人税制的协调，建立健全适应第三产业发展的增值税管理体系，确保改革试点有序运行。

二、改革试点的主要内容

（一）改革试点的范围与时间

（1）试点地区。综合考虑服务业发展状况、财政承受能力、征管基础条件等因素，先期选择经济辐射效应明显、改革示范作用较强的地区开展试点。

（2）试点行业。试点地区先在交通运输业、部分现代服务业等生产性服务业开展试点，逐步推广至其他行业。条件成熟时，可选择部分行业在全国范围内进行全行业试点。

（3）试点时间。2012 年 1 月 1 日开始试点，并根据情况及时完善方案，择机扩大试点范围。

（二）改革试点的主要税制安排

（1）税率。在现行增值税 17% 标准税率和 13% 低税率基础上，新增 11% 和 6% 两档低税率。租赁有形动产等适用 17% 税率，交通运输业、建筑业等适用 11% 税率，其他部分现代服务业适用 6% 税率。

（2）计税方式。交通运输业、建筑业、邮电通信业、现代服务业、文化体育业、销售不动产和转让无形资产，原则上适用增值税一般计税方法。金融保险业和生活性服务业，原则上适用增值税简易计税方法。

（3）计税依据。纳税人计税依据原则上为发生应税交易取得的全部收入。对一些存在大量代收转付或代垫资金的行业，其代收代垫金额可予以合理扣除（该规定 8 月 1 日后有限度执行）。

（4）服务贸易进出口。服务贸易进口在国内环节征收增值税，出口实行零税率或免税制度。

（三）改革试点期间过渡性政策安排

（1）税收收入归属。试点期间保持现行财政体制基本稳定，原归属试点地区的营业税收入，改征增值税后收入仍归属试点地区，税款分别入库。因试点产生的财政减收，按现行财政体制由中央和地方分别负担。

（2）税收优惠政策过渡。国家给予试点行业的原营业税优惠政策可以延续，但对于通过改革能够解决重复征税问题的，予以取消。试点期间针对具体情况采取适当的过渡政策。

（3）跨地区税种协调。试点纳税人以机构所在地作为增值税纳税地点，其在异地缴纳的营业税，允许在计算缴纳增值税时抵减。非试点纳税人在试点地区从事经营活动的，继续按照现行营业税有关规定申报缴纳营业税（该规定 8 月 1 日停止执行）。

（4）增值税抵扣政策的衔接。现有增值税纳税人向试点纳税人购买服务取得的增值税专用发票，可按现行规定抵扣进项税额。

三、组织实施

营业税改征的增值税，由国家税务局负责征管。国家税务总局负责制定改革试点的征管办法，扩展增值税管理信息系统和税收征管信息系统，设计并统一印制货物运输业增值税专用发票，全面做好相关征管准备和实施工作。

第二章

营改增新旧政策对照深度解析

第一节
实施办法新旧政策比对及深度解析

交通运输业和部分现代服务业营业税改征增值税试点实施办法新旧政策对比见表2-1。

表2-1

财税〔2013〕37号	财税〔2011〕111号	新旧试点实施办法逐条对比解析
第一章　纳税人和扣缴义务人	第一章　纳税人和扣缴义务人	第一章　纳税人和扣缴义务人
第一条　在中华人民共和国境内（以下称境内）提供交通运输业和部分现代服务业服务（以下称应税服务）的单位和个人，为增值税纳税人。纳税人提供应税服务，应当按照本办法缴纳增值税，不再缴纳营业税。	第一条　在中华人民共和国境内（以下称境内）提供交通运输业和部分现代服务业服务（以下称应税服务）的单位和个人，为增值税纳税人。纳税人提供应税服务，应当按照本办法缴纳增值税，不再缴纳营业税。	本条是关于试点纳税人和征收范围的基本规定，理解本条规定应从三个方面来把握。 一、关于试点纳税人的规定 单位，是指企业、行政单位、事业单位、军事单位、社会团体及其他单位。 个人，是指个体工商户和其他个人。 前后政策区别在于： （一）根据财税〔2011〕111号附件二《交通运输业和部分现代服务业营业税改征增值税试点有关事项的规定》第二条有关规定，向试点地区内的单位和个人提供应税服务的境外单位和个人，在境内未设有经营机构，以境内代理人为扣缴义务人的，境内代理人和接受方的机构所在地或者居住地必须均在试点地区，否则仍按照现行有关规定代扣代缴营业税。

财税〔2013〕37 号	财税〔2011〕111 号	新旧试点实施办法逐条对比解析
单位，是指企业、行政单位、事业单位、军事单位、社会团体及其他单位。 个人，是指个体工商户和其他个人。	单位，是指企业、行政单位、事业单位、军事单位、社会团体及其他单位。 个人，是指个体工商户和其他个人。	以接受方为扣缴义务人的，接受方机构所在地或者居住地必须在试点地区，否则仍按照现行有关规定代扣代缴营业税。按照财税〔2013〕37 号规定：2013 年 8 月 1 日后不分试点地区，境内代理人和接受方的机构所在地或者居住地只要属于境内，则必须代扣代缴增值税， （二）必须有发生在中华人民共和国境内的应税行为，且应税行为的范围限于应税服务，即提供交通运输业和部分现代服务业服务。原来是 1+6 现在为 1+7。 同时符合以上两个条件的纳税人，即为试点纳税人，应按照试点实施办法缴纳增值税，不再缴纳营业税。 二、根据本条规定，应从以下两个方面来界定"单位"和"个人"的范围： （一）试点实施办法所称"单位"包括：企业、行政单位、事业单位、军事单位、社会团体及其他单位。 （二）试点实施办法所称"个人"包括：个体工商户和其他个人。其他个人是指除了个体工商户外的自然人。 对未依法办理税务登记的单位和个人，按照试点实施办法第四十二条办理，但不包括单位依法不需办理税务登记的内设机构。 三、对油气田企业的特殊规定： 油气田企业提供的应税服务，适用《试点实施办法》规定的增值税税率，不再适用《财政部国家税务总局关于印发油气田企业增值税管理办法的通知》（财税〔2009〕8 号）规定的增值税税率——试点事项规定。 《油气田企业增值税管理办法》（财税〔2009〕8 号）自 2009 年 1 月 1 日执行以来，油气田企业为生产原油、天然气提供的生产性劳务应缴纳增值税，增值税税率规定为 17%。油气田企业是指在中华人民共和国境内从事原油、天然气生产的企业。包括中国石油天然气集团公司和中国石油化工集团公司重组改制后设立的油气田分（子）公司、存续公司和其他石油天然气生产企业，还包括油气田企业持续重组改制继续提供生产性劳务的企业，以及 2009 年 1 月 1 日以后新成立的油气田企业参股、控股的企业，不包括经国务院批准适用 5%征收率缴纳增值税的油气田企业。缴纳增值税的生产性劳务仅限于油气田企业间相互提供，油气田企业与非油气田企业之间相互提供的生产性劳务不缴纳增值税。劳务范围包括：地质勘探、钻井（含侧钻）、测井、录井、试井、固井、试油（气）、井下作业、油（气）集输、采油采气、海上油田建设、供排水、供电、供热、通讯、油田基本建设、环境保护、为维持油气田的正常生产而互相提供的其他劳务计 15 大项，具体解释见《油气田企业增值税管理办法》所列附件《增值税生产性劳务征收范围注释》。 对上述规定的理解重点在应税服务范围。因试点实施办法规定的应税服务范围与《增值税生产性劳务征收范围注释》的劳务范围并不一致，对于油气田企业发生涉及交通运输和部分现代服务业试点劳务，如《增值税生产性劳务征税范围注

财税〔2013〕37号	财税〔2011〕111号	新旧试点实施办法逐条对比解析
		释》中的第一项地质勘探、第九项油（气）集输及第十五项其他中的运输、设计、提供信息、检测、计量、数据处理、租赁生产所需的仪器、材料、设备等服务，应按照试点实施办法缴纳增值税，不再执行《油气田企业增值税管理办法》。同时，因提供应税服务的范围为试点实施办法规定的服务，则提供劳务提供对象既包括油气田企业之间提供，也包括油气田企业与非油气田企业之间相互提供。 油气田企业应将应税服务与原生产性劳务取得的经营收入分别核算，未分别核算的，从高适用税率。
第二条 单位以承包、承租、挂靠方式经营的，承包人、承租人、挂靠人（以下称承包人）以发包人、出租人、被挂靠人（以下称发包人）名义对外经营并由发包人承担相关法律责任的，以该发包人为纳税人。否则，以承包人为纳税人。	第二条 单位以承包、承租、挂靠方式经营的，承包人、承租人、挂靠人（以下称承包人）以发包人、出租人、被挂靠人（以下称发包人）名义对外经营并由发包人承担相关法律责任的，以该发包人为纳税人。否则，以承包人为纳税人。	本条是关于单位采用承包、承租、挂靠经营方式下，纳税人确定的具体规定。 理解本条规定应从以下两方面来把握： 一、承包、承租、挂靠经营方式的概念和特征 （一）承包经营企业是指发包方在不改变企业所有权的前提下，将企业发包给经营者承包，经营者以企业名义从事经营活动，并按合同分享经营成果的经营形式。 （二）承租经营企业是在所有权不变的前提下，出租方将企业租赁给承租方经营，承租方向出租方交付租金并对企业实行自主经营，在租赁关系终止时，返还所租财产。 （三）挂靠经营 挂靠经营是指企业、合伙组织、个体户或者自然人与另外的一个经营主体达成依附协议，然后依附的企业、个体户或者自然人将其经营的财产纳入被依附的经营主体名下，并对外以该经营主体的名义进行独立核算的经营活动。 二、承包、承租、挂靠经营方式下的纳税人的界定 单位以承包、承租、挂靠方式经营的，以发包人为纳税人必须同时满足以下两个条件： （一）以发包人名义对外经营； （二）由发包人承担相关法律责任。 如果不同时满足上述两个条件，以承包人为纳税人。
第三条 纳税人分为一般纳税人和小规模纳税人。 应税服务的年应征增值税销售额（以下称应税服务年销售额）超过财政部和国家税务总局规定标准的纳税人为一般纳税人，未超过规定标准的纳税人为小规模纳税人。 应税服务年销售额超过规定标准的其他个人不属于一般纳税人；不经常提供应税服务的非企业性单	第三条 纳税人分为一般纳税人和小规模纳税人。 应税服务的年应征增值税销售额（以下称应税服务年销售额）超过财政部和国家税务总局规定标准的纳税人为一般纳税人，未超过规定标准的纳税人为小规模纳税人。 应税服务年销售额超过规定标准的其他个人不属于一般纳税人；非企业性单位、不经常提供应税服务	本条是关于试点纳税人分类、划分标准的规定。 理解本条规定应从以下三个方面来把握： 一、试点纳税人分类 按照我国现行增值税的管理模式，对增值税纳税人实行分类管理，在本次增值税改革试点中，仍予以沿用，将试点纳税人分为一般纳税人和小规模纳税人。小规模纳税人与一般纳税人的划分，以应税服务年销售额及会计核算制度是否健全为主要标准。其计税方法、凭证管理等方面都不同，需作区别对待。 二、试点纳税人适用小规模纳税人标准的规定 由于增值税一般纳税人实行凭发票注明税款抵扣的制度，需要试点纳税人有健全的会计核算，能够按会计制度和税务机关的要求，准确核算销项税额、进项税额和应纳税额。在试点纳税人小规模纳税人标准的确定上，充分考虑原有营业税纳税人规模较小、会计核算及纳税申报比较简单的现状，为了稳步推进增值税改革试点，财政部、国家税务总局将小规

财税〔2013〕37号	财税〔2011〕111号	新旧试点实施办法逐条对比解析
位、企业和个体工商户可选择按照小规模纳税人纳税。 **解读：**将非企业性单位与企业和个体户一样限定了条件。	的企业和个体工商户可选择按照小规模纳税人纳税。	模纳税人标准暂定为应税服务年销售额500万元（含本数）以下。纳税人提供应税服务销售额超过小规模纳税人标准的，应申请认定为一般纳税人。随着试点工作的开展，财政部和国家税务总局将根据试点工作的需要，对小规模纳税人的应税服务年销售额标准进行调整。 应税服务年销售额，是指纳税人在连续不超过12个月的经营期内累计应征增值税销售额，含减、免税销售额、提供境外服务销售额以及按规定已从销售额中差额扣除的部分。如果该销售额为含税的，应按照应税劳务的适用税率或征收率换算为不含税的销售额。 另外应当注意的是： 原试点事项规定：对于试点地区原公路、内河货运输业的自开票纳税人，无论其提供应税服务年销售额是否达到500万元，均应当申请认定为一般纳税人。 新试点事项无此规定。在财税〔2012〕71号文中已经废止。 试点纳税人中的一般纳税人提供的公共交通运输服务，可以选择按照简易计税方法计算缴纳增值税。公共交通运输服务，包括轮客渡、公交客运、轨道交通（含地铁、城市轻轨）、出租车、长途客运、班车。其中，班车，是指按固定路线、固定时间运营并在固定站点停靠的运送旅客的陆路运输。 以上新增内容和财税〔2011〕111号文不同的地方实为财税〔2012〕86号文已明确的内容，本次整合进新政策当中。 三、试点纳税人不认定为一般纳税人的特别规定 试点纳税人中的其他个人是指除了个体工商户外的自然人。现实生活中，一个自然人可能偶然发生应税行为，销售额也可能很高，但如果一律要求其认定为一般纳税人，就将大大扩大适用一般计税方法范围，同时要求每个自然人都按照一般纳税人的申报方法去申报缴纳增值税也不现实。因此，为保持税制简化，有必要明确其他个人仍按照小规模纳税人征税。 另外，本条规定不经常提供应税服务的非企业性单位、企业和个体工商户可选择按照小规模纳税人纳税。也可以申请一般纳税人资格认定，即可以根据自身经营情况选择试点纳税人类型。 配套新政策：《国家税务总局关于交通运输业和部分现代服务业营业税改征增值税试点增值税一般纳税人资格认定有关事项的公告》（国家税务总局公告2013年第28号）规定： （一）纳入营改增试点范围的交通运输业和部分现代服务业试点纳税人，应按照本公告规定办理增值税一般纳税人资格认定。 （二）除本公告第三条规定的情形外，营改增试点实施前（以下简称试点实施前）应税服务年销售额满500万元的试点纳税人，应向国税主管税务机关（以下简称主管税务机关）申请办理增值税一般纳税人资格认定手续。 试点纳税人试点实施前的应税服务年销售额按以下公式换算：

财税〔2013〕37号	财税〔2011〕111号	新旧试点实施办法逐条对比解析
		应税服务年销售额=连续不超过12个月应税服务营业额合计÷(1+3%) 按照现行营业税规定差额征收营业税的试点纳税人,其应税服务营业额按未扣除之前的营业额计算。 (三)试点实施前已取得增值税一般纳税人资格并兼有应税服务的试点纳税人,不需要重新申请认定,由主管税务机关制作、送达《税务事项通知书》,告知纳税人。 (四)试点实施前应税服务年销售额不满500万元的试点纳税人,可以向主管税务机关申请增值税一般纳税人资格认定。 (五)试点实施前,试点纳税人增值税一般纳税人资格认定具体办法由试点地区省、自治区、直辖市和计划单列市国家税务局根据国家税务总局令第22号和本公告制定,并报国家税务总局备案。 (六)试点实施后,试点纳税人应按照国家税务总局令第22号及其相关规定,办理增值税一般纳税人资格认定。按营改增有关规定,在确定销售额时可以差额扣除的试点纳税人,其应税服务年销售额按未扣除之前的销售额计算。 (七)试点纳税人兼有销售货物、提供加工修理修配劳务以及应税服务的,应税货物及劳务销售额与应税服务销售额分别计算,分别适用增值税一般纳税人资格认定标准。 (八)试点纳税人取得增值税一般纳税人资格后,发生增值税偷税、骗取出口退税和虚开增值税扣税凭证等行为的,主管税务机关可以对其实行不少于6个月的纳税辅导期管理。 《国家税务总局关于增值税一般纳税人资格认定有关事项的公告》(国家税务总局公告2013年第33号)规定: 根据《中华人民共和国增值税暂行条例实施细则》(财政部、国家税务总局第50号令)、《财政部国家税务总局关于在全国开展交通运输业和部分现代服务业营业税改征增值税试点税收政策的通知》(财税〔2013〕37号),现就增值税一般纳税人资格认定有关事项公告如下: (一)销售货物或者提供加工、修理修配劳务的纳税人,进行增值税一般纳税人资格认定时,其小规模纳税人资格适用条件,按照财政部、国家税务总局第50号令第二十九条:"年应税销售额超过小规模纳税人标准的其他个人按小规模纳税人纳税;非企业性单位、不经常发生应税行为的企业可选择按小规模纳税人纳税"规定执行。 (二)提供应税服务的营业税改征增值税试点纳税人,进行增值税一般纳税人资格认定时,其小规模纳税人资格适用条件,按照《交通运输业和部分现代服务业营业税改征增值税试点实施办法》(财税〔2013〕37号附件1)第三条第三款:"应税服务年销售额超过规定标准的其他个人不属于一般纳税人;不经常提供应税服务的非企业性单位、企业和个体工商户可选择按照小规模纳税人纳税"规定执行。 (三)兼有销售货物、提供加工修理修配劳务以及应税服务的纳税人,应税货物及劳务销售额与应税服务销售额分别计算,分别适用增值税一般纳税人资格认定标准。

财税〔2013〕37号	财税〔2011〕111号	新旧试点实施办法逐条对比解析
		兼有销售货物、提供加工修理修配劳务以及应税服务，且不经常发生应税行为的非企业性单位、企业和个体工商户可选择按照小规模纳税人纳税。 （四）除国家税务总局另有规定外，增值税一般纳税人资格认定具体程序，按照《增值税一般纳税人资格认定管理办法》（国家税务总局令第22号）相关规定执行。 （五）本公告自2013年8月1日起施行。 《财政部、国家税务总局关于在全国开展交通运输业和部分现代服务业营业税改征增值税试点税收政策的通知》（财税〔2013〕37号）印发后，为解决其与《中华人民共和国增值税暂行条例实施细则》（财政部、国家税务总局第50号令，以下简称实施细则）在增值税一般纳税人资格认定政策方面的衔接问题，进一步明确有关政策适用范围，国家税务总局发布了《关于增值税一般纳税人资格认定有关事项的公告》（以下简称公告），现解读如下： （一）公告的背景及目的 适应营改增和税收管理的需要，财税〔2013〕37号对可以不认定为增值税一般纳税人的情况作出例外性规定，与实施细则相类似规定存在区别，主要体现在非企业性单位上：实施细则规定，只要是非企业性单位，即可选择按小规模纳税人纳税；财税〔2013〕37号文件则将范围收窄，只有不经常发生应税行为的非企业性单位，才可选择按小规模纳税人纳税。在以上两条规定并行的情况下，为消除税收实践中税企双方理解上的偏差，有必要发布政策性公告，以明确纳税人在该政策适用上的区别与衔接。 （二）公告内容的把握 纳税人按不同类别，分别适用不同的政策规定： 第一类：销售货物或者提供加工、修理修配劳务的纳税人，进行增值税一般纳税人资格认定时，其小规模纳税人资格适用条件，按照财政部、国家税务总局第50号令第二十九条："年应税销售额超过小规模纳税人标准的其他个人按小规模纳税人纳税；非企业性单位、不经常发生应税行为的企业可选择按小规模纳税人纳税"规定执行。 第二类：提供应税服务的营业税改征增值税试点纳税人，进行增值税一般纳税人资格认定时，其小规模纳税人资格适用条件，按照财税〔2013〕37号附件1《交通运输业和部分现代服务业营业税改征增值税试点实施办法》第三条第三款："应税服务年销售额超过规定标准的其他个人不属于一般纳税人；不经常提供应税服务的非企业性单位、企业和个体工商户可选择按照小规模纳税人纳税"规定执行。 第三类：兼有销售货物、提供加工修理修配劳务以及应税服务的纳税人，应税货物及劳务销售额与应税服务销售额分别计算，分别适用增值税一般纳税人资格认定标准。 兼有销售货物、提供加工修理修配劳务以及应税服务，且不经常发生应税行为的非企业性单位、企业和个体工商户可选择按照小规模纳税人纳税。

财税〔2013〕37号	财税〔2011〕111号	新旧试点实施办法逐条对比解析
		另外，还必须注意：除授权各省、自治区、直辖市和计划单列市国家税务局外，增值税一般纳税人资格认定具体程序，按照《增值税一般纳税人资格认定管理办法》（国家税务总局令第22号）相关规定执行。
第四条 小规模纳税人会计核算健全，能够提供准确税务资料的，可以向主管税务机关申请一般纳税人资格认定，成为一般纳税人。 会计核算健全，是指能够按照国家统一的会计制度规定设置账簿，根据合法、有效凭证核算。	第四条 小规模纳税人会计核算健全，能够提供准确税务资料的，可以向主管税务机关申请一般纳税人资格认定，成为一般纳税人。 会计核算健全，是指能够按照国家统一的会计制度规定设置账簿，根据合法、有效凭证核算。	本条是关于小规模纳税人申请一般纳税人资格认定的规定。 （一）小规模纳税人与一般纳税人的划分，会计核算制度健全是一条重要标准。实践中，很多小规模纳税人建立健全了财务会计核算制度，能够提供准确的税务资料，满足了凭发票注明税款抵扣的管理需要。这时如小规模纳税人向主管税务机关提出申请，可认定为一般纳税人，依照一般计税方法计算应纳税额。 （二）会计核算健全，是指能够按照国家统一的会计制度规定设置账簿，根据合法、有效凭证核算。例如，有专职或者兼职的专业会计人员，能按照财务会计制度规定，设置总账和有关明细账进行会计核算；能准确核算增值税销项税额、进项税额和应纳税额；能按规定编制会计报表，真实反映企业的生产、经营状况。 能够准确提供税务资料，一般是指能够按照规定如实填报增值税纳税申报表、附表及其他税务资料，按期申报纳税。是否做到"会计核算健全"和"能够准确提供税务资料"，由小规模纳税人的主管税务机关来认定。 除上述规定外，小规模纳税人认定为一般纳税人还须具备固定经营场所等其他条件。
第五条 符合一般纳税人条件的纳税人应当向主管税务机关申请一般纳税人资格认定。具体认定办法由国家税务总局制定。 除国家税务总局另有规定外，一经认定为一般纳税人后，不得转为小规模纳税人。	第五条 符合一般纳税人条件的纳税人应当向主管税务机关申请一般纳税人资格认定。具体认定办法由国家税务总局制定。 除国家税务总局另有规定外，一经认定为一般纳税人后，不得转为小规模纳税人。	本条是关于试点增值税一般纳税人资格认定的规定。 （一）本条所称符合条件，是指符合试点实施办法第三条和第四条规定的一般纳税人条件以及国家对试点增值税一般纳税人资格认定的有关规定。符合条件的试点纳税人必须主动向主管税务机关申请一般纳税人资格认定。除特别规定的情形外，试点纳税人年销售额超过小规模纳税人年销售额标准，未主动申请一般纳税人资格认定的，应当按照销售额和增值税适用税率计算应纳税额，不得抵扣进项税额，也不得使用增值税专用发票。 （二）应税服务年应征增值税销售额超过财政部和国家税务总局规定标准的纳税人为一般纳税人，按照国家税务总局公告2013年第28号规定，销售额为500万元。 （三）"除国家税务总局另有规定外，一经认定为一般纳税人后，不得转为小规模纳税人。"其含义是，符合条件的试点纳税人可以直接认定为一般纳税人，但不得再转为小规模纳税人。国家税务总局另行规定的，不适用上述规定。 （四）试点实施前已取得增值税一般纳税人资格并兼有应税服务的试点纳税人，不需要重新申请认定，由主管税务机关制作、送达《税务事项通知书》，告知纳税人。

财税〔2013〕37 号	财税〔2011〕111 号	新旧试点实施办法逐条对比解析
第六条　中华人民共和国境外（以下称境外）的单位或者个人在境内提供应税服务，在境内未设有经营机构的，以其代理人为增值税扣缴义务人；在境内没有代理人的，以接受方为增值税扣缴义务人。	第六条　中华人民共和国境外（以下称境外）的单位或者个人在境内提供应税服务，在境内未设有经营机构的，以其代理人为增值税扣缴义务人；在境内没有代理人的，以接受方为增值税扣缴义务人。	与现行增值税的征收原则不同，在境内提供应税服务，是指应税服务提供方或者接受方在境内。而且因现行海关管理对象的限制，即仅对进出口货物进行管理，各类劳务尚未纳入海关管理范畴，对涉及跨境提供劳务的行为，将仍由税务机关进行管理。 理解本条规定应从以下四个方面来把握： （一）境外单位或者个人在境内提供应税服务，在境内未设有经营机构的，以其代理人为增值税扣缴义务人。 （二）境外单位或者个人在境内提供应税服务，在境内未设有经营机构的，如果在境内没有代理人的，以接受方为增值税扣缴义务人。 （三）理解本条规定的扣缴义务人时需要注意，其前提是境外单位或者个人在境内没有设立经营机构，如果设立了经营机构，就不存在扣缴义务人的问题；首选扣缴义务人是境外纳税人的境内代理人，如果在境内没有设立代理人的，则以应税劳务的购买方为扣缴义务人。本条规定的扣缴义务人如果不履行扣缴义务，则应根据税收法律法规的相关规定承担相应法律责任。 （四）营业税改征增值税后，应税服务项目需代扣代缴增值税的，按原有出具《税务证明》的有关业务操作流程办理。
第七条　两个或者两个以上的纳税人，经财政部和国家税务总局批准可以视为一个纳税人合并纳税。具体办法由财政部和国家税务总局另行制定。	第七条　两个或者两个以上的纳税人，经财政部和国家税务总局批准可以视为一个纳税人合并纳税。具体办法由财政部和国家税务总局另行制定。	本条是对两个或者两个以上的试点纳税人，可以视为一个试点纳税人合并纳税的规定。 合并纳税的批准主体是财政部和国家税务总局。具体办法将由财政部和国家税务总局另行制定。 根据财税〔2011〕111 号所制定的配套文件《财政部、国家税务总局关于印发〈总分支机构试点纳税人增值税计算缴纳暂行办法〉的通知》（财税〔2012〕84 号）因实质内容不影响 2013 年 8 月 1 日后营改增政策执行，依然有效。 附件：总分机构试点纳税人增值税计算缴纳暂行办法 一、经财政部和国家税务总局批准的总机构试点纳税人，及其分支机构按照本办法的规定计算缴纳增值税。 二、总机构应当汇总计算总机构以及其分支机构发生《应税服务范围注释》所列业务的应交增值税，分支机构发生《应税服务范围注释》所列业务已缴纳的增值税和营业税税款后（2013 年 8 月 1 日后不再有营业税），在总机构所在地解缴入库。总机构销售货物、提供加工修理修配劳务，按照增值税暂行条例及相关规定申报缴纳增值税。 三、总机构的汇总应征增值税销售额由以下两部分组成： （一）总机构及其试点地区分支机构发生《应税服务范围注释》所列业务的应征增值税销售额； （二）非试点地区分支机构发生《应税服务范围注释》所列业务的销售额。 计算公式如下： 销售额 = 应税服务的营业额 ÷（1 + 增值税适用税率） 应税服务的营业额，是指非试点地区分支机构发生《应税服务范围注释》所列业务的营业额。增值税适用税率，是指

财税〔2013〕37 号	财税〔2011〕111 号	新旧试点实施办法逐条对比解析
		《交通运输业和部分现代服务业营业税改征增值税试点实施办法》（以下简称《试点实施办法》）规定的增值税适用税率（2013 年 8 月 1 日后不再有营业税，本条规定应予废止）。 四、总机构汇总的销项税额，按照本办法第三条规定的应征增值税销售额和《试点实施办法》规定的增值税适用税率计算。 五、总机构汇总的进项税额，是指总机构及其分支机构因发生《应税服务范围注释》所列业务而购进货物或者接受加工修理修配劳务和应税服务，支付或者负担的增值税税额。总机构及其分支机构用于发生《应税服务范围注释》所列业务之外的进项税额不得汇总。 六、试点地区分支机构发生《应税服务范围注释》所列业务，按照应征增值税销售额和预征率计算缴纳增值税。计算公式如下： 应缴纳的增值税 = 应征增值税销售额 × 预征率 预征率由财政部和国家税务总局规定，并适时予以调整。 试点地区分支机构和非试点地区分支机构销售货物、提供加工修理修配劳务，按照增值税暂行条例及相关规定就地申报缴纳增值税；非试点地区分支机构发生《应税服务范围注释》所列业务，按照现行规定申报缴纳营业税（试点地区、非试点地区以及营业税的规定 2013 年 8 月 1 日后废止）。 七、分支机构发生《应税服务范围注释》所列业务当期已缴纳的增值税和营业税税款，允许在总机构当期增值税应纳税额中抵减，抵减不完的，可以结转下期继续抵减（分支机构缴纳营业税的规定 2013 年 8 月 1 日后废止）。 《国家税务总局关于营业税改征增值税总分机构试点纳税人增值税纳税申报有关事项的公告》（国家税务总局公告 2013 年第 22 号）对于纳税申报填报方式做了说明。
第二章 应税服务	第二章 应税服务	第二章 应税服务
第八条 应税服务，是指陆路运输服务、水路运输服务、航空运输服务、管道运输服务、研发和技术服务、信息技术服务、文化创意服务、物流辅助服务、有形动产租赁服务、鉴证咨询服务、广播影视服务。 应税服务的具体范围按照本办法所附的《应税服务范围注释》执行。 **解读**：此条新增了内容，将广播影视服务纳入本次营改增。	第八条 应税服务，是指陆路运输服务、水路运输服务、航空运输服务、管道运输服务、研发和技术服务、信息技术服务、文化创意服务、物流辅助服务、有形动产租赁服务、鉴证咨询服务。 应税服务的具体范围按照本办法所附的《应税服务范围注释》执行。	本条是关于应税服务的具体范围的规定，试点实施办法所称应税服务包括交通运输业服务（包括陆路运输、水路运输、航空运输、管道运输）和部分现代服务业服务（包括研发和技术服务、信息技术服务、文化创意服务、物流辅助服务、有形动产租赁服务、鉴证咨询服务、广播影视服务）。

财税〔2013〕37 号	财税〔2011〕111 号	新旧试点实施办法逐条对比解析
第九条 提供应税服务，是指有偿提供应税服务，但不包括非营业活动中提供的应税服务。 有偿，是指取得货币、货物或者其他经济利益。 非营业活动，是指： （一）非企业性单位按照法律和行政法规的规定，为履行国家行政管理和公共服务职能收取政府性基金或者行政事业性收费的活动。 （二）单位或者个体工商户聘用的员工为本单位或者雇主提供应税服务。 （三）单位或者个体工商户为员工提供应税服务。 （四）财政部和国家税务总局规定的其他情形。 **解读：**此条进行了修改，但内容实质没变化。	第九条 提供应税服务，是指有偿提供应税服务。 有偿，是指取得货币、货物或者其他经济利益。 非营业活动中提供的交通运输业和部分现代服务业服务不属于提供应税服务。 非营业活动，是指： （一）非企业性单位按照法律和行政法规的规定，为履行国家行政管理和公共服务职能收取政府性基金或者行政事业性收费的活动。 （二）单位或者个体工商户聘用的员工为本单位或者雇主提供交通运输业和部分现代服务业服务。 （三）单位或者个体工商户为员工提供交通运输业和部分现代服务业服务。 （四）财政部和国家税务总局规定的其他情形。	一、对有偿的理解 （一）有偿是确立提供交通运输业和部分现代服务业服务行为是否缴纳增值税的条件之一。 （二）有偿，包括取得货币、货物或者其他经济利益。 货币和货物都比较好理解，对于有偿的范围界定将直接影响一项劳务是否征税的判定。货币形式，包括现金、银行存款、应收账款、应收票据、准备持有至到期的债券投资以及债务的豁免等。非货币形式，包括固定资产、生物资产、无形资产、股权投资、存货、不准备持有至到期的债券投资、劳务以及有关权益等。 二、非营业活动排除在应征增值税应税服务之外的原因 （一）税制设计的合理性。由于非营业活动中提供交通运输业和部分现代服务业服务的特殊性，不宜列入增值税应税服务范围。 （二）非营业活动一般不以盈利为目的。 （三）非营业活动一般是为了履行国家行政管理和公共服务职能的需要或自我提供服务。 （四）将非营业活动排除在应征增值税应税服务之外有利于防范税务机关的执法风险，完善税收制度。 三、非营业活动的具体内容 本条对非营业活动作出了明确解释，主要包括以下三个方面的内容： （一）非企业性单位按照法律和行政法规的规定，为履行国家行政管理和公共服务职能收取政府性基金或者行政事业性收费的活动。 1. 主体为非企业性单位 非企业性单位是指行政单位、事业单位、军事单位、社会团体及其他单位。 2. 必须是为了履行国家行政管理和公共服务职能 不是为履行国家行政管理和公共服务职能的，应属试点实施办法规定的应征增值税的劳务范围。 3. 所获取收入的性质是政府性基金或者行政事业性收费，这里所指政府性基金或者行政事业性收费，应当同时符合下列条件： （1）由国务院或者财政部批准设立的政府性基金，由国务院或者省级人民政府及其财政、价格主管部门批准设立的行政事业性收费； （2）收取时开具省级以上财政部门印制的财政票据； （3）所收款项全额上缴财政。 （二）单位或者个体工商户聘用的员工为本单位或者雇主提供交通运输业和部分现代服务业服务。 单位或个体工商户聘用的员工为本单位或雇主提供交通运输业和部分现代服务业服务，虽然发生有偿行为但不属于应税服务的增值税征收范围，即自我服务不征收增值税。对于这条规定，可以从以下两个方面来理解： 1. 只有单位或个体工商户聘用的员工为本单位或者雇主提供服务才不缴纳应税服务的增值税。核心在于员工身份的确立，关键在于如何划分员工和非员工。

财税〔2013〕37号	财税〔2011〕111号	新旧试点实施办法逐条对比解析
		员工的含义。《中华人民共和国劳动合同法》第十条是这样规定的："建立劳动关系，应当订立书面劳动合同。已建立劳动关系，未同时订立书面劳动合同的，应当自用工之日起一个月内订立书面劳动合同。用人单位与劳动者在用工前订立劳动合同的，劳动关系自用工之日起建立。"另外，《财政部、国家税务总局关于促进残疾人就业税收优惠政策的通知》（财税〔2007〕92号）也规定："单位在职职工是指与单位建立劳动关系并依法应当签订劳动合同或服务协议的雇员。""为安置的每位残疾人按月足额缴纳了单位所在区县人民政府根据国家政策规定的基本养老保险、基本医疗保险、失业保险和工伤保险等社会保险。" 根据《中华人民共和国劳动合同法》和财税〔2007〕92号文件的规定，员工必须同时符合两个条件：①与用人单位建立劳动关系并依法签订劳动合同；②用人单位支付其社会保险。 2. 员工为本单位或者雇主提供的应税服务不需要缴纳增值税，应限定为其提供的职务性劳务。 前面我们介绍了员工应当具备哪些条件，但并不是说只要具备了员工的条件，对员工为本单位或者雇主提供的所有服务都不征税，例如员工利用自己的交通工具为本单位运输货物收取运费等，对这些情况如果不征税，相对于其他单位和个人不公平，因此我们认为，员工为本单位或者雇主提供的服务不征税应仅限于员工为本单位或雇主提供职务性劳务。 （三）单位或者个体工商户为员工提供交通运输业和部分现代服务业服务，即使发生有偿行为，不属于应征增值税的劳务范围。
第十条　在境内提供应税服务，是指应税服务提供方或者接受方在境内。 下列情形不属于在境内提供应税服务： （一）境外单位或者个人向境内单位或者个人提供完全在境外消费的应税服务。 （二）境外单位或者个人向境内单位或者个人出租完全在境外使用的有形动产。 （三）财政部和国家税务总局规定的其他情形。	第十条　在境内提供应税服务，是指应税服务提供方或者接受方在境内。 下列情形不属于在境内提供应税服务： （一）境外单位或者个人向境内单位或者个人提供完全在境外消费的应税服务。 （二）境外单位或者个人向境内单位或者个人出租完全在境外使用的有形动产。 （三）财政部和国家税务总局规定的其他情形。	本条包括两点主要内容： 一、对试点实施办法第一条所称的"境内"提供应税服务，可以从以下两个方面来把握： （一）境内的单位或者个人提供的应税服务都属于境内应税服务，即属人原则。 这就意味着，境内的单位或者个人提供的应税服务无论是否发生在境内、境外都属于境内提供应税服务。对于境内单位或者个人提供的境外劳务是否给予税收优惠，需要财政部、国家税务总局专门作出规定。 （二）只要应税服务接受方在境内，无论提供方是否在境内提供，都属于境内应税服务，即收入来源地原则。 单位或者个人在境内接受应税服务，包括境内单位或者个人在境内接受应税服务（含境内单位或者个人在境内接受他人在境外提供的应税服务）和境外单位或者个人在境内接受应税服务。 二、对境内提供应税服务作出的例外规定，理解本条要注意把握以下三个方面： （一）境外单位或者个人向境内单位或者个人提供的应税服务必须完全发生在境外并在境外消费。 本条款对完全发生在境外并在境外消费的应税服务理解，主要包含三层意思：

财税〔2013〕37号	财税〔2011〕111号	新旧试点实施办法逐条对比解析
		（1）应税服务的提供方为境外单位或者个人。 （2）境内单位或者个人在境外接受应税服务。 （3）所接受的服务必须完全发生境外并在境外消费〔包括提供服务的连续性和完整性，以及服务的开始和结束均在境外（含中间环节）〕。 （二）境外单位或者个人向境内单位或者个人出租完全在境外使用的有形动产。 本条款的出租有形动产作出的例外规定，关键在于完全在境外使用，主要包含两个层面的意思： （1）有形动产本身在境外。 （2）有形动产完全在境外使用，这就要求有形动产使用的开始和结束均在境外（含中间环节）。 （三）财政部和国家税务总局对于其他不属于在境内提供应税服务的情形将专门另行发文专门作出规定。 在本条中对不属于在境内提供应税服务的情况进行了明确。即境外单位或者个人向境内单位或者个人提供的完全发生在境外的应税服务不属于境内劳务。现行的营业税政策中对境内外划分主要依据营业税暂行条例、实施细则以及《关于个人金融商品买卖等营业税若干免税政策的通知》（财税〔2009〕111号），财税〔2009〕111号规定：境外单位或者个人在境外向境内单位或者个人提供的完全发生在境外的《中华人民共和国营业税暂行条例》（国务院令第540号，以下简称条例）规定的劳务，不属于条例第一条所称在境内提供条例规定的劳务，不征收营业税。上述劳务的具体范围由财政部、国家税务总局规定。 根据上述原则，对境外单位或者个人在境外向境内单位或者个人提供的文化体育业（除播映），娱乐业，服务业中的旅店业、饮食业、仓储业，以及其他服务业中的沐浴、理发、洗染、裱画、誊写、镌刻、复印、打包劳务，不征收营业税。以上对于境外单位或者个人向境内单位或者个人提供的完全发生在境外的不征收营业税的劳务进行了列举，未列举的劳务应征收营业税。营改增后，对于试点企业完全发生在境外的应税服务（不限于财税〔2009〕111号文中列举的劳务，如咨询劳务）既不需要代扣代缴营业税，也不需要代扣代缴增值税。
第十一条 单位和个体工商户的下列情形，视同提供应税服务： （一）向其他单位或者个人无偿提供交通运输业和部分现代服务业服务，但以公益活动为目的或者以社会公众为对象的除外。 （二）财政部和国家税务总局规定的其他情形。	第十一条 单位和个体工商户的下列情形，视同提供应税服务： （一）向其他单位或者个人无偿提供交通运输业和部分现代服务业服务，但以公益活动为目的或者以社会公众为对象的除外。 （二）财政部和国家税务总局规定的其他情形。	本条是关于视同提供应税服务的具体规定，对于单位和个体工商户向其他单位或者个人无偿提供交通运输业和部分现代服务业服务视同其提供了应税服务，理解本条需把握以下内容： 为了体现税收制度设计的完整性及堵塞征管漏洞，将无偿提供应税服务与有偿提供应税服务同等对待，全部纳入应税服务的范畴，体现了税收制度的公平性。同时，将以公益活动为目的或者以社会公众为对象的排除在视同提供应税服务之外，也有利于促进社会公益事业的发展。

财税〔2013〕37号	财税〔2011〕111号	新旧试点实施办法逐条对比解析
第三章 税率和征收率	第三章 税率和征收率	第三章 税率和征收率
第十二条 增值税税率： （一）提供有形动产租赁服务，税率为17%。 （二）提供交通运输业服务，税率为11%。 （三）提供现代服务业服务（有形动产租赁服务除外），税率为6%。 （四）财政部和国家税务总局规定的应税服务，税率为零。	第十二条 增值税税率： （一）提供有形动产租赁服务，税率为17%。 （二）提供交通运输业服务，税率为11%。 （三）提供现代服务业服务（有形动产租赁服务除外），税率为6%。 （四）财政部和国家税务总局规定的应税服务，税率为零。	本条是对提供有形动产租赁服务适用增值税税率的规定。有形动产租赁服务的适用税率为增值税基本税率17%。有形动产租赁，包括有形动产融资租赁和有形动产经营性租赁。 远洋运输的光租业务和航空运输的干租业务，属于有形动产经营性租赁，适用税率为增值税基本税率17%。 光租业务，是指远洋运输企业将船舶在约定的时间内出租给他人使用，不配备操作人员，不承担运输过程中发生的各项费用，只收取固定租赁费的业务活动。 干租业务，是指航空运输企业将飞机在约定的时间内出租给他人使用，不配备机组人员，不承担运输过程中发生的各项费用，只收取固定租赁费的业务活动。 本条是对交通运输业服务的适用增值税税率的规定。交通运输业服务的适用税率为11%。 对远洋运输企业从事程租、期租业务和航空运输企业从事湿租业务取得的收入，按照交通运输业服务征税，适用税率为11%。 程租业务，是指远洋运输企业为租船人完成某一特定航次的运输任务并收取租赁费的业务。 期租业务，是指远洋运输企业将配备有操作人员的船舶承租给他人使用一定期限，承租期内听候承租方调遣，不论是否经营，均按天向承租方收取租赁费，发生的固定费用（如人员工资、维修费用等）均由船东负担的业务。 湿租业务，是指航空运输企业将配备有机组人员的飞机承租给他人使用一定期限，承租期内听候承租方调遣，不论是否经营，均按一定标准向承租方收取租赁费，发生的固定费用（如人员工资、维修费用等）均由承租方负担的业务。 本条是对提供部分现代服务业服务（有形动产租赁服务除外）适用增值税税率的规定。 部分现代服务业服务包括：研发和技术服务、信息技术服务、文化创意服务、物流辅助服务、有形动产租赁服务、鉴证咨询服务、广播影视服务。 提供部分现代服务业服务（有形动产租赁服务除外），适用税率为6%。 本条是对应税服务零税率的规定。对应税服务适用零税率，意味着应税服务能够以不含税的价格进入国际市场，从而提高了我国出口服务企业的国际竞争力，为我国现代服务业的深入发展和走向世界创造了条件。对于调整完善我国出口贸易结构，特别是促进服务贸易出口具有重要意义。 对于适用零税率的应税服务的具体范围，由财政部和国家税务总局另行规定。 根据财税〔2013〕37号文附件4《应税服务适用增值税零税率和免税政策的规定》：中华人民共和国境内（以下称境内）的单位和个人提供的国际运输服务、向境外单位提供的研发服务和设计服务，适用增值税零税率。境内的单位和个人提供的往返香港、澳门、台湾的交通运输服务以及在香港、澳

财税〔2013〕37号	财税〔2011〕111号	新旧试点实施办法逐条对比解析
		门、台湾提供的交通运输服务（以下称港澳台运输服务），适用增值税零税率。境内的单位和个人提供期租、程租和湿租服务，如果租赁的交通运输工具用于国际运输服务和港澳台运输服务，不适用增值税零税率，由承租方按规定申请适用零税率。境内的单位和个人提供适用零税率的应税服务，如果属于适用增值税一般计税方法的，实行免抵退税办法，退税率为其按照《试点实施办法》第十二条第（一）至（三）项规定适用的增值税税率；如果属于适用简易计税方法的，实行免征增值税办法。外贸企业兼营适用零税率应税服务的，统一实行免退税办法。境内的单位和个人提供适用零税率应税服务的，可以放弃适用零税率，选择免税或按规定缴纳增值税。放弃适用零税率后，36个月内不得再申请适用零税率。
第十三条 增值税征收率为3%。	第十三条 增值税征收率为3%。	本条是对增值税征收率的规定。 征收率是指应税服务在某一征税环节的应纳税额与计税依据的比率。 小规模纳税人提供应税服务的征收率为3%。 一般纳税人如有符合规定的特定项目，可以选择适用简易计税方法的，征收率为3%。 （1）试点纳税人中的一般纳税人提供的公共交通运输服务，可以选择按照简易计税方法计算缴纳增值税。公共交通运输服务，包括轮客渡、公交客运、轨道交通（含地铁、城市轻轨）、出租车、长途客运、班车。其中，班车，是指按固定路线、固定时间运营并在固定站点停靠的运送旅客的陆路运输。 （2）试点纳税人中的一般纳税人，以该地区试点实施之日前购进或者自制的有形动产为标的物提供的经营租赁服务，试点期间可以选择适用简易计税方法计算缴纳增值税。
第四章 应纳税额的计算	第四章 应纳税额的计算	第四章 应纳税额的计算
第一节 一般性规定	第一节 一般性规定	第一节 一般性规定
第十四条 增值税的计税方法，包括一般计税方法和简易计税方法。	第十四条 增值税的计税方法，包括一般计税方法和简易计税方法。	增值税的计税方法，包括一般计税方法和简易计税方法。一般情况下，一般纳税人基本适用一般计税方法，即按照销项税额减去进项税额的差额作为应纳税额。小规模纳税人适用简易计税方法，即按照销售额与征收率的乘积作为应纳税额。 需要注意的是，一般纳税人部分特定项目可以选择简易计税方法来计算征收增值税。 特定项目是指：一般纳税人提供的公共交通运输服务包括轮客渡、公交客运、轨道交通（含地铁、城市轻轨）、出租车、长途客运、班车。其中，班车，是指按固定路线、固定时间运营并在固定站点停靠的运送旅客的陆路运输。

财税〔2013〕37号	财税〔2011〕111号	新旧试点实施办法逐条对比解析
第十五条 一般纳税人提供应税服务适用一般计税方法计税。一般纳税人提供财政部和国家税务总局规定的特定应税服务，可以选择适用简易计税方法计税，但一经选择，36个月内不得变更。	第十五条 一般纳税人提供应税服务适用一般计税方法计税。一般纳税人提供财政部和国家税务总局规定的特定应税服务，可以选择适用简易计税方法计税，但一经选择，36个月内不得变更。	一般纳税人提供应税服务适用一般计税方法。在一般计税方法下，纳税人提供的应税服务和销售货物、提供加工修理修配劳务采用一致的计税方法。即按照本实施办法的第十八和第十九条进行计算。 本条所称特定应税服务是指第十四条条文解释中所述的特定项目。一般纳税人如果提供了特定应税服务，可适用简易计税方法来计算征收增值税。但对于增值税一般纳税人而言，对于同一项特定应税服务，可自行选择按一般计税方法还是按简易计税方法征收，一旦选定后，36个月内不得再调整计税方法。
第十六条 小规模纳税人提供应税服务适用简易计税方法计税。	第十六条 小规模纳税人提供应税服务适用简易计税方法计税。	小规模纳税人的计税方法比较简单，采用简易计税方法计算应纳税额，具体计算方法在本实施办法第三十条和第三十一条作出了详细规定。
第十七条 境外单位或者个人在境内提供应税服务，在境内未设有经营机构的，扣缴义务人按照下列公式计算应扣缴税额：应扣缴税额＝接受方支付的价款÷(1＋税率)×税率	第十七条 境外单位或者个人在境内提供应税服务，在境内未设有经营机构的，扣缴义务人按照下列公式计算应扣缴税额：应扣缴税额＝接受方支付的价款÷(1＋税率)×税率	本条款规定了境外单位和个人在境内向试点纳税人提供应税服务，在中国境内的扣缴税款问题。 (1) 本条款适用于境外单位或者个人在境内向试点纳税人提供应税服务的，且没有在境内设立经营机构的情况。 (2) 范围限定于提供应税服务。 (3) 对接受应税服务方支付价款为含税价格，在计算应扣缴税额时，应转换为不含税价格。 (4) 在计算应扣缴税款时使用的税率应当为所发生应税服务的适用税率，不区分试点纳税人是增值税一般纳税人或者小规模纳税人。 如境外公司为试点纳税人A提供系统支持、咨询服务，合同价款106万元，该境外公司境内有经营机构，则纳税人A应当扣缴的税额计算如下： 应扣缴增值税＝106÷(1＋6%)×6%＝6（万元）
第二节 一般计税方法	第二节 一般计税方法	第二节 一般计税方法
第十八条 一般计税方法的应纳税额，是指当期销项税额抵扣当期进项税额后的余额。应纳税额计算公式：应纳税额＝当期销项税额－当期进项税额当期销项税额小于当期进项税额不足抵扣时，其不足部分可以结转下期继续抵扣。	第十八条 一般计税方法的应纳税额，是指当期销项税额抵扣当期进项税额后的余额。应纳税额计算公式：应纳税额＝当期销项税额－当期进项税额当期销项税额小于当期进项税额不足抵扣时，其不足部分可以结转下期继续抵扣。	本条规定了增值税应纳税额的计算方法。目前我国采用的是购进扣税法，也就是纳税人在购进货物时按照销售额支付税款（构成进项税额），在销售货物时也按照销售额收取税款（构成销项税额），但是允许从销项税额中扣除进项税额，这样就相当于仅对货物、加工修理修配劳务和应税服务的增值部分征税。当销项税额小于进项税额时，目前的做法是结转下期继续抵扣。 如某试点一般纳税人2013年8月取得交通运输收入111万元（含税），当月外购汽油10万元，购入运输车辆20万元（不含税金额，取得增值税专用发票），发生的联运支出50万元（不含税金额，取得专用发票）。 该纳税人2013年8月应纳税额＝111÷(1＋11%)×11%－10×17%－20×17%－50×11%＝11－1.7－3.4－5.5＝0.4（万元）

续表

财税〔2013〕37 号	财税〔2011〕111 号	新旧试点实施办法逐条对比解析
第十九条 销项税额，是指纳税人提供应税服务按照销售额和增值税税率计算的增值税额。销项税额计算公式： 销项税额＝销售额×税率	第十九条 销项税额，是指纳税人提供应税服务按照销售额和增值税税率计算的增值税额。销项税额计算公式： 销项税额＝销售额×税率	销项税额是增值税中的一个重要概念，从上述销项税额的计算公式中我们可以看出，它是应税服务的销售额和税率的乘积，也就是整体税金的概念。在增值税的计算征收过程中，只有增值税一般纳税人才会出现和使用销项税额的概念。
第二十条 一般计税方法的销售额不包括销项税额，纳税人采用销售额和销项税额合并定价方法的，按照下列公式计算销售额： 销售额＝含税销售额÷（1+税率）	第二十条 一般计税方法的销售额不包括销项税额，纳税人采用销售额和销项税额合并定价方法的，按照下列公式计算销售额： 销售额＝含税销售额÷（1+税率）	确定一般纳税人应税服务的销售额时，可能会遇到一般纳税人由于销售对象的不同、开具发票种类的不同而将销售额和销项税额合并定价的情况。对此，本条规定，一般纳税人销售货物或者应税服务，采用销售额和销项税额合并定价方法的，按照销售额＝含税销售额÷（1＋税率）计算销售额。 本条对应税服务纳税人确认营业收入有一定影响。应税服务原征收营业税时，纳税人根据实际取得的价款确认营业收入，按照营业收入和营业税率的乘积确认应交营业税。在应税服务征收增值税后，一般纳税人取得的含税销售额，先进行价税分离后变成不含税销售额确认销售收入，再根据不含税销售额与税率之间的乘积确认销项税额。
第二十一条 进项税额，是指纳税人购进货物或者接受加工修理修配劳务和应税服务，支付或者负担的增值税税额。	第二十一条 进项税额，是指纳税人购进货物或者接受加工修理修配劳务和应税服务，支付或者负担的增值税税额。	部分应税服务改征增值税以后，对于营业税纳税人最大的变化就是，取得的发票或合法凭证从原有的不作为增值税扣税凭证变为了增值税扣税凭证（即进项税额）。同时，现行税法对增值税扣税凭证规定了认证抵扣期限。纳税人不仅要注意票据凭证发生了变化，而且要注意会计核算也发生了变化。基于本条，对增值税扣税凭证的变化，纳税人应按时合法取得增值税扣税凭证，并在规定的时间内认证抵扣。 纳税人购进货物、加工修理修配劳务或接受应税服务，所支付或者负担的增值税额，为进项税额。进项税额有三方面的意义：①必须是增值税一般纳税人，才涉及进项税额的抵扣问题；②产生进项税额的行为必须是购进货物、加工修理修配劳务和接受应税服务；③支付或者负担的进项税额是指支付给销货方或者购买方自己负担的增值税额。 对纳税人会计核算而言，部分应税服务改征增值税后，其核算进项税额的情况也发生了一定的变化。在原会计核算下，试点纳税人取得的票据凭证，直接计入主营业务成本（或营业成本），在新会计核算下，试点纳税人取得的增值税专用发票，根据发票注明的价款计入主营业务成本（或营业成本），发票上注明的增值税额计入应交税费——应交增值税（进项税额）。
第二十二条 下列进项税额准予从销项税额中抵扣： （一）从销售方或者提供方取得的增值税专用发票（含货物运输业增值税专用发票、	第二十二条 下列进项税额准予从销项税额中抵扣： （一）从销售方或者提供方取得的增值税专用发票上注明的增值税额。	本条是对纳税人可抵扣增值税进项税额的情况进行了列示： （一）从货物销售方、加工修理修配劳务或者应税服务提供方取得的增值税专用发票（包括货物运输专用的增值税专用发票、税控机动车销售统一发票）上注明的增值税额。 增值税专用发票是为加强增值税抵扣管理，根据增值税的特点设计的，专供一般纳税人使用的一种发票。增值税专用发票是一般纳税人从销项税额中抵扣进项税额的扣税凭证，且

财税〔2013〕37 号	财税〔2011〕111 号	新旧试点实施办法逐条对比解析
税控机动车销售统一发票，下同）上注明的增值税额。 **解读：** 此条新增了内容，明确了增值税专用发票的内容，注意实为三种发票。 （二）从海关取得的海关进口增值税专用缴款书上注明的增值税额。 （三）购进农产品，除取得增值税专用发票或者海关进口增值税专用缴款书外，按照农产品收购发票或者销售发票上注明的农产品买价和13%的扣除率计算的进项税额。计算公式为： 进项税额 = 买价 × 扣除率 买价，是指纳税人购进农产品在农产品收购发票或者销售发票上注明的价款和按照规定缴纳的烟叶税。 （四）接受铁路运输服务，按照铁路运输费用结算单据上注明的运输费用金额和7%的扣除率计算的进项税额。进项税额计算公式： 进项税额 = 运输费用金额 × 扣除率 运输费用金额，是指铁路运输费用结算单据上注明的运输费用（包括铁路临管线及铁路专线运输费用）、建设基金，不包括装卸费、保险费等其他杂费。 **解读：** 此条明确运输费用按7%抵扣的仅为目前未营改增的铁	（二）从海关取得的海关进口增值税专用缴款书上注明的增值税额。 （三）购进农产品，除取得增值税专用发票或者海关进口增值税专用缴款书外，按照农产品收购发票或者销售发票上注明的农产品买价和13%的扣除率计算的进项税额。计算公式为： 进项税额 = 买价 × 扣除率 买价，是指纳税人购进农产品在农产品收购发票或者销售发票上注明的价款和按照规定缴纳的烟叶税。 （四）接受交通运输业服务，除取得增值税专用发票外，按照运输费用结算单据上注明的运输费用金额和7%的扣除率计算的进项税额。进项税额计算公式： 进项税额 = 运输费用金额 × 扣除率 运输费用金额，是指运输费用结算单据上注明的运输费用（包括铁路临管线及铁路专线运输费用）、建设基金，不包括装卸费、保险费等其他杂费。 **解读：** 此条修改后，除铁路运输外的其他交通运输业除按专用发票上注明的税款抵扣外，其他运输票据均不得抵扣。 （五）接受境外单位或者个人提供的应税服务，从税务机关或	是目前最主要的一种扣税凭证。增值税专用发票目前抵扣的期限是自开票之日起180天内进行认证抵扣。 从试点一般纳税人处接受交通运输劳务，按照其开具的增值税专用发票上注明的进项税额进行抵扣（适用11%的税率）；从试点小规模纳税人处接受应税服务，按照税务机关代开的增值税专用发票上注明的进项税额进行抵扣（抵扣3%）；本条变化较大：2013年8月1日前可抵扣7%。原政策规定：接受交通运输劳务，按照非试点地区的单位和个人开具的运输费用结算单据，或者试点地区小规模纳税人代开的增值税专用发票上注明的运输费用（含建设基金，下同）金额和7%的扣除率计算进项税额。主要有以下情况： （1）从非试点地区的单位和个人接受交通运输劳务，非试点地区的单位和个人开具运输费用结算单据（包括由税务机关代开的货物运输专用发票），受票方可按照运输费用结算单据上注明的运输费用金额和7%的扣除率计算抵扣进项税额； （2）从试点地区的小规模纳税人接受交通运输劳务，小规模纳税人向主管税务机关申请代开增值税专用发票，受票方可按照增值税专用发票上注明的运输费用金额和7%的扣除率计算抵扣进项税额。 （二）从海关取得的海关进口增值税专用缴款书上注明的增值税额。根据当前税法规定，进口环节的增值税是由海关代征的，试点纳税人在进口货物办理报关进口手续时，需向海关申报缴纳进口增值税并从海关取得完税证明，其取得的海关进口专用缴款书可申报抵扣。海关进口专用缴款书目前抵扣的期限是自报关进口之日起180天内进行抵扣。 （三）购进农产品，除取得增值税专用发票或者海关进口增值税专用缴款书外，按照农产品收购发票或者销售发票上注明的农产品买价和13%的扣除率计算的进项税额。目前，农业生产者销售自产农产品是免征增值税的，其不能开具增值税专用发票，只能开具农产品销售发票。小规模纳税人销售农产品也是不得开具增值税专用发票的，只能开具增值税普通发票。对于零散经营的农户，应由收购单位向农民开具收购发票。上述三种凭证也能作为进项税额从应税服务的销项税额中扣除。 （四）接受铁路运输劳务，按照铁路运输费用结算单据上注明的运输费用金额和7%的扣除率计算进项税额。进项税额计算公式： 进项税额 = 运输费用金额 × 扣除率 运输费用金额，是指铁路运输费用结算单据上注明的运输费用（包括铁路临管线及铁路专线运输费用）、建设基金，不包括装卸费、保险费等其他杂费。 只有铁路运输没有纳入营改增试点，所以仅指铁路。 （五）接受境外单位或者个人提供应税服务，代扣代缴增值税而取得的中华人民共和国税收缴款凭证（原来为中华人民共和国税收通用缴款书）上注明的增值税额。根据试点实施办法第六条规定，境外单位或者个人向境内提供应税服务的，应由代理人或境内接受劳务的试点纳税人作为扣缴义

财税〔2013〕37 号	财税〔2011〕111 号	新旧试点实施办法逐条对比解析
路运输发票。 （五）接受境外单位或者个人提供的应税服务，从税务机关或者境内代理人取得的解缴税款的中华人民共和国税收缴款凭证（以下称税收缴款凭证）上注明的增值税额。	者境内代理人取得的解缴税款的中华人民共和国税收通用缴款书（以下称通用缴款书）上注明的增值税额。	务人。扣缴义务人按照本实施办法扣缴应税服务税款后，向主管税务机关申报缴纳相应税款，并由主管税务机关出具中华人民共和国税收缴款凭证。扣缴义务人凭中华人民共和国税收缴款凭证上注明的增值税额从应税服务的销项税额中抵扣。 综合以上规定，一般纳税人取得可以抵扣进项税额的凭证可能为 17% 的税率、13% 的税率、11% 的税率、6% 的税率和 3% 的征收率。
第二十三条　纳税人取得的增值税扣税凭证不符合法律、行政法规或者国家税务总局有关规定的，其进项税额不得从销项税额中抵扣。 增值税扣税凭证，是指增值税专用发票、海关进口增值税专用缴款书、农产品收购发票、农产品销售发票、铁路运输费用结算单据和税收缴款凭证。 纳税人凭税收缴款凭证抵扣进项税额的，应当具备书面合同、付款证明和境外单位的对账单或者发票。资料不全的，其进项税额不得从销项税额中抵扣。 **解读：**注意运输发票抵扣的变化，普通发票中仅规定铁路可抵扣；注意税收缴款凭证的变化。	第二十三条　纳税人取得的增值税扣税凭证不符合法律、行政法规或者国家税务总局有关规定的，其进项税额不得从销项税额中抵扣。 增值税扣税凭证，是指增值税专用发票、海关进口增值税专用缴款书、农产品收购发票、农产品销售发票、运输费用结算单据和通用缴款书。 纳税人凭通用缴款书抵扣进项税额的，应当具备书面合同、付款证明和境外单位的对账单或者发票。资料不全的，其进项税额不得从销项税额中抵扣。	在增值税征收管理中，纳税人购进货物或者接受应税服务，所支付或者负担的增值税额是否属于可抵扣的进项税额，是以增值税扣税凭证作为依据。因此，本条对纳税人取得的增值税扣税凭证做出了规定，即不符合法律、行政法规或者国家税务总局有关规定的，其进项税额不得从销项税额中抵扣。主要是为了督促纳税人按照规定取得扣税凭证，提高税法遵从度。 （一）自 2013 年 8 月 1 日起，增值税扣税凭证由原增值税暂行条例规定的增值税专用发票、海关进口增值税专用缴款书、农产品收购发票、农产品销售发票以及运输费用结算单据调整为增值税专用发票、货物运输业增值税专用发票、海关进口增值税专用缴款书、农产品收购发票、农产品销售发票、铁路运输费用结算单据和中华人民共和国税收缴款凭证。运输费用结算单据缩小为铁路运输费用结算单据，新增加了中华人民共和国税收缴款凭证，主要用于接受境外单位或者个人提供应税服务，代扣代缴增值税而发生的抵扣情况（2012 年 1 月 1 日至 2013 年 7 月 31 日，为税收通用缴款书） （二）试点后，原增值税一般纳税人从试点地区的单位和个人取得的，且在"试点实施之日"以前开具的运输费用结算单据，应当自开具之日起 180 天内按照《增值税暂行条例》及有关规定计算进项税额并申报抵扣。试点纳税人从试点地区取得的在"试点实施之日"（含）以后开具的运输费用结算单据（铁路运输费用结算单据除外），不得作为增值税扣税凭证。 （三）试点纳税人从试点地区取得的在"试点实施之日"（含）以后开具的运输费用结算单据，不得作为增值税扣税凭证。但其中有两个例外：一是铁路运输费用结算单据，由于铁路运输劳务目前尚未纳入应税服务征收增值税，因此铁路运输劳务还是按照原有的营业税管理办理征收营业税，同时使用铁路运输单据。铁路运输单据按照运输费用金额和扣除率之间的乘积计算扣除。二是税务机关代开的货物运输业增值税专用发票，受票方可以按照取得的增值税专用发票上注明的进项税额计算抵扣进项税额（原规定可以抵扣 7%，按照税务机关代开的专用发票的价税合计金额和 7% 的扣除率计算抵扣）。

财税〔2013〕37号	财税〔2011〕111号	新旧试点实施办法逐条对比解析
		（四）纳税人凭中华人民共和国税收缴款凭证抵扣进项税额的，应当向主管税务机关提供书面合同、付款证明和境外单位的对账单或发票备查，对试点纳税人无法提供资料或提供资料不全的，其进项税额不得从销项税额中抵扣。 如某试点纳税人2013年8月1日取得外购汽油增值税专用发票，票面金额为10万元，该纳税人于2013月12月28日认证，并与认证当月抵扣（该张增值税专用发票抵扣的期限是自开票之日起180天内，即认证的最晚期限为2014年1月27日）。
第二十四条 下列项目的进项税额不得从销项税额中抵扣： （一）用于适用简易计税方法计税项目、非增值税应税项目、免征增值税项目、集体福利或者个人消费的购进货物、接受加工修理修配劳务或者应税服务。其中涉及的固定资产、专利技术、非专利技术、商誉、商标、著作权、有形动产租赁，仅指专用于上述项目的固定资产、专利技术、非专利技术、商誉、商标、著作权、有形动产租赁。 （二）非正常损失的购进货物及相关的加工修理修配劳务和交通运输业服务。 （三）非正常损失的在产品、产成品所耗用的购进货物（不包括固定资产）、加工修理修配劳务或者交通运输业服务。 （四）接受的旅客运输服务。 **解读：**此条内容进行了部分删除，实质内容：原不能抵扣的摩托车、汽车和游艇以后可抵扣。	第二十四条 下列项目的进项税额不得从销项税额中抵扣： （一）用于适用简易计税方法计税项目、非增值税应税项目、免征增值税项目、集体福利或者个人消费的购进货物、接受加工修理修配劳务或者应税服务。其中涉及的固定资产、专利技术、非专利技术、商誉、商标、著作权、有形动产租赁，仅指专用于上述项目的固定资产、专利技术、非专利技术、商誉、商标、著作权、有形动产租赁。 （二）非正常损失的购进货物及相关的加工修理修配劳务和交通运输业服务。 （三）非正常损失的在产品、产成品所耗用的购进货物（不包括固定资产）、加工修理修配劳务或者交通运输业服务。 （四）接受的旅客运输服务。 （五）自用的应征消费税的摩托车、汽车、游艇，但作为提供交通运输业服务的运输工具和租赁服务标的物的除外。	本条规定了不得抵扣的进项税额的种类。 （一）用于简易计税方法计税项目、非增值税应税项目、免征增值税项目、集体福利或者个人消费的购进货物、加工修理修配劳务或者应税服务。非增值税应税项目，是指提供非应税服务、销售不动产和固定资产在建工程等。纳税人新建、改建、扩建、修缮、装饰建筑物，无论会计制度规定如何核算，均属于固定资产在建工程。 （二）虽然取得了合法的扣税凭证，但非正常损失的购进货物、加工修理修配劳务和应税服务和非正常损失的在产品、产成品所耗用的购进货物、加工修理修配劳务或者应税服务的进项税额是不能抵扣的。 非正常损失是指因管理不善造成被盗、丢失、霉烂变质的损失，以及被执法部门依法没收或者强令自行销毁的货物。这些非正常损失是由纳税人自身原因造成导致征税对象实体的灭失，为保证税负公平，其损失不应由国家承担，因而纳税人无权要求抵扣进项税额。这里所指的在产品，是指仍处于生产过程中的产品，与产成品对应，包括正在各个生产工序加工的产品和已加工完毕但尚未检验或者已检验但尚未办理入库手续的产品。产成品，是指已经完成全部生产过程并验收入库，可以按照合同规定的条件送交订货单位，或者可以作为商品对外销售的产品。 （三）一般纳税人接受的旅客运输劳务不得从销项税额中抵扣。一般意义上，旅客运输劳务主要接受对象是个人。对于一般纳税人购买的旅客运输劳务，难以准确地界定接受劳务的对象是企业还是个人，因此，一般纳税人接受的旅客运输劳务不得从销项税额中抵扣。 （四）自用的应征消费税的摩托车、汽车、游艇不允许抵扣的规定取消，新政策允许抵扣。新政策规定：原增值税一般纳税人自用的应征消费税的摩托车、汽车、游艇，其进项税额准予从销项税额中抵扣。 但是要注意，购进的汽车非自用或专用于适用简易计税方法计税项目、非增值税应税项目、免征增值税项目、集体福利或者个人消费的不可抵扣。

财税〔2013〕37 号	财税〔2011〕111 号	新旧试点实施办法逐条对比解析
第二十五条 非增值税应税项目，是指非增值税应税劳务、转让无形资产（专利技术、非专利技术、商誉、商标、著作权除外）、销售不动产以及不动产在建工程。 非增值税应税劳务，是指《应税服务范围注释》所列项目以外的营业税应税劳务。 不动产，是指不能移动或者移动后会引起性质、形状改变的财产，包括建筑物、构筑物和其他土地附着物。 纳税人新建、改建、扩建、修缮、装饰不动产，均属于不动产在建工程。 个人消费，包括纳税人的交际应酬消费。 固定资产，是指使用期限超过 12 个月的机器、机械、运输工具以及其他与生产经营有关的设备、工具、器具等。 非正常损失，是指因管理不善造成被盗、丢失、霉烂变质的损失，以及被执法部门依法没收或者强令自行销毁的货物。	第二十五条 非增值税应税项目，是指非增值税应税劳务、转让无形资产（专利技术、非专利技术、商誉、商标、著作权除外）、销售不动产以及不动产在建工程。 非增值税应税劳务，是指《应税服务范围注释》所列项目以外的营业税应税劳务。 不动产，是指不能移动或者移动后会引起性质、形状改变的财产，包括建筑物、构筑物和其他土地附着物。 纳税人新建、改建、扩建、修缮、装饰不动产，均属于不动产在建工程。 个人消费，包括纳税人的交际应酬消费。 固定资产，是指使用期限超过 12 个月的机器、机械、运输工具以及其他与生产经营有关的设备、工具、器具等。 非正常损失，是指因管理不善造成被盗、丢失、霉烂变质的损失，以及被执法部门依法没收或者强令自行销毁的货物。	本条是对非应税项目以及固定资产、非正常损失等情况的解释： （一）非增值税应税项目是增值税条例中的一个概念，它是相对于增值税应税项目的一个概念。在原《增值税暂行条例》的规定中，非增值税应税服务项目是指属于征缴营业税的交通运输业、建筑业、金融保险业、邮电通信业、文化体育业、娱乐业、服务业等征收范围的劳务。部分应税服务改征增值税后，进一步缩小了非增值税应税项目的范围。部分应缴营业税的服务业项目成为非增值税应税服务。 （二）通常我们对于用途难以划分的货物采用应税产品销售额的方式来划分可抵扣的进项税额，固定资产纳入增值税抵扣范围以后，和货物的抵扣范围相比，有一定的特殊性，主要是由于固定资产使用用途是可变的，比如：一台车床，既可以用来生产免税军品，也可以用来生产应税的民用物品，但是二者没有绝对的界限，因此，有必要对固定资产的抵扣作出专门的解释。按照本条的规定，只有那些专门用于不征收增值税项目或者应作进项税额转出的项目，包括非增值税应税项目、免税项目、集体福利和个人消费，其固定资产进项税额才是不能抵扣的。只要该项固定资产用于增值税应税项目（不含免征增值税项目），那么即便它同时又用于非增值税应税项目、免税项目、集体福利和个人消费，上述项目进项税额本来是不得抵扣的，但是该项固定资产的全部进项税额都是可以抵扣的。 （三）固定资产是从会计核算角度对某一类货物的概括性称呼，其本质仍然是货物，但在具体的判断上，对固定资产的分类容易产生争议。为此，目前对固定资产规定为，使用期限超过 12 个月的机器、机械、运输工具以及其他与生产经营有关的设备、工具、器具等。此项规定主要是为了解决固定资产范围的界定问题。
第二十六条 适用一般计税方法的纳税人，兼营简易计税方法计税项目、非增值税应税劳务、免征增值税项目而无法划分不得抵扣的进项税额，按照下列公式计算不得抵扣的进项税额：	第二十六条 适用一般计税方法的纳税人，兼营简易计税方法计税项目、非增值税应税劳务、免征增值税项目而无法划分不得抵扣的进项税额，按照下列公式计算不得抵扣的进项税额：	本条规定了兼营免税项目或非增值税应税服务而无法划分的进项税额的计算公式。主要有以下情况： （一）在纳税人现实生产经营活动中，兼营行为是很常见的，经常出现进项税额不能准确划分的情形，比较典型的就是耗用的水和电。但同时也有很多进项税额是可以划分清楚用途的，比如领用的原材料，由于用途是确定的，所对应的进项税额也就可以准确划分。通常来说，一个增值税一般纳税人的财务核算制度是比较健全的，不能分开核算的只是少数产品，但如果存在兼营行为，就要将全部进项税额均按照这个公式换算，不考虑其他可以划分用途的进项税额，使得少数

财税〔2013〕37号	财税〔2011〕111号	新旧试点实施办法逐条对比解析
不得抵扣的进项税额=当期无法划分的全部进项税额×（当期简易计税方法计税项目销售额+非增值税应税劳务营业额+免征增值税项目销售额）÷（当期全部销售额+当期全部营业额）主管税务机关可以按照上述公式依据年度数据对不得抵扣的进项税额进行清算。	不得抵扣的进项税额=当期无法划分的全部进项税额×（当期简易计税方法计税项目销售额+非增值税应税劳务营业额+免征增值税项目销售额）÷（当期全部销售额+当期全部营业额）主管税务机关可以按照上述公式依据年度数据对不得抵扣的进项税额进行清算。	行为影响多数行为，不够公允。因此，本条的公式只是对不能准确划分的进项税额再按照公式进行换算，这就避免了"一刀切"的不合理现象，兼顾了税收管理与纳税人自身核算两个方面的要求。 （二）按照销售额比例进行换算是税收管理中常用的方法，与此同时还存在很多具体的划分方法。一般情况下，按照销售额的比例划分是较为简单的方法，操作性很强，也便于纳税人和税务机关操作。 （三）引入年度清算的概念。对于纳税人而言，进项税额转出是按月进行的，但由于年度内取得进项税额的不均衡性，有可能会造成按月计算的进项税额转出与按年度计算的进项税额转出产生差异，主管税务机关可在年度终了对纳税人进项税额转出计算公式进行清算，可对相关差异进行调整。
第二十七条 已抵扣进项税额的购进货物、接受加工修理修配劳务或者应税服务，发生本办法第二十四条规定情形（简易计税方法计税项目、非增值税应税劳务、免征增值税项目除外）的，应当将该进项税额从当期进项税额中扣减；无法确定该进项税额的，按照当期实际成本计算应扣减的进项税额。	第二十七条 已抵扣进项税额的购进货物、接受加工修理修配劳务或者应税服务，发生本办法第二十四条规定情形（简易计税方法计税项目、非增值税应税劳务、免征增值税项目除外）的，应当将该进项税额从当期进项税额中扣减；无法确定该进项税额的，按照当期实际成本计算应扣减的进项税额。	本条规定了纳税人进项税额扣减的问题，并确定了扣减进项税额应按当期实际成本的原则。 （一）本条规定针对的是已经抵扣进项税额的情况，不包括尚未抵扣进项税额的用于简易计税方法计税项目、免税项目和非增值税应税服务，此三者的进项税额应按照第二十六条规定适用换算公式来扣减进项税额，而不能按照实际成本来扣减。 （二）由于经营情况复杂，纳税人有时会先抵扣进项税额，然后发生不得抵扣进项税额的情形，例如将购进货物申报抵扣后，又将其分配给本单位员工作为福利。为了保持征扣税一致，就必须规定相应的进项税额应当从已申报的进项税额中予以扣减。对于无法确定的进项税额，则统一按照当期实际成本来扣减。 （三）这里需要注意的是，扣减进项税额的计算依据不是按该货物、应税服务或者应税服务的原来的进价，而是按发生上述行为的当期实际成本计算。实际成本是企业在取得各项财产时付出的采购成本、加工成本以及达到目前场所和状态所发生的其他成本，是相对于历史成本的一个概念。 如试点某运输企业2013年8月购入一辆车辆作为运输工具，车辆不含税价格为30万元，增值税专用发票上注明的增值税款为5.1万元，企业对增值税发票进行了认证抵扣。2015年7月，由于经营需要，运输企业将车辆作为接送员工上下班工具使用。车辆折旧期限为5年，采用直线法折旧。该运输企业需将原已抵扣的进项税额按照实际成本进行扣减，扣减的进项税额为5.1÷5÷12×37=3.145（万元）。
第二十八条 纳税人提供的适用一般计税方法计税的应税服务，因服务中止或者折让而退还给购买方的增值税额，应当从当期的销项税额中扣减；发生服务中止、购进货物退出、折让而收回的增值税额，应当从当期的进项税额中扣减。	第二十八条 纳税人提供的适用一般计税方法计税的应税服务，因服务中止或者折让而退还给购买方的增值税额，应当从当期的销项税额中扣减；发生服务中止、购进货物退出、折让而收回的增值税额，应当从当期的进项税额中扣减。	本条是对纳税人扣减销项税额和进项税额的规定。这一条款体现了权利与义务对等的原则，从销售方的角度看，发生服务中止或折让时，计算征收增值税的销售额减少，因此可以扣减自己的销项税额，减少纳税义务。而从购买方的角度看，发生服务中止、购进货物退出或折让时对方应纳增值税减少，相应要扣减自己的进项税额。这样做，可以保证销货方按照扣减后的税额计征，购买方同样按照扣减后的进项税额申报抵扣，避免销货方减少了销项税额但购买方不减少进项税额的情况发生，保证国家税款能够足额征收。

续表

财税〔2013〕37号	财税〔2011〕111号	新旧试点实施办法逐条对比解析
第二十九条 有下列情形之一者，应当按照销售额和增值税税率计算应纳税额，不得抵扣进项税额，也不得使用增值税专用发票： （一）一般纳税人会计核算不健全，或者不能够提供准确税务资料的。 （二）应当申请办理一般纳税人资格认定而未申请的。	第二十九条 有下列情形之一者，应当按照销售额和增值税税率计算应纳税额，不得抵扣进项税额，也不得使用增值税专用发票： （一）一般纳税人会计核算不健全，或者不能够提供准确税务资料的。 （二）应当申请办理一般纳税人资格认定而未申请的。	对一般纳税人会计核算不健全，或者不能够提供准确税务资料的，对试点纳税人销售额超过小规模纳税人标准，未申请办理一般纳税人认定手续的，要按销售额依照增值税税率计算应纳税额，不得抵扣进项税额，也不得使用增值税专用发票。 这是一项带有惩罚性质的政策，其目的在于防止纳税人利用一般纳税人和小规模纳税人两种不同的征收办法少缴税款。此外，本条第一款进一步明确了会计核算不健全的情况，只适用于一般纳税人。
第三节 简易计税方法	第三节 简易计税方法	第三节 简易计税方法
第三十条 简易计税方法的应纳税额，是指按照销售额和增值税征收率计算的增值税额，不得抵扣进项税额。应纳税额计算公式： 应纳税额＝销售额×征收率	第三十条 简易计税方法的应纳税额，是指按照销售额和增值税征收率计算的增值税额，不得抵扣进项税额。应纳税额计算公式： 应纳税额＝销售额×征收率	本条所称销售额为不含税销售额，征收率为3%。为了平衡一般计税方法和简易计税方法的税负，对简易计税方法规定了较低的征收率，因此简易计税方法在计算应纳税额时不得抵扣进项税额。小规模纳税人采用简易计税方法计税，一般纳税人提供的特定应税服务可以选择适用简易计税方法。
第三十一条 简易计税方法的销售额不包括其应纳税额，纳税人采用销售额和应纳税额合并定价方法的，按照下列公式计算销售额： 销售额＝含税销售额÷（1＋征收率）	第三十一条 简易计税方法的销售额不包括其应纳税额，纳税人采用销售额和应纳税额合并定价方法的，按照下列公式计算销售额： 销售额＝含税销售额÷（1＋征收率）	本条具体规定了简易计税方法中如何将含税销售额转换为不含税销售额。和一般计税方法相同，简易计税方法中的销售额也不包括向购买方收取的税额。 如某试点企业某项交通运输服务含税销售额为103元，在计算时应先扣除税款，即103÷（1＋3%）＝100（元），用于计算应纳税额的销售额即为100元。则应纳增值税额为100×3%＝3（元）。 和原营业税计税方法的区别： 原营业税应纳税额＝103×3%＝3.09（元）
第三十二条 纳税人提供的适用简易计税方法计税的应税服务，因服务中止或者折让而退还给接受方的销售额，应当从当期销售额中扣减。扣减当期销售额后仍有余额造成多缴的税款，可以从以后的应纳税额中扣减。	第三十二条 纳税人提供的适用简易计税方法计税的应税服务，因服务中止或者折让而退还给接受方的销售额，应当从当期销售额中扣减。扣减当期销售额后仍有余额造成多缴的税款，可以从以后的应纳税额中扣减。	适用对象：一般纳税人提供特定应税服务；小规模纳税人提供应税服务。 当纳税人提供的是用简易计税方法计税的应税服务并收取价款后，由于提供服务质量不符合要求等合理原因发生服务中止或者折让而退还销售额给接受方的，所退的款项可以在退款当期扣减销售额。如果退款当期销售额不足扣减，多缴税款的剩余部分可以从以后的应纳税额中扣减。 实际申报时，发生多交税款的剩余部分从应纳税额扣减情况的，纳税人可以从当期销售额中扣减来实现。 如某试点小规模纳税人仅经营某项应税服务，2013年8月发生一笔销售额为1000元的业务并就此缴纳税额，9月该业务由于合理原因发生退款（销售额皆为不含税销售额）。

财税〔2013〕37号	财税〔2011〕111号	新旧试点实施办法逐条对比解析
		第一种情况：9月该应税服务销售额为5000元。 在9月的销售额中扣除退款的1000元，9月最终的计税销售额为5000−1000=4000（元），9月缴纳的增值税为4000×3%=120（元）。 第二种情况：9月该应税服务销售额为600元，10月该应税服务销售额为5000元。 在9月的销售额中扣除退款中的600元，9月最终的计税销售额为600−600=0（元），9月应纳增值税为0×3%=0（元）；9月销售额不足扣减而多缴的税款为400×3%=12（元），可以从以后纳税期扣减应纳税额。10月企业实际缴纳的税额为5000×3%−12=138（元）。
第四节 销售额的确定	第四节 销售额的确定	第四节 销售额的确定
第三十三条 销售额，是指纳税人提供应税服务取得的全部价款和价外费用。 价外费用，是指价外收取的各种性质的价外费用，但不包括代为收取的政府性基金或者行政事业性收费。	第三十三条 销售额，是指纳税人提供应税服务取得的全部价款和价外费用。 价外费用，是指价外收取的各种性质的价外收费，但不包括代为收取的政府性基金或者行政事业性收费。	本条款是对应税服务的销售额的范围确认。 价外费用具体包括项目范围的问题，在原增值税暂行条例及营业税暂行条例实施细则中对价外费用包括的项目都做了详尽的列举；但考虑到实际业务性质的复杂性，可能存在列举不尽的情况，本条款做了兜底性规定条款，同时保留了原条例中对符合条件的政府性基金和行政事业性收费不属于价外费用范畴的规定。 2013年8月1日前政策根据税改方案的设计原则，营业税改征增值税试点工作应尽量不增加纳税人税收负担，对于原来可以营业税差额征税的纳税人，在符合规定的情况下可以在计算销售额时进行扣除。在试点事项规定中，对纳税人扣除销售额的问题进行了规定。 试点纳税人提供应税服务，按照国家有关营业税政策规定差额征收营业税的，允许其以取得的全部价款和价外费用，扣除支付给非试点纳税人（指试点地区不按照试点实施办法缴纳增值税的纳税人和非试点地区的纳税人）价款后的余额为销售额。 试点纳税人中的小规模纳税人提供交通运输业服务和国际货物运输代理服务，按照国家有关营业税政策规定差额征收营业税的，其支付给试点纳税人的价款，允许从其取得的全部价款和价外费用中扣除。 试点纳税人中的一般纳税人提供国际货物运输代理服务，按照国家有关营业税政策规定差额征收营业税的，其支付给试点纳税人的价款，允许从其取得的全部价款和价外费用中扣除；其支付给试点纳税人的价款，取得增值税专用发票的，不得从其取得的全部价款和价外费用中扣除。 试点纳税人取得的在2012年1月1日以前开具的符合国家有关营业税差额征税规定，且在2012年1月1日前未扣除的合法有效凭证，也可扣减销售额。 2013年8月1日后新政策无此规定。 试点纳税人提供应税服务，按照国家有关营业税政策规定差额征收营业税的，因取得的全部价款和价外费用不足以抵减允许扣除项目金额，截至本地区试点实施之日尚未扣除的部

财税〔2013〕37号	财税〔2011〕111号	新旧试点实施办法逐条对比解析
		分，不得在计算试点纳税人本地区试点实施之日后的销售额时予以抵减，应当向原主管地税机关申请退还营业税。 经中国人民银行、商务部、银监会批准从事融资租赁业务的试点纳税人提供有形动产融资租赁服务，以取得的全部价款和价外费用（包括残值）扣除由出租方承担的有形动产的贷款利息（包括外汇借款和人民币借款利息）、关税、进口环节消费税、安装费、保险费的余额为销售额。 除此之外，无其他差额纳税规定。 试点纳税人从全部价款和价外费用中扣除价款，应当取得符合法律、行政法规和国家税务总局有关规定的有效凭证。否则，不得扣除。 上述凭证是指： （1）支付给境内单位或者个人的款项，以发票为合法有效凭证。 （2）缴纳的税款，以完税凭证为合法有效凭证。 （3）支付给境外单位或者个人的款项，以该单位或者个人的签收单据为合法有效凭证，税务机关对签收单据有疑义的，可以要求其提供境外公证机构的确认证明。 （4）国家税务总局规定的其他凭证。 试点纳税人取得的2013年8月1日（含）以后开具的运输费用结算单据（铁路运输费用结算单据除外），不得作为增值税扣税凭证。
第三十四条 销售额以人民币计算。 纳税人按照人民币以外的货币结算销售额的，应当折合成人民币计算，折合率可以选择销售额发生的当天或者当月1日的人民币汇率中间价。纳税人应当在事先确定采用何种折合率，确定后12个月内不得变更。	第三十四条 销售额以人民币计算。 纳税人按照人民币以外的货币结算销售额的，应当折合成人民币计算，折合率可以选择销售额发生的当天或者当月1日的人民币汇率中间价。纳税人应当在事先确定采用何种折合率，确定后12个月内不得变更。	本条款确定了销售额的计量单位的基本原则。 人民币是我国的法定货币，销售额以人民币计算，是人民币作为法定货币的要求和体现，也是国家主权的体现。 "纳税人按照人民币以外的货币结算销售额的，应当折合成人民币计算"是对"销售额以人民币计算"的细化规定。试点纳税人提供应税服务，如其取得的全部价款和价外费用是以人民币以外的货币结算，需按照上述规定人民币折合率确定销售额。 原增值税和营业税条例细则中对"纳税人应当在事先确定采用何种折合率"，均确定为"1年内不得变更"，在本条款中规定为"确定后12个月内不得变更"。由于纳税人习惯于会计年度或企业财务年度的概念，可能会在此"1年"的概念上有所混淆，明确提出"12个月"更加直观地告诉纳税人，方便其理解操作。
第三十五条 纳税人提供适用不同税率或者征收率的应税服务，应当分别核算适用不同税率或者征收率的销售额；未分别核算的，从高适用税率。	第三十五条 纳税人提供适用不同税率或者征收率的应税服务，应当分别核算适用不同税率或者征收率的销售额；未分别核算的，从高适用税率。	本条规定了在营业税改征增值税范围内从事兼营行为的税收处理方法。与原增值税和营业税税收政策的精神相同，兼营同一税种中不同税率或征收率的项目应按不同项目分开核算。如果未分别核算，根据具体情况从高适用税率或征收率。

财税〔2013〕37号	财税〔2011〕111号	新旧试点实施办法逐条对比解析
第三十六条 纳税人兼营营业税应税项目的，应当分别核算应税服务的销售额和营业税应税项目的营业额；未分别核算的，由主管税务机关核定应税服务的销售额。	第三十六条 纳税人兼营营业税应税项目的，应当分别核算应税服务的销售额和营业税应税项目的营业额；未分别核算的，由主管税务机关核定应税服务的销售额。	本条规定了兼营应税服务和营业税应税项目的税收处理方法。与原增值税和营业税税收政策的精神相同，兼营不同税种的项目应分别核算，对应税服务征收增值税，对营业税项目征收营业税。如果未分别核算，由主管税务机关进行核定。 需要特别说明的是，试点事项规定中提出了混业经营的概念，与上述兼营的情况有所不同，具体是： 试点纳税人兼有不同税率或征收率的销售货物、提供加工修理修配劳务或者应税服务的，应当分别核算适用不同税率或征收率的销售额，未分别核算销售额的，按照以下方法适用税率或征收率： （1）兼有不同税率的销售货物、提供加工修理修配劳务或者应税服务的，从高适用税率。 （2）兼有不同征收率销售货物、提供加工修理修配劳务或者应税服务的，从高适用征收率。 （3）兼有不同税率和征收率的销售货物、提供加工修理修配劳务或者应税服务的，从高适用税率。 原增值税和营业税政策中对于混合销售的规定是一致的，即一项销售行为如果既涉及货物又涉及营业税应税劳务，为混合销售行为。在今后营业税全面改征增值税后，由于对货物和现营业税应税劳务都征收增值税，混合销售的概念也随之消失。虽然混合销售的概念消失，但对实际业务中，同一交易行为含两个以上税率或征收率的情况，在试点实施办法和试点事项规定中采用兼有的概念进行描述。 在试点过程中，由于并非所有原营业税应税劳务都纳入试点增值税应税范围，所以在一项销售行为中，既涉及剩余未纳入试点范围的营业税应税劳务，又涉及货物的，仍适用《中华人民共和国增值税暂行条例》和《中华人民共和国营业税暂行条例》及其实施细则中混合销售的规定。
第三十七条 纳税人兼营免税、减税项目的，应当分别核算免税、减税项目的销售额；未分别核算的，不得免税、减税。	第三十七条 纳税人兼营免税、减税项目的，应当分别核算免税、减税项目的销售额；未分别核算的，不得免税、减税。	这一规定是为了使纳税人能够准确核算和反映免税、减税项目的销售额，将分别核算作为纳税人减免税的前置条件。未单独核算销售额的，应按照试点实施办法规定，不得实行免税、减税。
第三十八条 纳税人提供应税服务，开具增值税专用发票后，发生提供应税服务中止、折让、开票有误等情形的，应当按照国家税务总局的规定开具红字增值税专用发票；未按照规定开具红字增值税专用发票的，不得按照本办	第三十八条 纳税人提供应税服务，开具增值税专用发票后，提供应税服务中止、折让、开票有误等情形的，应当按照国家税务总局的规定开具红字增值税专用发票；未按照规定开具红字增值税专用发票的，不得按照本办	对于应税服务而言，接受应税服务方如果对一般纳税人提供的应税服务不满意的话，有可能会存在以下情况： （1）接受方对应税服务不满意，要求提供方在收取款项时提供折扣； （2）接收方对应税服务不满意，要求提供方部分退款； （3）接收方对应税服务不满意，要求中止劳务。 本条是对一般纳税人提供应税服务发生退款等情形而扣减销项税额和进项税额以及开具红字专用发票的规定。这一条款体现了权利与义务对等的原则，从销售方的角度看，发生退款时，计算征收增值税的销售额减少，因此可以扣减自己的销项税额，减少纳税义务。而从购买方的角度看，发生退款

财税〔2013〕37号	财税〔2011〕111号	新旧试点实施办法逐条对比解析
法第二十八条和第三十二条的规定扣减销项税额或者销售额。 解读：文字修订。	第二十八条和第三十二条的规定扣减销项税额或者销售额。	时对方应纳增值税减少，相应要减自己的进项税额。这样做，可以保证销货方按照扣减后的税额计税，购买方同样按照扣减后的进项税额申报抵扣，避免销售方减少了销项税额但购买方不减少进项税额的情况发生，保证国家税款能够足额征收。 本条开具红字发票才能扣减销项税额的规定，包括几个含义： （一）纳税人发生销售行为并开具了增值税专用发票后，如果需要扣减销项税额，其条件是必须正确开具红字专用发票，否则不能扣减销项税额。 （二）纳税人开具红字发票是有限制条件的，只有在规定的情况下才能开具，不能由纳税人任意开具。这些情形包括发生退款和开票有误，除此之外都是不允许开具的。 （三）开具红字专用发票必须按照国家税务总局的规定，遵循相关审批程序才能开具。具体开具办法主要是根据《国家税务总局关于修订〈增值税专用发票使用规定〉的通知》（国税发〔2006〕156号）和《国家税务总局关于修订增值税专用发票使用规定的补充通知》（国税发〔2007〕18号）。纳税人只有依照税务机关的相关政策规定开具红字专用发票，才能最大限度地保护自己的利益。
第三十九条 纳税人提供应税服务，将价款和折扣额在同一张发票上分别注明的，以折扣后的价款为销售额；未在同一张发票上分别注明的，以价款为销售额，不得扣减折扣额。	第三十九条 纳税人提供应税服务，将价款和折扣额在同一张发票上分别注明的，以折扣后的价款为销售额；未在同一张发票上分别注明的，以价款为销售额，不得扣减折扣额。	本条款是引用原折扣额抵减应税销售额的规定，即折扣是否能冲减销售额关键在于是否在同一张发票上反映。 《中华人民共和国营业税暂行条例实施细则》中规定：纳税人发生应税行为，如果将价款与折扣额在同一张发票上注明的，以折扣后的价款为营业额；如果将折扣额另开发票的，不论其在财务上如何处理，均不得从营业额中扣除。 需要注意的是，试点纳税人采取折扣方式销售货物，虽在同一发票上注明了销售额和折扣额，却将折扣额填写在发票的备注栏，是否允许抵减销售额的问题。可以参考国税函〔2010〕56号文件规定，即《国家税务总局关于印发〈增值税若干具体问题的规定〉的通知》（国税发〔1993〕154号）第二条第（二）项规定："纳税人采取折扣方式销售货物，如果销售额和折扣额在同一张发票上分别注明的，可按折扣后的销售额征收增值税。"纳税人采取折扣方式销售货物，销售额和折扣额在同一张发票上分别注明是指销售额和折扣额在同一张发票上的"金额"栏分别注明的，可按折扣后的销售额征收增值税。未在同一张发票"金额"栏注明折扣额，而仅在发票的"备注"栏注明折扣额的，折扣额不得从销售额中减除。
第四十条 纳税人提供应税服务的价格明显偏高或者偏低且不具有合理商业目的的，或者发生本办法第十一条所列视同提供应税服务而无销售额，主管税务机关	第四十条 纳税人提供应税服务的价格明显偏低或者偏高且不具有合理商业目的的，或者发生本办法第十一条所列视同提供应税服务而无销售额的，主管税务机关	本条款的变化点在于增加了"提供应税服务价格明显偏高""不具有合理商业目的"的情况的规定，对原条例仅对价格偏低情况加以规范的情况进行补充，防止税改后计算销售额出现征管漏洞。 "不具有合理商业目的"借鉴了国际上反避税条款的相关概念，对可能存在的以获取税收利益而非正常商业目的为唯一或者主要目标的行为进行限制，体现了公平税负的原则。这里的"不具有合理商业目的"可以理解为主要目的在于获得

财税〔2013〕37号	财税〔2011〕111号	新旧试点实施办法逐条对比解析
有权按照下列顺序确定销售额： （一）按照纳税人最近时期提供同类应税服务的平均价格确定。 （二）按照其他纳税人最近时期提供同类应税服务的平均价格确定。 （三）按照组成计税价格确定。组成计税价格的公式为： 组成计税价格=成本×（1+成本利润率） 成本利润率由国家税务总局确定。	有权按照下列顺序确定销售额： （一）按照纳税人最近时期提供同类应税服务的平均价格确定。 （二）按照其他纳税人最近时期提供同类应税服务的平均价格确定。 （三）按照组成计税价格确定。组成计税价格的公式为： 组成计税价格=成本×（1+成本利润率） 成本利润率由国家税务总局确定。	税收利益，这些利益可以包括获得减少、免除、推迟缴纳税款，可以包括增加返还、退税收入，可以包括税法规定的其他收入款项等税收收益。
第五章 纳税义务、扣缴义务发生时间和纳税地点	第五章 纳税义务、扣缴义务发生时间和纳税地点	第五章 纳税义务、扣缴义务发生时间和纳税地点
第四十一条 增值税纳税义务发生时间为： （一）纳税人提供应税服务并收讫销售款项或者取得索取销售款项凭据的当天；先开具发票的，为开具发票的当天。 收讫销售款项，是指纳税人提供应税服务过程中或者完成后收到款项。 取得索取销售款项凭据的当天，是指书面合同确定的付款日期；未签订书面合同或者书面合同未确定付款日期的，为应税服务完成的当天。 （二）纳税人提供有形动产租赁服务采取预收款方式的，其纳税义务发生时间为收到预收款的当天。 （三）纳税人发生本办法第十一条视同提供应税服务的，其纳	第四十一条 增值税纳税义务发生时间为： （一）纳税人提供应税服务并收讫销售款项或者取得索取销售款项凭据的当天；先开具发票的，为开具发票的当天。 收讫销售款项，是指纳税人提供应税服务过程中或者完成后收到款项。 取得索取销售款项凭据的当天，是指书面合同确定的付款日期；未签订书面合同或者书面合同未确定付款日期的，为应税服务完成的当天。 （二）纳税人提供有形动产租赁服务采取预收款方式的，其纳税义务发生时间为收到预收款的当天。 （三）纳税人发生本办法第十一条视同提供应税服务的，其纳	本条是关于纳税义务发生时间确认原则的规定，针对应税服务的特点，主要采纳了现行营业税关于纳税义务发生时间的相关规定并结合了现行增值税关于纳税义务发生时间的相关规定，对应税服务纳税义务发生时间予以明确，主要变化是在原先营业税关于纳税义务发生时间的基础上增加了先开具发票的，纳税义务发生时间为开具发票的当天的规定。 本条规定主要包括以下几个方面的内容： 一、先开具发票的，纳税义务发生时间为开具发票的当天 应税服务营业税改征增值税后，由于增值税实行凭发票抵扣税款制，即纳税人抵扣进项税额以增值税扣税凭证上注明的增值税额为准，购买方在取得增值税扣税凭证后，即便是尚未向销售方支付款项，但却可以凭增值税专用发票去抵扣税款，这时如果再强调销售方的纳税义务发生时间为收讫销售款项或者取得索取销售款项凭据的当天的话，则会造成税款征收上的脱节，即一边（指销售方）还没开始纳税，一边（指购买方）却已经开始将税务机关未征收到的税款进行抵扣。此外，由于普通发票与增值税专用发票均属于商事凭证，征税原则应当保持一致。所以，为了避免此类税款征收脱节现象的发生，维护国家税收利益，同时保证征税原则的一致性，本条第一款规定，如果纳税人提供应税服务时先开具发票的，纳税义务发生时间为开具发票的当天。 二、提供应税服务并收讫销售款项的含义 本条规定所称收讫销售款项，是指纳税人应税服务发生过程中或者完成后收取的款项。理解本条规定，要注意以下三个方面： （一）收到款项不能简单地确认为应税服务增值税纳税义务发生时间，应以提供应税服务为前提。

财税〔2013〕37号	财税〔2011〕111号	新旧试点实施办法逐条对比解析
税义务发生时间为应税服务完成的当天。 （四）增值税扣缴义务发生时间为纳税人增值税纳税义务发生的当天。	税义务发生时间为应税服务完成的当天。 （四）增值税扣缴义务发生时间为纳税人增值税纳税义务发生的当天。	（二）收讫销售款项，是指在应税服务开始提供后收到的款项，包括在应税服务发生过程中或者完成后收取的款项。 （三）除本条第二款规定外，应税服务提供前收到的款项不能以收到款项的当天确认纳税义务发生时间。应税服务提供前收到的款项，其增值税纳税义务发生时间以按照财务会计制度的规定，该项预收性质的价款被确认为收入的时间为准。 三、提供应税服务并取得索取销售款项凭据的当天 按照本条第一款规定，取得索取销售款项凭据的当天，是指书面合同约定的付款日期的当天；未约定付款日期的，为应税服务完成的当天。 签订书面合同并且有明确付款日期的，为书面合同确定的付款日期的当天；"未签订书面合同或者书面合同未确定付款日期的，为应税行为完成的当天"，这体现了"权责发生制原则"，同时也考虑到防止纳税人为了规避税收条款，延缓缴纳税款的问题。 四、提供有形动产租赁服务并收取预收款的纳税人，增值税纳税义务发生时间为收到预收款的当天 纳税人提供租赁业劳务的，采取预收款方式的，为收到预收款的当天作为纳税义务发生时间。也就是说，对纳税人一次性收取若干年的租金收入应以收到租金的当天作为纳税义务发生时间，不再实行按月分摊按月缴纳营业税的方法，此条规定与现行营业税关于租赁的纳税义务发生时间一致。 本条所称的有形动产租赁服务是指《范围注释》第二条第三款所称的有形动产租赁，包括有形动产的融资租赁和经营性租赁。 五、视同提供应税服务的纳税义务发生时间 试点实施办法第十一条规定，除以公益活动为目的或者以社会公众为对象外，向其他单位或者个人无偿提供交通运输业和部分现代服务业服务，应视同提供应税服务缴纳增值税。考虑到无偿提供应税服务的特点是不存在收讫销售款项或者取得索取销售款项凭据的情况，故将其纳税义务发生时间确定为应税服务完成的当天。 六、增值税扣缴义务发生时间 本条第四款规定增值税扣缴义务发生时间为纳税人增值税纳税义务发生的当天，扣缴义务的存在是以纳税义务的存在为前提，为了保证税款及时入库，同时也方便扣缴义务人代扣代缴税款，有必要使扣缴义务发生时间与纳税义务发生时间相衔接。所以本条第四款规定，扣缴义务发生时间为纳税义务发生的当天，与现行增值税、营业税相关规定一致。
第四十二条 增值税纳税地点为： （一）固定业户应当向其机构所在地或者居住地主管税务机关申报纳税。总机构和分支机构不在同一县（市）的，应当分别	第四十二条 增值税纳税地点为： （一）固定业户应当向其机构所在地或者居住地主管税务机关申报纳税。总机构和分支机构不在同一县（市）的，应当分别	纳税地点，是指纳税人依据税法规定向征税机关申报纳税的具体地点。它说明纳税人应向哪里的税务机关申报纳税，以及哪里的征税机关有权进行税收管辖的问题。目前，税法上规定的纳税地点主要是机构所在地、居住地等。 固定业户与非固定业户是实践中一直沿用的概念，主要是看纳税人的增值税纳税义务状况，是否在主管税务机关登记注册。本条规定对固定业户、非固定业户以及扣缴义务人的纳税地点进行明确。

财税〔2013〕37号	财税〔2011〕111号	新旧试点实施办法逐条对比解析
向各自所在地的主管税务机关申报纳税；经财政部和国家税务总局或者其授权的财政和税务机关批准，可以由总机构合并向总机构所在地的主管税务机关申报纳税。 （二）非固定业户应当向应税服务发生地主管税务机关申报纳税；未申报纳税的，由其机构所在地或者居住地主管税务机关补征税款。 （三）扣缴义务人应当向其机构所在地或者居住地主管税务机关申报缴纳其扣缴的税款。	向各自所在地的主管税务机关申报纳税；经财政部和国家税务总局或者其授权的财政和税务机关批准，可以由总机构合并向总机构所在地的主管税务机关申报纳税。 （二）非固定业户应当向应税服务发生地主管税务机关申报纳税；未申报纳税的，由其机构所在地或者居住地主管税务机关补征税款。 （三）扣缴义务人应当向其机构所在地或者居住地主管税务机关申报缴纳其扣缴的税款。	（一）固定业户应当向其机构所在地或者居住地主管税务机关申报纳税。 根据税收属地管辖原则，固定业户应当向其机构所在地的主管税务机关申报纳税，这是一般性规定。这里的机构所在地往往是指纳税人的注册登记地。如果固定业户存在分支机构，应当分别向各自所在地的主管税务机关申报纳税，单位和个人提供应税劳务的，应该按照试点实施办法缴纳增值税。 （二）非固定业户提供应税服务，应当向应税服务发生地的主管税务机关申报纳税。 非固定业户提供应税服务，应当向应税服务发生地主管税务机关申报缴纳本办法规定的增值税；未申报纳税的，其机构所在地或者居住地主管税务机关补征税款。 （三）扣缴义务人，应当向其机构所在地或者居住地的主管税务机关申报缴纳其扣缴的税款。对于扣缴义务人，为方便扣缴义务人，促使扣缴义务人履行扣缴义务，本条规定扣缴义务人向其机构所在地或者居住地的主管税务机关申报缴纳其扣缴的税款。
第四十三条 增值税的纳税期限分别为1日、3日、5日、10日、15日、1个月或者1个季度。纳税人的具体纳税期限，由主管税务机关根据纳税人应纳税额的大小分别核定。以1个季度为纳税期限的规定适用于小规模纳税人以及财政部和国家税务总局规定的其他纳税人。不能按照固定期限纳税的，可以按次纳税。 纳税人以1个月或者1个季度为1个纳税期的，自期满之日起15日内申报纳税；以1日、3日、5日、10日或者15日为1个纳税期的，自期满之日起5日内预缴税款，于次月1日起15日内申报纳税并结清上月应纳税款。	第四十三条 增值税的纳税期限分别为1日、3日、5日、10日、15日、1个月或者1个季度。纳税人的具体纳税期限，由主管税务机关根据纳税人应纳税额的大小分别核定。以1个季度为纳税期限的规定适用于小规模纳税人以及财政部和国家税务总局规定的其他纳税人。不能按照固定期限纳税的，可以按次纳税。 纳税人以1个月或者1个季度为1个纳税期的，自期满之日起15日内申报纳税；以1日、3日、5日、10日或者15日为1个纳税期的，自期满之日起5日内预缴税款，于次月1日起15日内申报纳税并结清上月应纳税款。	纳税计算期是纳税人，扣缴义务人据以计算解缴税款的期间，一般分为两种：一种是按次计算，以纳税人，扣缴义务人从事生产经营活动的次数作为纳税计算期。第二种是按期计算，以发生纳税义务，扣缴义务的一定期间作为纳税计算期。具体的纳税计算期，通常是在办理税务登记以后由税务机关根据其税务登记的情况在税收法律行政法规规定的范围内分别核定。就大多数纳税人而言，纳税计算期一般为1个月，少数经营规模和应纳税额较大的纳税人，可以将1日、3日、5日或15日作为一个纳税计算期；不能按照固定期限纳税的，可以按次纳税。

续表

财税〔2013〕37号	财税〔2011〕111号	新旧试点实施办法逐条对比解析
扣缴义务人解缴税款的期限，按照前两款规定执行。	扣缴义务人解缴税款的期限，按照前两款规定执行。	
第六章　税收减免	第六章　税收减免	第六章　税收减免
第四十四条　纳税人提供应税服务适用免税、减税规定的，可以放弃免税、减税，依照本办法的规定缴纳增值税。放弃免税、减税后，36个月内不得再申请免税、减税。 纳税人提供应税服务同时适用免税和零税率规定的，优先适用零税率。 解读：此条新增了内容，明确优先原则。	第四十四条　纳税人提供应税服务适用免税、减税规定的，可以放弃免税、减税，依照本办法的规定缴纳增值税。放弃免税、减税后，36个月内不得再申请免税、减税。	我国的增值税优惠政策主要包括直接减免、减征税款、即征即退（税务部门）、先征后返（财政部门）等方式。《财政部、国家税务总局关于在上海市开展交通运输业和部分现代服务业营业税改征增值税试点的通知》（财税〔2013〕37号）附件三《交通运输业和部分现代服务业营业税改征增值税试点过渡政策的规定》（以下简称试点过渡政策）中，规定了免征、即征即退两种方式。 一、免征的规定 直接免税是指对提供应税服务的某个环节或者全部环节直接免征增值税。纳税人用于免征增值税项目的购进货物或者应税服务，进项税额不得抵扣。提供免税应税服务不得开具专用发票。 按照试点过渡政策，下列项目免征增值税： （一）个人转让著作权。 （二）残疾人个人提供应税服务。 （三）航空公司提供飞机播洒农药服务。 （四）试点纳税人提供技术转让、技术开发和与之相关的技术咨询、技术服务。 1. 技术转让，是指转让者将其拥有的专利和非专利技术的所有权或者使用权有偿转让他人的行为；技术开发，是指开发者接受他人委托，就新技术、新产品、新工艺或者新材料及其系统进行研究开发的行为；技术咨询，是指就特定技术项目提供可行性论证、技术预测、专题技术调查、分析评价报告等。 与技术转让、技术开发相关的技术咨询、技术服务，是指转让方（或受托方）根据技术转让或开发合同的规定，为帮助受让方（或委托方）掌握所转让（或委托开发）的技术，而提供的技术咨询、技术服务业务，且这部分技术咨询、服务的价款与技术转让（或开发）的价款应当开在同一张发票上。 2. 审批程序。试点纳税人申请免征增值税时，须持技术转让、开发的书面合同，到试点纳税人所在地省级科技主管部门进行认定，并持有关的书面合同和科技主管部门审核意见证明文件报主管国家税务局备查。 （五）符合条件的节能服务公司实施合同能源管理项目中提供的应税服务。 上述"符合条件"是指同时满足下列条件： 1. 节能服务公司实施合同能源管理项目相关技术，应当符合国家质量监督检验检疫总局和国家标准化管理委员会发布的《合同能源管理技术通则》（GB/T24915-2010）规定的技术要求。 2. 节能服务公司与用能企业签订《节能效益分享型》合同，其合同格式和内容，符合《中华人民共和国合同法》和国家

财税〔2013〕37 号	财税〔2011〕111 号	新旧试点实施办法逐条对比解析
		质量监督检验检疫总局和国家标准化管理委员会发布的《合同能源管理技术通则》（GB/T24915-2010）等规定。 （六）自本地区试点实施之日起至 2013 年 12 月 31 日，注册在中国服务外包示范城市的试点纳税人从事离岸服务外包业务中提供的应税服务。 注册在平潭的试点纳税人从事离岸服务外包业务中提供的应税服务。 从事离岸服务外包业务，是指企业根据境外单位与其签订的委托合同，由本企业或其直接转包的企业为境外提供信息技术外包服务（ITO）、技术性业务流程外包服务（BPO）或技术性知识流程外包服务（KPO）。 （七）台湾航运公司从事海峡两岸海上直航业务在大陆取得的运输收入。 台湾航运公司，是指取得交通运输部颁发的"台湾海峡两岸间水路运输许可证"且该许可证上注明的公司登记地址在台湾的航运公司。 （八）台湾航空公司从事海峡两岸空中直航业务在大陆取得的运输收入。 台湾航空公司，是指取得中国民用航空局颁发的"经营许可"或依据《海峡两岸空运协议》和《海峡两岸空运补充协议》规定，批准经营两岸旅客、货物和邮件不定期（包机）运输业务，且公司登记地址在台湾的航空公司。 （九）美国 ABS 船级社在非营利宗旨不变、中国船级社在美国享受同等免税待遇的前提下，在中国境内提供的船检服务。 （十）2013 年 12 月 31 日之前，广播电影电视行政主管部门（包括中央、省、地市及县级）按照各自职能权限批准从事电影制片、发行、放映的电影集团公司（含成员企业）、电影制片厂及其他电影企业转让电影版权、发行电影以及在农村放映电影。 （十一）随军家属就业。 1. 为安置随军家属就业而新开办的企业，自领取税务登记证之日起，其提供的应税服务 3 年内免征增值税。 享受税收优惠政策的企业，随军家属必须占企业总人数的 60%（含）以上，并有军（含）以上政治和后勤机关出具的证明。 2. 从事个体经营的随军家属，自领取税务登记证之日起，其提供的应税服务 3 年内免征增值税。 随军家属必须有师以上政治机关出具的可以表明其身份的证明，但税务部门应当进行相应的审查认定。 主管税务机关在企业或个人享受免税期间，应当对此类企业进行年度检查，凡不符合条件的，取消其免税政策。 按照上述规定，每一名随军家属可以享受一次免税政策。 （十二）军队转业干部就业。 1. 从事个体经营的军队转业干部，经主管税务机关批准，自领取税务登记证之日起，其提供的应税服务 3 年内免征增值税。

续表

财税〔2013〕37 号	财税〔2011〕111 号	新旧试点实施办法逐条对比解析
		2. 为安置自主择业的军队转业干部就业而新开办的企业，凡安置自主择业的军队转业干部占企业总人数 60%（含）以上的，经主管税务机关批准，自领取税务登记证之日起，其提供的应税服务 3 年内免征增值税。
		享受上述优惠政策的自主择业的军队转业干部必须持有师以上部队颁发的转业证件。
		（十三）城镇退役士兵就业。
		1. 为安置自谋职业的城镇退役士兵就业而新办的服务型企业当年新安置自谋职业的城镇退役士兵达到职工总数 30%以上，并与其签订 1 年以上期限劳动合同的，经县级以上民政部门认定、税务机关审核，其提供的应税服务（除广告服务外）3 年内免征增值税。
		2. 自谋职业的城镇退役士兵从事个体经营的，自领取税务登记证之日起，其提供的应税服务（除广告服务外）3 年内免征增值税。
		新办的服务型企业，是指《国务院办公厅转发民政部等部门关于扶持城镇退役士兵自谋职业优惠政策意见的通知》（国办发〔2004〕10 号）下发后新组建的企业。原有的企业合并、分立、改制、改组、扩建、搬迁、转产以及吸收新成员、改变领导或隶属关系、改变企业名称的，不能视为新办企业。
		自谋职业的城镇退役士兵，是指符合城镇安置条件，并与安置地民政部门签订《退役士兵自谋职业协议书》，领取《城镇退役士兵自谋职业证》的士官和义务兵。
		（十四）失业人员就业。
		1. 持《就业失业登记证》（注明"自主创业税收政策"或附着《高校毕业生自主创业证》）人员从事个体经营的，在 3 年内按照每户每年 8000 元为限额依次扣减其当年实际应缴纳的增值税、城市维护建设税、教育费附加和个人所得税。
		试点纳税人年度应缴纳税款小于上述扣减限额的，以其实际缴纳的税款为限；大于上述扣减限额的，应当以上述扣减限额为限。
		享受优惠政策的个体经营试点纳税人，是指提供《应税服务范围注释》服务（除广告服务外）的试点纳税人。
		持《就业失业登记证》（注明"自主创业税收政策"或附着《高校毕业生自主创业证》）人员是指：①在人力资源和社会保障部门公共就业服务机构登记失业半年以上的人员；②零就业家庭、享受城市居民最低生活保障家庭劳动年龄内的登记失业人员；③毕业年度内高校毕业生。
		高校毕业生，是指实施高等学历教育的普通高等学校、成人高等学校毕业的学生；毕业年度，是指毕业所在自然年，即 1 月 1 日至 12 月 31 日。
		2. 服务型企业（除广告服务外）在新增加的岗位中，当年新招用持《就业失业登记证》（注明"企业吸纳税收政策"）人员，与其签订 1 年以上期限劳动合同并依法缴纳社会保险费的，在 3 年内按照实际招用人数予以定额依次扣减增值税、

财税〔2013〕37 号	财税〔2011〕111 号	新旧试点实施办法逐条对比解析
		城市维护建设税、教育费附加和企业所得税优惠。定额标准为每人每年 4000 元，可上下浮动 20%，由试点地区省级人民政府根据本地区实际情况在此幅度内确定具体定额标准，并报财政部和国家税务总局备案。
		按照上述标准计算的税收扣减额应当在企业当年实际应缴纳的增值税、城市维护建设税、教育费附加和企业所得税税额中扣减，当年扣减不足的，不得结转下年使用。
		持《就业失业登记证》（注明"企业吸纳税收政策"）人员是指：①国有企业下岗失业人员；②国有企业关闭破产需要安置的人员；③国有企业所办集体企业（即厂办大集体企业）下岗职工；④享受最低生活保障且失业 1 年以上的城镇其他登记失业人员。
		服务型企业，是指从事原营业税"服务业"税目范围内业务的企业。
		国有企业所办集体企业（即厂办大集体企业），是指 20 世纪 70、80 年代，由国有企业批准或资助兴办的，以安置回城知识青年和国有企业职工子女就业为目的，主要向主办国有企业提供配套产品或劳务服务，在工商行政机关登记注册为集体所有制的企业。厂办大集体企业下岗职工包括在国有企业混岗工作的集体企业下岗职工。
		3. 享受上述优惠政策的人员按照下列规定申领《就业失业登记证》、《高校毕业生自主创业证》等凭证：
		（1）按照《就业服务与就业管理规定》（中华人民共和国劳动和社会保障部令第 28 号）第六十三条的规定，在法定劳动年龄内，有劳动能力，有就业要求，处于无业状态的城镇常住人员，在公共就业服务机构进行失业登记，申领《就业失业登记证》。其中，农村进城务工人员和其他非本地户籍人员在常住地稳定就业满 6 个月的，失业后可以在常住地登记。
		（2）零就业家庭凭社区出具的证明，城镇低保家庭凭低保证明，在公共就业服务机构登记失业，申领《就业失业登记证》。
		（3）毕业年度内高校毕业生在校期间凭学校出具的相关证明，经学校所在地省级教育行政部门核实认定，取得《高校毕业生自主创业证》（仅在毕业年度适用），并向创业地公共就业服务机构申请取得《就业失业登记证》；高校毕业生离校后直接向创业地公共就业服务机构申领《就业失业登记证》。
		（4）服务型企业招录的人员，在公共就业服务机构申领《就业失业登记证》。
		（5）《再就业优惠证》不再发放，原持证人员应当到公共就业服务机构换发《就业失业登记证》。正在享受下岗失业人员再就业税收优惠政策的原持证人员，继续享受原税收优惠政策至期满为止。
		（6）上述人员申领相关凭证后，由就业和创业地人力资源和社会保障部门对人员范围、就业失业状态、已享受政策情况审核认定，在《就业失业登记证》上注明"自主创业税收政策"或"企业吸纳税收政策"字样，同时符合自主创业和企业吸纳税收政策条件的，可同时加注；主管税务机关在《就

财税〔2013〕37号	财税〔2011〕111号	新旧试点实施办法逐条对比解析
		业失业登记证》上加盖戳记，注明减免税所属时间。
		4. 上述税收优惠政策的审批期限为2011年1月1日至2013年12月31日，以试点纳税人到税务机关办理减免税手续之日起作为优惠政策起始时间。税收优惠政策在2013年12月31日未执行到期的，可继续享受至3年期满为止。
		二、下列项目实行增值税即征即退
		（一）注册在洋山保税港区和东疆保税港区内的试点纳税人，提供的国内货物运输服务、仓储服务和装卸搬运服务。
		（二）安置残疾人的单位，实行由税务机关按照单位实际安置残疾人的人数，限额即征即退增值税的办法。
		上述政策仅适用于从事原营业税"服务业"税目（广告服务除外）范围内业务取得的收入占其增值税和营业税业务合计收入的比例达到50%的单位。
		有关享受增值税优惠政策单位的条件、定义、管理要求等按照《财政部国家税务总局关于促进残疾人就业税收优惠政策的通知》（财税〔2007〕92号）中有关规定执行。
		（三）试点纳税人中的一般纳税人提供管道运输服务，对其增值税实际税负超过3%的部分实行增值税即征即退政策。
		（四）经人民银行、银监会、商务部批准经营融资租赁业务的试点纳税人中的一般纳税人，提供有形动产融资租赁服务，对其增值税实际税负超过3%的部分实行增值税即征即退政策。
		三、放弃免税的规定
		免税是税法赋予某一特定行业纳税人减免应纳税的一项权利，根据增值税征扣税一致的原理，纳税人享受免税，其提供应税服务的销售额，不再计算销项税额，相应的进项税额也不得抵扣，也不能向购买方开具专用发票。因此，如果增值税的免税只是针对特定环节的纳税人，这种免税将造成增值税抵扣链条的中断。考虑到免税属于国家对纳税人给予的一种优惠，从法治公平意义角度上讲，纳税人可以选择接受或者不接受，因此有必要在法规中明确纳税人可以放弃免税的权利。
		要理解本条规定还需注意以下几个方面：
		（一）纳税人一经放弃免税权、减税权，其生产销售的全部增值税应税货物或劳务以及应税服务均应按照适用税率征税，不得选择某一免税项目放弃免税权，也不得根据不同的销售对象选择部分货物或劳务以及应税服务放弃免税权。
		（二）纳税人在免税期内购进用于免税项目的货物或者应税服务以及应税服务所取得的增值税扣税凭证，一律不得抵扣。
第四十五条 个人提供应税服务的销售额未达到增值税起征点的，免征增值税；达到起征点的，全额计算缴纳增值税。	第四十五条 个人提供应税服务的销售额未达到增值税起征点的，免征增值税；达到起征点的，全额计算缴纳增值税。	理解此条规定，应同时注意以下几个方面的问题： 一、适用范围 增值税起征点不适用于认定为一般纳税人的个体工商户，仅限于按照小规模纳税人纳税的个体工商户和其他个人。 二、销售额的确定 增值税起征点所称的销售额是指小规模纳税人应税服务的销

财税〔2013〕37 号	财税〔2011〕111 号	新旧试点实施办法逐条对比解析
增值税起征点不适用于认定为一般纳税人的个体工商户。	增值税起征点不适用于认定为一般纳税人的个体工商户。	售额（不包括提供加工修理修配劳务和销售货物的销售额），不包括其应纳税额；采用销售额和应纳税额合并定价方法的，计算销售额的公式为：销售额＝含税销售额÷（1＋征收率）。 三、与起征点相关的征免税规定 起征点又称"征税起点"或"起税点"，是指税法规定对征税对象开始征税的起点数额，起征点不同于免征额，纳税人销售额未达到国务院财政、税务主管部门规定的起征点的，免征增值税；达到起征点的，全额计算缴纳增值税。 假设纳税人提供应税服务的起征点为 20000 元，某个体工商户（小规模纳税人）本月取得交通运输服务收入 20000 元（含税），该个体工商户本月应缴纳多少增值税？ 分析：因为提供应税服务的起征点为 20000 元，该个体工商户本月交通运输服务不含税收入为 20000÷（1＋3%）＝19417.48（元）。交通运输服务取得的收入未达到起征点，因此对该部分收入无须缴纳增值税。
第四十六条 增值税起征点幅度如下： （一）按期纳税的，为月应税销售额 5000~20000 元（含本数）。 （二）按次纳税的，为每次（日）销售额 300~500 元（含本数）。起征点的调整由财政部和国家税务总局规定。省、自治区、直辖市财政厅（局）和国家税务局应当在规定的幅度内，根据实际情况确定本地区适用的起征点，并报财政部和国家税务总局备案。	第四十六条 增值税起征点幅度如下： （一）按期纳税的，为月应税销售额 5000~20000 元（含本数）。 （二）按次纳税的，为每次（日）销售额 300~500 元（含本数）。起征点的调整由财政部和国家税务总局规定。省、自治区、直辖市财政厅（局）和国家税务局应当在规定的幅度内，根据实际情况确定本地区适用的起征点，并报财政部和国家税务总局备案。	
第七章 征收管理	第七章 征收管理	第七章 征收管理
第四十七条 营业税改征的增值税，由国家税务局负责征收。	第四十七条 营业税改征的增值税，由国家税务局负责征收。	《实施办法》规定的应税服务原应征收营业税，由地方税务机关征收，现按照《实施办法》规定营业税改征增值税后，应税服务的增值税也明确由国家税务局负责征收。
第四十八条 纳税人提供适用零税率的应税服务，应当按期向主管税务机关申报办理退（免）税，具体办法由财政部和国家税务总局制定。	第四十八条 纳税人提供适用零税率的应税服务，应当按期向主管税务机关申报办理退（免）税，具体办法由财政部和国家税务总局制定。	纳税人发生适用零税率的应税服务，在满足试点实施办法规定的纳税义务发生时间有关规定以及国家对应税服务出口设定的有关条件后，免征其出口应税服务的增值税，对实际承担的增值税税收负担（进项税额）。 应税服务适用增值税零税率和免税政策的规定。 一、中华人民共和国境内（以下称境内）的单位和个人提供的国际运输服务、向境外单位提供的研发服务和设计服务，

财税〔2013〕37号	财税〔2011〕111号	新旧试点实施办法逐条对比解析
		适用增值税零税率 （一）国际运输服务，是指： （1）在境内载运旅客或者货物出境。 （2）在境外载运旅客或者货物入境。 （3）在境外载运旅客或者货物。 （二）境内的单位和个人适用增值税零税率，以水路运输方式提供国际运输服务的，应当取得《国际船舶运输经营许可证》；以陆路运输方式提供国际运输服务的，应当取得《道路运输经营许可证》和《国际汽车运输行车许可证》，且《道路运输经营许可证》的经营范围应当包括"国际运输"；以航空运输方式提供国际运输服务的，应当取得《公共航空运输企业经营许可证》，且其经营范围应当包括"国际航空客货邮运输业务"。 （三）向境外单位提供的设计服务，不包括对境内不动产提供的设计服务。 二、境内的单位和个人提供的往返香港、澳门、台湾的交通运输服务以及在香港、澳门、台湾提供的交通运输服务（以下称港澳台运输服务），适用增值税零税率 境内的单位和个人适用增值税零税率，以陆路运输方式提供至香港、澳门的交通运输服务的，应当取得《道路运输经营许可证》并具有持《道路运输证》的直通港澳运输车辆；以水路运输方式提供至台湾的交通运输服务的，应当取得《台湾海峡两岸间水路运输许可证》并具有持《台湾海峡两岸间船舶营运证》的船舶；以水路运输方式提供至香港、澳门的交通运输服务的，应当具有获得港澳线路运营许可的船舶；以航空运输方式提供上述交通运输服务的，应当取得《公共航空运输企业经营许可证》，且其经营范围应当包括"国际、国内（含港澳）航空客货邮运输业务"。 三、境内的单位和个人提供期租、程租和湿租服务，如果租赁的交通运输工具用于国际运输服务和港澳台运输服务，不适用增值税零税率，由承租方按规定申请适用零税率 四、境内的单位和个人提供适用零税率的应税服务，如果属于适用增值税一般计税方法的，实行免抵退税办法，退税率为其按照《试点实施办法》第十二条第（一）项至（三）项规定适用的增值税税率；如果属于适用简易计税方法的，实行免征增值税办法。外贸企业兼营适用零税率应税服务的，统一实行免退税办法 五、境内的单位和个人提供适用零税率应税服务的，可以放弃适用零税率，选择免税或按规定缴纳增值税。放弃适用零税率后，36个月内不得再申请适用零税率 六、境内的单位和个人提供适用零税率的应税服务，按月向主管退税的税务机关申报办理增值税免抵退税或免税手续。具体管理办法由国家税务总局商财政部另行制定 七、境内的单位和个人提供的下列应税服务免征增值税，但财政部和国家税务总局规定适用零税率的除外： （一）工程、矿产资源在境外的工程勘察勘探服务。

财税〔2013〕37 号	财税〔2011〕111 号	新旧试点实施办法逐条对比解析
		（二）会议展览地点在境外的会议展览服务。
		（三）存储地点在境外的仓储服务。
		（四）标的物在境外使用的有形动产租赁服务。
		（五）在境外提供的广播影视节目（作品）的发行、播映服务。
		（六）符合本规定第一条第（一）项规定但不符合第一条第（二）项规定条件的国际运输服务。
		（七）符合本规定第二条第一款规定但不符合第二条第二款规定条件的港、澳、台运输服务。
		（八）向境外单位提供的下列应税服务：
		1. 技术转让服务、技术咨询服务、合同能源管理服务、软件服务、电路设计及测试服务、信息系统服务、业务流程管理服务、商标著作权转让服务、知识产权服务、物流辅助服务（仓储服务除外）、认证服务、鉴证服务、咨询服务、广播影视节目（作品）制作服务、期租服务、程租服务、湿租服务。但不包括：合同标的物在境内的合同能源管理服务，对境内货物或不动产的认证服务、鉴证服务和咨询服务。
		2. 投放地在境外的广告服务。
		关于营改增适用增值税零税率应税服务免抵退税管理详见《国家税务总局关于发布〈营业税改征增值税试点地区适用增值税零税率应税服务免抵退税管理办法（暂行）〉的公告》（国家税务总局公告 2012 年第 13 号）。
		为确保营业税改征增值税试点工作顺利实施，根据《财政部、国家税务总局关于应税服务适用增值税零税率和免税政策的通知》（财税〔2011〕131 号）等相关规定，财政部、国家税务总局制定了《营业税改征增值税试点地区适用增值税零税率应税服务免抵退税管理办法（暂行）》，自 2012 年 1 月 1 日起施行。
		零税率应税服务提供者目前暂按出口货物退（免）税申报系统中出口货物免抵退税申报表格式报送申报表和电子申报数据，申报表填表口径和方法由上海市国税局另行明确。本办法附件 1、附件 2、附件 3 启用时间另行通知。与本办法相关的财政负担机制、免抵税款调库方式另行明确。
		营业税改征增值税试点地区适用增值税零税率应税服务免抵退税管理办法（暂行）
		第一条　试点地区提供增值税零税率应税服务（以下简称零税率应税服务）并认定为增值税一般纳税人的单位和个人（以下称零税率应税服务提供者），在营业税改征增值税试点以后提供的零税率应税服务，适用增值税零税率，实行免抵退税办法，并不得开具增值税专用发票。
		第二条　零税率应税服务的范围是：
		（一）国际运输服务
		1. 在境内载运旅客或货物出境；
		2. 在境外载运旅客或货物入境；
		3. 在境外载运旅客或货物。
		从境内载运旅客或货物至国内海关特殊监管区域及场所、从

续表

财税〔2013〕37号	财税〔2011〕111号	新旧试点实施办法逐条对比解析
		国内海关特殊监管区域及场所载运旅客或货物至国内其他地区以及在国内海关特殊监管区域内载运旅客或货物，不属于国际运输服务。 （二）向境外单位提供研发服务、设计服务 研发服务是指就新技术、新产品、新工艺或者新材料及其系统进行研究与试验开发的业务活动。 设计服务是指把计划、规划、设想通过视觉、文字等形式传递出来的业务活动。包括工业设计、造型设计、服装设计、环境设计、平面设计、包装设计、动漫设计、展示设计、网站设计、机械设计、工程设计、创意策划等。 向国内海关特殊监管区域内单位提供研发服务、设计服务不实行免抵退税办法，应按规定征收增值税。 第三条 零税率应税服务的退税率为其在境内提供对应服务的增值税税率。 第四条 本办法所称免抵退税办法是指，零税率应税服务提供者提供零税率应税服务，免征增值税，相应的进项税额抵减应纳增值税额（不包括适用增值税即征即退、先征后退政策的应纳增值税额），未抵减完的部分予以退还。具体计算公式如下： （一）零税率应税服务当期免抵退税额的计算： 当期零税率应税服务免抵退税额＝当期零税率应税服务免抵退税计税价格×外汇人民币牌价×零税率应税服务退税率 零税率应税服务免抵退税计税价格为提供零税率应税服务取得的全部价款，扣除支付给非试点纳税人价款后的余额。 （二）当期应退税额和当期免抵税额的计算： 1. 当期期末留抵税额≤当期免抵退税额时， 当期应退税额＝当期期末留抵税额 当期免抵税额＝当期免抵退税额－当期应退税额 2. 当期期末留抵税额＞当期免抵退税额时， 当期应退税额＝当期免抵退税额 当期免抵税额＝0 "当期期末留抵税额"为当期《增值税纳税申报表》中的"期末留抵税额"。 （三）零税率应税服务提供者如同时有货物出口的，可结合现行出口货物免抵退税公式一并计算免抵退税。 第五条 零税率应税服务提供者在申报办理零税率应税服务免抵退税前，应向主管税务机关办理出口退（免）税认定。 办理出口退（免）税认定时，应提供以下资料： 1. 银行开户许可证； 2. 从事水路国际运输的应提供《国际船舶运输经营许可证》；从事航空国际运输的应提供《公共航空运输企业经营许可证》，且其经营范围应包括"国际航空客货邮运输业务"；从事陆路国际运输的应提供《道路运输经营许可证》和《国际汽车运输行车许可证》，且《道路运输经营许可证》的经营范围应包括"国际运输"；从事对外提供研发设计服务的应提供《技术出口合同登记证》。

财税〔2013〕37号	财税〔2011〕111号	新旧试点实施办法逐条对比解析
		零税率应税服务提供者在营业税改征增值税试点后提供的零税率应税服务,如发生在办理出口退(免)税认定前,在办理出口退(免)税认定后,可按规定申报免抵退税。 第六条 主管税务机关在办理服务出口退(免)税认定时,对零税率应税服务提供者属原适用免退税计税方法的出口企业,应将其计税方法调整为免抵退税办法。 第七条 零税率应税服务提供者在提供零税率应税服务,并在财务作销售收入次月(按季度进行增值税纳税申报的为次季度,下同)的增值税纳税申报期内,向主管税务机关办理增值税纳税和免抵退税相关申报。 零税率应税服务提供者应于收入之日次月起至次年4月30日前的各增值税纳税申报期内收齐有关凭证,向主管税务机关如实申报免抵退税。资料不齐全或内容不真实的零税率应税服务,不得向税务机关申报办理免抵退税。逾期未收齐有关凭证申报免抵退税的,主管税务机关不再受理免抵退税申报,零税率应税服务提供者应缴纳增值税。 (一)提供国际运输的零税率应税服务提供者办理增值税免抵退税申报时,应提供下列凭证资料: 1.《免抵退税申报汇总表》及其附表; 2.《零税率应税服务(国际运输)免抵退税申报明细表》(附件1); 3. 当期《增值税纳税申报表》; 4. 免抵退税正式申报电子数据; 5. 下列原始凭证: (1)零税率应税服务的载货、载客舱单(或其他能够反映收入原始构成的单据凭证); (2)提供零税率应税服务的发票; (3)主管税务机关要求提供的其他凭证; 上述第(1)、(2)项原始凭证,经主管税务机关批准,可留存零税率应税服务提供者备查。 (二)对外提供研发、设计服务的零税率应税服务提供者办理增值税免抵退税申报时,应提供下列凭证资料: 1.《免抵退税申报汇总表》及其附表; 2.《应税服务(研发、设计服务)免抵退税申报明细表》(附件2); 3. 当期《增值税纳税申报表》; 4. 免抵退税正式申报电子数据; 5. 下列原始凭证: (1)与零税率应税服务收入相对应的《技术出口合同登记证》复印件; (2)与境外单位签订的研发、设计合同; (3)提供零税率应税服务的发票; (4)《向境外单位提供研发、设计服务收讫营业款明细清单》(附件3); (5)从与签订研发、设计合同的境外单位取得收入的收款凭证;

财税〔2013〕37号	财税〔2011〕111号	新旧试点实施办法逐条对比解析
		（6）主管税务机关要求提供的其他凭证。

第八条　对新发生零税率应税服务的零税率应税服务提供者（以下简称新零税率应税服务提供者），自发生首笔零税率应税服务之日（国际运输企业以提单载明的日期为准，对外提供研发、设计服务企业以收款凭证载明日期的月份为准）起6个月内提供的零税率应税服务，按月分别计算免抵税额和应退税额。税务机关对6个月内各月审核无误的应退税额在当月暂不办理退库，在第7个月将各月累计审核无误的应退税额一次性办理退库。自第7个月起，新零税率应税服务提供者提供的零税率应税服务，实行按月申报办理免抵退税。

新零税率应税服务提供者是指，在营业税改征增值税试点以前未发生过本办法第一条所列的零税率应税服务的零税率应税服务提供者。零税率应税服务提供者在办理出口退（免）税认定时，应向主管税务机关提供证明在营业税改征增值税试点以前发生过零税率应税服务的资料，不能提供的，主管税务机关认定为新零税率应税服务提供者。

第九条　主管税务机关在接受零税率应税服务提供者免抵退税申报后，应在下列内容人工审核无误后，使用出口退税审核系统进行审核。在审核中如有疑问的，可抽取企业进项增值税发票进行发函调查或核查。

（一）对于提供国际运输的零税率应税服务提供者，主管税务机关可从零税率应税服务提供者申报中抽取若干申报记录审核以下内容：

1. 所申报的国际运输服务是否符合本办法第一条规定；

2. 所抽取申报记录申报应税服务收入是否小于等于该申报记录所对应的载货或载客舱单上记载的国际运输服务收入。

（二）对于提供研发、设计服务的零税率应税服务提供者审核以下内容：

1. 企业所申报的研发、设计服务是否符合本办法第一条规定；

2. 研发、设计合同签订的对方是否为境外单位；

3. 应税服务收入的支付方是否为与之签订研发、设计合同的境外单位；

4. 申报应税服务收入是否小于等于从与之签订研发、设计合同的境外单位取得的收款金额。

第十条　对零税率应税服务提供者按第七条规定提供的凭证资料齐全的，主管税务机关在经过出口退税审核系统审核通过后，办理退税，退税资金由中央金库统一支付。

第十一条　零税率应税服务提供者骗取国家出口退税款的，税务机关按《国家税务总局关于停止为骗取出口退税企业办理出口退税有关问题的通知》（国税发〔2008〕32号）规定停止其出口退税权。零税率应税服务提供者在税务机关停止为其办理出口退税期间发生零税率应税服务，不得申报免抵退税，应按规定征收增值税。

第十二条　主管税务机关应对零税率应税服务提供者适用零税率的免抵退税加强分析监控。

第十三条　本办法自2012年1月1日开始执行。

财税〔2013〕37号	财税〔2011〕111号	新旧试点实施办法逐条对比解析
		附件： 1. 零税率应税服务（国际运输）免抵退税申报明细表 2. 零税率应税服务（研发、设计服务）免抵退税申报明细表 3. 向境外单位提供研发、设计服务收讫营业款明细清单
第四十九条 纳税人提供应税服务，应当向索取增值税专用发票的接受方开具增值税专用发票，并在增值税专用发票上分别注明销售额和销项税额。 属于下列情形之一的，不得开具增值税专用发票： （一）向消费者个人提供应税服务。 （二）适用免征增值税规定的应税服务。	第四十九条 纳税人提供应税服务，应当向索取增值税专用发票的接受方开具增值税专用发票，并在增值税专用发票上分别注明销售额和销项税额。 属于下列情形之一的，不得开具增值税专用发票： （一）向消费者个人提供应税服务。 （二）适用免征增值税规定的应税服务。	在增值税的实际操作中，鉴别纳税人接受应税服务所支付或者负担的增值税额是否属于进项税额，是以增值税专用发票等扣税凭证为依据的。因此，本条针对接受应税服务对象的特点规定了不得开具增值税专用发票的两种情形。
第五十条 小规模纳税人提供应税服务，接受方索取增值税专用发票的，可以向主管税务机关申请代开。	第五十条 小规模纳税人提供应税服务，接受方索取增值税专用发票的，可以向主管税务机关申请代开。	小规模纳税人由于其自身不具有开具增值税专用发票的资格，如需开具增值税专用发票，可向主管税务机关申请代开。
第五十一条 纳税人增值税的征收管理，按照本办法和《中华人民共和国税收征收管理法》及现行增值税征收管理有关规定执行。	第五十一条 纳税人增值税的征收管理，按照本办法和《中华人民共和国税收征收管理法》及现行增值税征收管理有关规定执行。	根据《中华人民共和国税收征收管理法》及其实施细则的规定，依法由税务机关征收的各种税收的征收管理，均适用该法。因此，《实施办法》中应税服务的征收管理也应适用该法。同时，营业税改征增值税后该类纳税人的征收管理按照现行的增值税有关规定执行。
第八章 附则	第八章 附则	第八章 附则
第五十二条 纳税人应当按照国家统一的会计制度进行增值税会计核算。	第五十二条 纳税人应当按照国家统一的会计制度进行增值税会计核算。	试点纳税人可能有一部分是现行增值税一般纳税人，有较好的会计核算基础，对增值税的会计处理比较熟悉，营改增对于其会计和税务处理影响不大。如果纳入试点的主体企业是原营业税纳税人，会计基础相对较弱，由营业税务处理改为增值税会计和税务处理，则会有障碍。为适应增值税扩大征收范围的现实需要，试点纳税人提供或接受应税劳务，均应按照现行增值税相关规定会计和税务处理。
第五十三条 本办法自2013年8月1日起执行。	第五十三条 本办法适用于试点地区的单位和个人，以及向试点地区的单位和个人提供应税服务的境外单位和个人。	**解读：**此条内容大幅度修改，明确了时间规定，同时取消了试点和非试点地区的说法，统称为境内的纳税人。

财税〔2013〕37号	财税〔2011〕111号	新旧试点实施办法逐条对比解析
	试点地区的单位和个人，是指机构所在地在试点地区的单位和个体工商户，以及居住地在试点地区的其他个人。	

一、纳税可"抵扣"是营改增的核心

营业税与增值税的根本区别在于上游环节所缴纳的税金是否本环节可以抵扣，本环节所缴纳的税金是否下游环节可以抵扣，尽管营业税也有差额纳税的规定，但仅限于本环节相互关联的经济行为且基本为同一税目，而增值税进项税额的抵扣却宽泛得多。

【案例1】假定B公司为参与本次税改的服务性企业，B公司的上游供应商A公司和下游客户C公司也为本次营改增的试点的企业，A、B、C三个公司构成了该行业的上、中、下游，组合成一条完整的产业服务链。

解析：

营改增前缴纳营业税时：

该行业A、B、C三个公司缴纳税金 = $(5000 + 8000 + 10000) \times 5\% = 1150$（元）

营改增后改征增值税：

该行业A、B、C三个公司缴纳税金 = $(5000 + 8000 - 5000 + 10000 - 8000) \div (1 + 6\%) \times 6\% = 10000 \div (1 + 6\%) \times 6\% = 566$（元）

前后税金减少 $1150 - 566 = 584$（元）

营业税税基为23000元。

增值税税基为 $10000 \div (1 + 6\%) = 9433$（元）

以上对比计算中我们能清楚地看到，增值税一方面通过"抵扣"来消除了营业税情况下购买成本重复征税的问题，体现出"增值部分才交税"的原理；另一方面，价内税向价外税的转变，减少了计税依据，由此导致整个行业应纳税额总体下降。

以上为理论推算，实务中，某一个企业税负或许会上升，但是从整个行业或整个链条来看，一定体现出的是税负降低的结果，由此，我们称之为"结构性减税"。

二、营改增对于有挂靠业务的物流企业有何影响？

货物运输业挂靠登记经营较为普遍。常见模式为挂靠方利用所挂靠的企业主体身份获得自身难以取得的交易信用与经济利益，被挂靠方利用收取"管理费"、"服务费"等来获取利润。

自 2013 年 8 月 1 日起，营改增试点行业将全国推广，货运挂靠经营有何涉税风险呢？

（一）必须申请认定一般纳税人的涉税风险

当货运企业在连续不超过 12 个月的经营期内，累计应税服务年销售额超过 500 万元（含本数，下同）时，应当申请一般纳税人资格认定。

未在规定期限内申请办理一般纳税人认定，按照销售额依照交通运输业增值税税率 11% 计算应纳税额，不得抵扣进项税额，也不得使用增值税专用发票。

（二）挂靠经营大部分成本进项税额难扣除

挂靠经营涉税风险在于能否取得增值税专用发票来进行进项税额抵扣。

货物运输挂靠一般纳税人经营时，必须将挂靠人经营收支全部纳入出包方、出租方、被挂靠方的财务会计核算，并且利益分配以被挂靠方的利润为基础。只有这样被挂靠人相应的进项税才能得到抵扣。而这实质上已经是自营行为，改变了挂靠经营个体经营的状况，实务中很难做到。

（三）税改后货物运输业的税负差别分析

1. 营业税纳税人和试点小规模纳税人税负差别很小。

小规模纳税人增值税征收率为 3%。税改前营业税税率为 3%，看起来税改前后的规定是一样的，但由于计税方法不同，税负还是有所差别的。比如，某交通货运企业 A 公司为小规模纳税人，取得收入 100 万元（含税）。税改前 A 公司应纳营业税额为 $100 \times 3\% = 3$（万元），税改后 A 公司应纳增值税额为 $100 \div (1 + 3\%) \times 3\% = 2.91$（万元）。试点交通货运企业小规模纳税人税负略低于营业税纳税人。

2. 试点一般纳税人挂靠经营与自营税负差别很大。

由于货运企业耗用油品、货运客运场站服务和运输工具修理费是货运成本的主要组成部分，按前述分析，挂靠经营的相关成本并非被挂靠人，成本无法入账，相应的进项税额无法得到抵扣，因此挂靠经营与自营增值税税负差别很大。

【案例2】交通货运企业 A 公司为生产企业 B 公司提供运输劳务，取得收入1000 万元（不含税），其中耗用油品等花费 400 万元（不含税），耗用货运客运场站服务和运输工具修理费 100 万元（不含税），均取得增值税专用发票。假设 A 企业其他可抵扣进项税额为 5 万元，生产企业 B 公司可抵扣进项税额 110 万元。

解析：

A 公司应纳税额 = 当期销项税额 − 当期进项税额

$$= 1000 \times 11\% - 500 \times 17\% - 5 = 20 （万元）。$$

如果 A 公司为收取"管理费"挂靠登记经营模式，则不能抵扣的进项税额为：$500 \times 17\% = 85$（万元），A 公司应纳税额 $= 1000 \times 11\% - 5 = 105$（万元），生产企业 B 公司可抵扣进项税额 110 万元。

挂靠经营与自营税负差别为 $105 - 20 = 85$（万元）。

因此，营改增后，货运行业挂靠经营模式涉税风险重大，相关纳税人应当高度关注。

三、如何确定 500 万元应税服务销售额的一般纳税人标准？

【案例3】一家规模不大的汽车租赁公司（注册地：西安）主要客户为短期租用车辆的个人，截至 2013 年 5 月 31 日，公司连续 12 个月的营业额为 505 万元。公司是否必须进行增值税一般纳税人认定？

解析：

试点纳税人试点实施前的应税服务年销售额按以下公式换算：

应税服务年销售额 = 连续不超过 12 个月应税服务营业额合计 ÷（1 + 3%）

不含税销售额 $= 505 \div (1 + 3\%) = 490.29$（万元）$< 500$ 万元，该公司可不申请一般纳税人资格认定。

【案例4】石家庄方欣公司从事广告发布并兼有办公耗材销售业务，截至2012 年 12 月 31 日，公司连续 12 个月的广告发布营业额为 505 万元，耗材销售额为 50 万元。公司是否必须进行增值税一般纳税人认定？

解析：

应税服务年销售额 = 505 ÷ (1 + 3%) = 490.29 （万元）

应税货物年销售额 = 50 万元

合计销售额 = 490.29 + 50 = 540.29 万元 > 500 万元，是否必须办理一般纳税人资格认定呢？

根据《国家税务总局关于交通运输业和部分现代服务业营业税改征增值税试点增值税一般纳税人资格认定有关事项的公告》（国家税务总局公告 [2013] 第 28 号）第七条规定：试点纳税人兼有销售货物、提供加工修理修配劳务以及应税服务的，应税货物及劳务销售额与应税服务销售额分别计算，分别适用增值税一般纳税人资格认定标准。

《中华人民共和国增值税暂行条例实施细则》第二十八条、《条例》第十一条所称小规模纳税人的标准为：

（一）从事货物生产或者提供应税劳务的纳税人，以及以从事货物生产或者提供应税劳务为主，并兼营货物批发或者零售的纳税人，年应征增值税销售额（以下简称应税销售额）在 50 万元以下（含本数，下同）的；

（二）除本条第一款第（一）项规定以外的纳税人，年应税销售额在 80 万元以下的。

本条第一款所称以从事货物生产或者提供应税劳务为主，是指纳税人的年货物生产或者提供应税劳务的销售额占年应税销售额的比重在 50% 以上。

因此，该企业年销售货物销售额在 80 万元以下，应税服务年销售额在 500 万元以下，可不办理增值税一般纳税人资格认定。

【案例 5】 成都新正运输公司截至 2012 年 12 月 31 日，公司连续 12 个月的运输收入 800 万元，分包给 B 运输企业 400 万元，当年度计税营业额 400 万元，公司是否必须进行增值税一般纳税人认定？

解析：

根据《国家税务总局关于交通运输业和部分现代服务业营业税改征增值税试点增值税一般纳税人资格认定有关事项的公告》（国家税务总局公告 2013 年第 28 号）第二条规定：试点纳税人试点实施前的应税服务年销售额按以下公式换算：应税服务年销售额 = 连续不超过 12 个月应税服务营业额合计 ÷ (1 + 3%) 按

照现行营业税规定差额征收营业税的试点纳税人，其应税服务营业额按未扣除之前的营业额计算。

该公司应税服务年销售额＝800÷（1＋3%）＝776.70（万元）＞500万元，因此该公司应申请一般纳税人资格认定。

除国家税务总局另有规定外，一经认定为一般纳税人后，不得转为小规模纳税人。

链接：国家税务总局解读《国家税务总局关于交通运输业和部分现代服务业营业税改征增值税试点增值税一般纳税人资格认定有关事项的公告》

本公告分两个层面明确了全国范围内交通运输业和部分现代服务业营改增试点纳税人增值税一般纳税人资格认定有关事项，一是明确试点前的特殊处理办法，二是明确试点之后应按正常程序办理认定。

首先，本公告普遍适用于营改增试点纳税人，即已完成税制转换的试点地区、试点行业和即将进行税制转换的试点地区、试点行业。

其次，试点实施前试点纳税人缴纳营业税，计算营业额，而试点实施后缴纳增值税，计算应税服务销售额。公告对如何根据试点纳税人试点前的营业额计算应税服务销售额，通过计算公式给予了明确。对试点纳税人兼有销售货物、提供加工修理修配劳务和应税服务项目的，明确分别计算年应税销售额，分别适用于增值税一般纳税人资格认定标准，即只要有一项（销售货物、提供加工修理修配劳务或提供应税服务）达到认定标准，就应该认定为一般纳税人。

再次，试点实施前，各地可以根据国家税务总局令第22号和本公告制定试点纳税人增值税一般纳税人资格认定具体办法，就计算年应税服务销售额的截止时间、具体认定程序等做出规定，以保证试点纳税人增值税一般纳税人资格认定工作顺利开展。

同时，对试点实施后的增值税一般纳税人资格认定办法，公告也做了明确，即所有增值税纳税人（包括试点纳税人），都应统一按国家税务总局令第22号规定进行资格认定。

四、试点一般纳税人认定与其他一般纳税人认定有无区别？

根据《国家税务总局关于增值税一般纳税人资格认定有关事项的公告》（国家税务总局公告 2013 年第 33 号）规定：

（一）销售货物或者提供加工、修理修配劳务的纳税人，进行增值税一般纳税人资格认定时，其小规模纳税人资格适用条件，按照财政部、国家税务总局第 50 号令第二十九条"年应税销售额超过小规模纳税人标准的其他个人按小规模纳税人纳税；非企业性单位、不经常发生应税行为的企业可选择按小规模纳税人纳税"规定执行。

（二）提供应税服务的营业税改征增值税试点纳税人，进行增值税一般纳税人资格认定时，其小规模纳税人资格适用条件，按照《交通运输业和部分现代服务业营业税改征增值税试点实施办法》（财税〔2013〕37 号附件 1）第三条第三款"应税服务年销售额超过规定标准的其他个人不属于一般纳税人；不经常提供应税服务的非企业性单位、企业和个体工商户可选择按照小规模纳税人纳税"规定执行。

（三）兼有销售货物、提供加工修理修配劳务以及应税服务的纳税人，应税货物及劳务销售额与应税服务销售额分别计算，分别适用增值税一般纳税人资格认定标准。

兼有销售货物、提供加工修理修配劳务以及应税服务，且不经常发生应税行为的非企业性单位、企业和个体工商户可选择按照小规模纳税人纳税。

（四）除国家税务总局另有规定外，增值税一般纳税人资格认定具体程序，按照《增值税一般纳税人资格认定管理办法》（国家税务总局令第 22 号）相关规定执行。

（五）本公告自 2013 年 8 月 1 日起施行。

链接：国家税务总局关于《增值税一般纳税人资格认定有关事项的公告》的解读

《财政部、国家税务总局关于在全国开展交通运输业和部分现代服务业营业税改征增值税试点税收政策的通知》（财税〔2013〕37 号）印发后，为解决其与《中华人民共和国增值税暂行条例实施细则》（财政部国家税务总局第 50 号令，以下简称实施细则）在增值税一般纳税人资格认定政策方面的衔接问题，进一步明确有关政策适用范围，国家税务总局发布了《国家税务总局关于增值税一般纳税人资格认定有关事项的公告》（以下简称公告），现解读如下：

一、公告的背景及目的

适应营改增和税收管理的需要，财税〔2013〕37 号文件对可以不认定为增值税一般纳税人的情况作出例外性规定，与实施细则相关规定存在区别，主要体现在非企业性单位上：实施细则规定，只要是非企业性单位，即可选择按小规模纳税人纳税；财税〔2013〕37 号文件则将范围收窄，只有不经常发生应税行为的非企业性单位，才可选择按小规模纳税人纳税。在以上 2 条规定并行的情况下，为消除税收实践中税企双方理解上的偏差，有必要发布政策性公告，以明确纳税人在该政策适用上的区别与衔接。

二、公告内容的把握

纳税人按不同类别，分别适用不同的政策规定：

第一类：销售货物或者提供加工、修理修配劳务的纳税人，进行增值税一般纳税人资格认定时，其小规模纳税人资格适用条件，按照财政部、国家税务总局第 50 号令第二十九条"年应税销售额超过小规模纳税人标准的其他个人按小规模纳税人纳税；非企业性单位、不经常发生应税行为的企业可选择按小规模纳税人纳税"规定执行。

第二类：提供应税服务的营业税改征增值税试点纳税人，进行增值税一般纳税人资格认定时，其小规模纳税人资格适用条件，按照财税〔2013〕37 号附件 1《交通运输业和部分现代服务业营业税改征增值税试点实施办法》第三条第三款"应税服务年销售额超过规定标准的其他个人不属于一般纳税人；不经常提供应税服务的非企业性单位、企业和个体工商户可选择按照小规模纳税人纳税"规定执行。

第三类：兼有销售货物、提供加工修理修配劳务以及应税服务的纳税人，应税货物及劳务销售额与应税服务销售额分别计算，分别适用增值税一般纳税人资格认定标准。

兼有销售货物、提供加工修理修配劳务以及应税服务，且不经常发生应税行为的非企业性单位、企业和个体工商户可选择按照小规模纳税人纳税。

另外，还必须注意：除授权各省、自治区、直辖市和计划单列市国家税务局外，增值税一般纳税人资格认定具体程序，按照《增值税一般纳税人资格认定管理办法》（国家税务总局令第22号）相关规定执行。

五、应税服务销售额不够500万元能成为一般纳税人吗？

年应税服务销售额不够500万元并非不可以申请办理一般纳税人资格认定，除必须办理一般纳税人资格认定的纳税人外，还有以下情况需要注意：

1. 可申请认定一般纳税人。

应税服务年销售额未超过500万元小规模纳税人以及新开业的试点纳税人可申请认定一般纳税人。

2. 可选择认定一般纳税人。

不经常提供应税服务的非企业性单位、企业和个体工商户可选择按照小规模纳税人纳税。

3. 不得认定一般纳税人。

应税服务年销售额超过规定标准的其他个人不得认定为一般纳税人。

除必须认定一般纳税人资格的企业之外，是否认定为一般纳税人企业应综合谋划，年应税服务销售额500万元是一般纳税人和小规模纳税人的分水岭，对于小规模纳税人来说，征收率3%，相比原营业税5%税率或3%的税率，税负基本是降低的；但是小规模纳税人不允许自行使用增值税专用发票，如对方索取，需至税务机关代开专用发票，经营上势必影响规模扩张；对于一般纳税人来说，适用税率高于营业税税率，但是企业情况不同，税负是否增加具有不确定性，好处是可以开具增值税专用发票，能够受到具有一般纳税人资格的下游企业的欢迎。

六、部分现代服务业营改增税负率增加是1%吗？

应税服务增值税税率如下：提供有形动产租赁服务，税率为17%。提供交通运输业服务，税率为11%。提供现代服务业服务（有形动产租赁服务除外），税率为6%。财政部和国家税务总局规定的应税服务，税率为零。

对于部分现代服务业来说，营业税率 5% 改为增值税率 6%，要多缴纳 1% 的税金吗？

营改增名义税率增长 1%。部分现代服务业原按照 5% 营业税税率纳税，税改后改按 6% 增值税税率纳税，名义税率增长 1%。但是名义税率增长 1% 不等于实际税负增长也是 1%，对于企业实际税负共同发生作用的因素包括：价内税向价外税的转变、流转税金及附加和所得税的变化、可抵扣进项税额的增加、税改收益的市场分配。

营改增由价内税变为价外税。营业税为价内税，应纳税额直接用营业收入乘以税率便能得出当期应交营业税额；增值税为价外税，需要价税分离后计算应交增值税，即便试点服务企业没有进项税额的抵扣，价税分离，税改前后税负差一定会小于 1%。

例如，金财互联税务顾问公司税改前年收入为 1000 万元，应交营业税 $1000 \times 5\% = 50$（万元），税改后年收入不变，增值税计价收入 $1000 \div (1 + 6\%) = 943.39$（万元），应交增值税 $943.49 \times 6\% = 56.61$（万元），实际税率 $56.61 \div 1000 = 5.66\%$，名义税率差为 $6\% - 5\% = 1\%$，名义税负差 $1000 \times (6\% - 5\%) = 10$（万元）。实际税率差为 $5.66\% - 5\% = 0.66\%$，假设无其他因素存在，年税收仅增长 6.61 万元。

流转税金及附加的增长。除正常缴纳增值税和营业税外，还需计算缴纳城建税、教育费附加、地方教育附加、河道维护管理费等税金及附加。该公司税改前应交城建税 $50 \times 7\% = 3.50$（万元），应交教育费附加 $50 \times 3\% = 1.50$（元），应交地方教育附加 $50 \times 2\% = 1$（元），应交河道维护管理费 $50 \times 1\% = 0.50$（元）。税改后应交城建税 $56.61 \times 7\% = 3.96$（万元），应交教育费附加 $56.61 \times 3\% = 1.70$（万元），应交地方教育附加 $56.61 \times 3\% = 1.13$（万元），应交河道维护管理费 $56.61 \times 1\% = 0.57$（万元）。税改前营业税金及附加为 6.50 万元，税改后增值税金及附加为 7.36 万元，税改前后税负增加 $7.36 - 6.50 = 0.86$（万元）。包含流转税，税负增加 $6.61 + 0.86 = 7.47$（万元），仍然低于名义税率差 1% 计算的新增税额。

企业所得税的减少。企业价内税改为价外税，计税收入减少，假设税改前后该公司年经营收入不变，税改前后所得税差 $(1000 - 943.49) \times 25\% = 14.15$（万元）。

可抵扣进项税额的增加。营改增后现代服务业一般纳税人可抵扣进项税额。假设税改后该公司可取得部分进项税额发票，金额约为收入的 5% 即 50 万元，进项税额 50÷(1+17%)×17%=7.26（万元），应交增值税相应会减少 7.26 万元，相应成本费用减少 7.26 万元，企业所得税增加 7.26×25%=1.82（万元）。税改后因为可抵扣进项税额的因素，税负减少 7.26–1.82=5.44（万元）。

税改利益的市场分配。营改增结构性减税的特点是在增值税链条中渐次发挥作用。税改前，接受该公司服务的单位取得 1000 万元服务费发票计入成本费用扣除；税改后，增值税进项税额增加 56.61 万元，应交增值税减少 56.61 万元，相当于少计成本 56.61 元。考虑企业所得税的影响，税改后仍可减少税负 56.61–56.61×25%=42.45（万元）。

七、光租业务能否降低税负？

营改增全国试点后，对于远洋运输业以及其他经常租赁车辆的运输企业来讲，营改增后运输方式不同税负也有明显差别，因此，规划适合的运输方式也可以成为税务筹划的要点。

1. 营改增前后税率的变化。

营改增前，远洋运输企业提供程租、期租属于营业税中"交通运输业"适用营业税率 3%，远洋运输企业提供光租属于营业税中"租赁业"，适用营业税税率 5%。

营改增后，根据财税〔2013〕37 号附件 1《交通运输业和部分现代服务业营业税改征增值税试点实施办法》规定，提供有形动产租赁服务，税率为 17%；提供交通运输业服务，税率为 11%。远洋运输企业提供程租、期租属于提供交通运输业服务，适用增值税税率 11%；远洋运输企业提供光租属于有行动产租赁服务，适用增值税税率 17%。

其他运输企业营改增前后与远洋运输企业类同。

2. 运输方式的性质差异。

根据营改增试点中《应税服务范围注释》的规定，交通运输业是指使用运输工具将货物或者旅客送达目的地，使其空间位置得到转移的业务活动。包括陆路运输服务、水路运输服务、航空运输服务和管道运输服务。

水路运输服务，是指通过江、河、湖、川等天然、人工水道或者海洋航道运送货物或者旅客的运输业务活动。

远洋运输的程租、期租业务，属于水路运输服务。

程租业务，是指远洋运输企业为租船人完成某一特定航次的运输任务并收取租赁费的业务。

期租业务，是指远洋运输企业将配备有操作人员的船舶承租给他人使用一定期限，承租期内听候承租方调遣，不论是否经营，均按天向承租方收取租赁费，发生的固定费用均由船东负担的业务。

光租业务，是指远洋运输企业将船舶在约定的时间内出租给他人使用，不配备操作人员，不承担运输过程中发生的各种费用，只收取固定租赁费的业务。

湿租和程租本质上是提供劳务，而光租则是让渡资产使用权。

其他运输企业此类型服务也同样普遍。

3. 光租与其他运输方式税负比较。

【案例 6】 山东 A 远洋运输公司 2013 年 7 月为公司 B 提供光租业务一次，收费 200 万元，则应交营业税 $200 \times 5\% = 10$ （万元），净收益 $200 - 10 = 190$ （万元）。假设 A 公司提供期租业务需多支付固定成本 50 万元，提供程租业务需多支付固定成本 100 万元，所支付的固定成本和此部分税金可以通过加价收取，则光租业务和期租、程租业务相比较，多支付营业税 $200 \times (5\% - 3\%) = 4$ （万元）。

营改增后，在同样条件下，不考虑进项税额或进项税额在三种方式通过消化不存在差异的情况下：

山东 A 远洋运输公司 2013 年 8 月为公司 B 提供光租业务一次，收费 200 万元，则应交增值税 $200 \div (1 + 17\%) \times 17\% = 29.06$ （万元）。净收益 $200 - 29.06 = 170.94$ （万元）。假设 A 公司提供期租业务需多支付固定成本 50 万元，提供程租业务需多支付固定成本 100 万元，所支付的固定成本和此部分税金可以通过加价收取，则光租业务和期租、程租业务相比较，多支付增值税 $29.06 - 200 \div (1 + 11\%) \times 11\% = 9.25$ （万元），也即减少净收益 9.25 万元。

因此，营改增后，远洋运输企业通过与客户协商，为客户所提供的设备配备专业操作人员，以完成某一航次运输业务或一定期限的运输业务，改变纯运输工具的出租方式，可以有效降低增值税税负。

其他运输业务同样如此，只租运输车辆给他人使用适用 17% 的增值税税率；配备有司机给他人使用相当于为他人提供的是运输服务，适用 11% 的增值税税率，6% 的税负之差值得此类型企业营改增后做好税务规划。

八、境外支付应税服务费可以按照小规模纳税人扣税吗？

按照《试点实施办法》规定，境内的代理人和接受方为境外单位和个人扣缴增值税的，按照适用税率扣缴增值税。

【案例7】 如境外公司为试点纳税人 A 提供系统支持、咨询服务，合同价款106 万元，该境外公司境内没有经营机构也没有代理人，则试点纳税人 A 应当扣缴的税额是多少？

解析：《试点实施办法》第十七条规定境外单位或者个人在境内提供应税服务，在境内未设有经营机构的，扣缴义务人按照下列公式计算应扣缴税额：

应扣缴税额＝接受方支付的价款÷（1＋税率）×税率

应税服务适用税率为 6%，因此试点纳税人 A 属于扣缴义务人的话，应代扣代缴增值税＝106（1＋6%）×6%＝6（万元）。

九、境外支付都要扣缴企业所得税吗？

向境外支付应税服务费是否扣缴企业所得税呢？

《企业所得税法》第三条规定："居民企业应当就其来源于中国境内、境外的所得缴纳企业所得税。非居民企业在中国境内未设立机构、场所的，或者虽设立机构、场所但取得的所得与其所设机构、场所没有实际联系的，应当就其来源于中国境内的所得缴纳企业所得税。"

在具体判定上，《企业所得税法实施条例》第七条规定："企业所得税法第三条所称来源于中国境内、境外的提供劳务所得，按照劳务发生地确定。"

另外，由于非居民企业的很多劳务所得可以适用税收协定条款，所以，非居民劳务所得企业所得税应税行为判定及纳税处理需要从以下方面具体分析：

（一）境外企业在境内设立机构的判断

《企业所得税法》第三条第二款规定，在境内设立机构、场所的，其发生在境外但与其所设机构、场所有实际联系的所得，境外企业负有主动申报缴纳企业所得税的义务，以机构、场所所在地为纳税地点申报缴纳企业所得税。具体判定为《企业所得税法实施条例》第五条进行："企业所得税法第二条第三款所称机构、场所，是指在中国境内从事生产经营活动的机构、场所，包括：①管理机构、营业机构、办事机构；②工厂、农场、开采自然资源的场所；③提供劳务的场所；④从事建筑、安装、装配、修理、勘探等工程作业的场所；⑤其他从事生产经营活动的机构、场所。"

另外，要注意税收协定方面的特殊规定。《国家税务总局关于外国企业在中国境内提供劳务活动常设机构判定及利润归属问题的批复》（国税函〔2006〕694号）第一条税收协定常设机构条款中"缔约国一方企业通过雇员或其他人员，在缔约国另一方为同一项目或相关联的项目提供劳务（包括咨询劳务）仅以在任何12个月中连续或累计超过6个月的为限"的规定，具体执行中是指外国企业在中国境内未设立机构场所，仅派其雇员到中国境内为有关项目提供劳务（包括咨询劳务），当这些雇员在中国境内实际工作时间在任何12个月中连续或累计超过6个月时，则可判定该外国企业在中国境内构成常设机构。

《〈中华人民共和国政府和新加坡共和国政府关于对所得避免双重征税和防止偷漏税的协定〉及议定书条文解释》（国税发〔2010〕75号）对常设机构的判定具有广泛的指导意义，并特别规定："①我国对外所签协定有关条款规定与中新协定条款规定内容一致的，中新协定条文解释规定同样适用于其他协定相同条款的解释及执行；②中新协定条文解释与此前下发的有关税收协定解释和执行文件不同的，以中新协定条文解释为准。"

国税发〔2010〕75号文件规定：缔约国一方企业派其雇员或其雇用的其他人员到缔约国另一方提供劳务，任何12个月内这些人员为从事劳务活动在对方停留连续或累计超过183天的，构成常设机构。该项规定针对的是缔约国一方企业派其雇员到缔约国另一方从事劳务活动的行为。本项规定应从以下几个方面理解：

（1）"雇员或雇用的其他人员"是指该企业的员工，或者该企业聘用的在其控制下按照其指示向缔约国另一方提供劳务的个人。

（2）本款所称的劳务活动，指从事工程、技术、管理、设计、培训、咨询等专业服务活动。例如：

①对工程作业项目的实施提供的技术指导、协助、咨询等服务（不负责具体的施工和作业）；

②对生产技术的使用和改革、经营管理的改进、项目可行性分析以及设计方

案的选择等提供的服务；

③在企业经营、管理等方面提供的专业服务等。

非居民企业如果为香港企业，根据 2008 年 1 月 30 日在北京签订的《内地和香港特别行政区关于对所得避免双重征税和防止偷漏税的安排第二议定书》的规定，取消《内地和香港特别行政区关于对所得避免双重征税和防止偷漏税的安排》第五条第三款（二）项中"6 个月"的规定，用"183 天"代替。这样，协定条款中"一方企业派其雇员到另一方从事劳务活动在任何 12 个月中连续或累计超过 6 个月"中的"连续或累计超过 6 个月"改为"连续或累计超过 183 天"，超过 183 天即构成常设机构。

【案例 8】 香港新正建筑设计公司派人员到内地提供设计咨询服务，2014 年 4 月 20 日来内地，6 月 15 日离境，7 月 30 日入境，10 月 29 日离境，11 月 1 日入境，12 月 15 日离境并完成所有设计咨询服务。请问：该企业在境内是否构成常设机构？

解析：

对于入境、离境当天的计算，《国家税务总局关于在中国境内无住所的个人执行税收协定和个人所得税法若干问题的通知》（国税发〔2004〕97 号）规定："对在中国境内无住所的个人，需要计算确定其在中国境内居住天数，以便依照税法和协定或安排的规定判定其在华负有何种纳税义务时，均应以该个人实际在华逗留天数计算。上述个人入境、离境、往返或多次往返境内外的当日，均按一天计算其在华实际逗留天数。"虽然这个规定是针对个人所得税的，这里我们认为同样适用于企业所得税常设机构的判定原则。依据这个原则，即个人入境、离境、往返或多次往返境内外的当日均按一天计算其在境内实际逗留天数。案例中，自 2014 年 4 月 20 日至 12 月 15 日，香港新正建筑设计公司派人员在境内从事劳务活动的实际天数为：

4 月：30-19=11（天）（入境当天按 1 天计算在境内天数）

5 月：31 天

6 月：15 天（离境当天按 1 天计算在境内天数）

7 月：2 天（入境当天按 1 天计算在境内天数）

8 月：31 天

9 月：30 天

10 月：29 天（离境当天按 1 天计算在境内天数）

11 月：30 天（入境当天按 1 天计算在境内天数）

12 月：15 天（离境当天按 1 天计算在境内天数）

合计 194 天，因此，该建筑设计公司在 2014 年 4 月到 12 月期间，在华超过 183 天，符合常设机构的条件。

设立机构、场所的非居民企业劳务所得征收管理依据《非居民承包工程作业和提供劳务税收管理暂行办法》（国家税务总局令 2009 年第 19 号）和《国家税务总局关于印发〈非居民企业所得税核定征收管理办法〉的通知》（国税发〔2010〕19 号）进行。

（二）劳务是否属于来源于中国境内的所得的判断

如果经过上述判断后，境外企业属于在中国境内未设立机构、场所的，或者虽设立机构、场所但取得的所得与其所设机构、场所没有实际联系的，则对其非居民企业的劳务所得应按劳务发生地确定是否征收企业所得税。

如果劳务所得确实发生在境外，则不属于来源于中国境内的所得，对非居民企业应仅就其来源于境内的所得征收企业所得税，境内企业也无须为其代扣代缴企业所得税。但是境内企业在对外支付时，还要遵从国内的税收征收管理，如开具"服务贸易、收益、经常转移和部分资本项目对外支付税务证明"等。

此外，需要注意支付劳务费与特许权使用费的区别。《国家税务总局关于执行税收协定特许权使用费条款有关问题的通知》（国税函〔2009〕507 号）明确了劳务所得通常适用税收协定营业利润条款的规定，但个别税收协定对此另有特殊规定的除外，如中英税收协定专门列有技术费条款。中英税收协定的"技术费"是指技术、监督管理、咨询服务，包括使用或有权使用有关工业、商业、科学经验的情报，作为报酬支付给任何人的款项。根据税收协定优先于国内税法的规定，境内企业与英国所属企业签订的技术服务合同计征企业所得税时就不能适用于劳务活动所得。

所以，一项劳务所得若被税务机关认定为特许权使用费，就会按照收入全额缴纳 10% 的企业所得税，不再区分是否在境内设立机构场所以及劳务发生地等。支付劳务费与特许权使用费的境内所得税纳税义务的判定、计税依据以及税率都是不同的。

(三) 非居民企业享受税收协定待遇间接影响境内企业劳务支出

包括中国香港、澳门在内，我国已与近百个国家和地区签有税收协定，非居民企业提供劳务所得是否能够享受税收协定待遇，不仅仅是境外企业关注的方面，在双方合同约定境内企业负担税款的情况下，也将间接影响境内企业的劳务支出。

《非居民承包工程作业和提供劳务税收管理暂行办法》（国家税务总局令［2009］19 号）明确指出："本办法所称提供劳务是指在中国境内从事加工、修理修配、交通运输、仓储租赁、咨询经纪、设计、文化体育、技术服务、教育培训、旅游、娱乐及其他劳务活动。非居民企业在境内提供上述劳务，依据税收协定在中国境内未构成常设机构，需要享受税收协定待遇的，就必须按照第十三条的规定提交《非居民企业承包工程作业和提供劳务享受税收协定待遇报告表》并附送居民身份证明及税务机关要求提交的其他证明资料。"

《国家税务总局关于印发〈非居民享受税收协定待遇管理办法（试行）〉的通知》（国税发［2009］124 号）第十一条规定："非居民需要享受税收协定常设机构以及营业利润条款规定的税收协定待遇的，在发生纳税义务之前或者申报相关纳税义务时，纳税人或者扣缴义务人应向主管税务机关备案，填报并提交以下资料：①《非居民享受税收协定待遇备案报告表》；②由税收协定缔约对方主管当局在上一公历年度开始以后出具的税收居民身份证明；③税务机关要求提供的与享受税收协定待遇有关的其他资料。"

在按国税发［2009］124 号文件第十一条的规定提交资料时，纳税人或扣缴义务人可不再填报国家税务总局令［2009］19 号第十三条第一款第（四）项规定的"非居民企业承包工程作业和提供劳务享受税收协定待遇报告表"以及其他已经向主管税务机关提交的资料。

国家税务总局令［2009］19 号强调，非居民企业依据税收协定在中国境内未构成常设机构，需要享受税收协定待遇的，应提交"非居民企业承包工程作业和提供劳务享受税收协定待遇报告表"，并附送居民身份证明及税务机关要求提交的其他证明资料。

非居民企业未按上述规定提交报告表及有关证明资料，或因项目执行发生变更等情形不符合享受税收协定待遇条件的，不得享受税收协定待遇，应依照企业所得税法的规定缴纳税款。

　　国家税务总局《非居民企业所得税源泉扣缴管理暂行办法》（国税发［2009］3号）第十一条规定："按照企业所得税法及其实施条例和相关税收法规的规定，给予非居民企业减免税优惠的，应按相关税收减免管理办法和行政审批程序的规定办理。对未经审批或者减免税申请未得到批准之前，扣缴义务人发生支付款项的，应按规定代扣代缴企业所得税。"

　　非居民企业不能享受税收协定待遇，实际征管方面就可能出现两种情况：一是税务机关对不易区分的事项从保护国家税收利益的角度出发，将有特许权使用费倾向的劳务费按照特许权使用费全额适用10%的税率征收，如设计、服务事项等。二是适用《国家税务总局关于印发〈非居民企业所得税核定征收管理办法〉的通知》（国税发［2010］19号）的规定，按收入总额核定应纳税所得额的计算方式计算征收企业所得税。《非居民企业所得税核定征收管理办法》第五条确定非居民企业的利润率如下：①从事承包工程作业、设计和咨询劳务的，利润率为15%~30%；②从事管理服务的，利润率为30%~50%；③从事其他劳务或劳务以外经营活动的，利润率不低于15%。

　　税务机关有根据认为非居民企业的实际利润率明显高于上述标准的，可以按照比上述标准高的利润率核定其应纳税所得额。

　　拟采取核定征收方式的非居民企业应填写"非居民企业所得税征收方式鉴定表"（以下简称"鉴定表"，见表2-2），报送主管税务机关。主管税务机关应对企业报送的"鉴定表"的适用行业及所适用的利润率进行审核，并签注意见。对经审核不符合核定征收条件的非居民企业，主管税务机关应自收到企业提交的"鉴定表"后15个工作日内向其下达《税务事项通知书》，将鉴定结果告知企业。非居民企业未在上述期限内收到《税务事项通知书》的，其征收方式视同已被认可。

　　营改增后，对于收入总额的确定，要注意《关于营业税改征增值税总分机构试点纳税人增值税纳税申报有关事项的公告》（国家税务总局2013年第22号公告）规定：营业税改征增值税试点中的非居民企业，取得《中华人民共和国企业所得税法》第三条第三款规定的所得，在计算缴纳企业所得税时，应以不含增值税的收入全额作为应纳税所得额。

表2-2 非居民企业所得税征收方式鉴定表

编号：

中文名称：		纳税人识别号：	
英文名称：			
行次	项目	纳税人自报情况	主管税务机关审核意见
1	账簿设置情况		
2	收入核算情况		
3	成本费用核算情况		
4	纳税申报情况		
5	履行纳税义务情况		
6	其他情况		
核定征收方式	□ 按收入总额　　　　□ 按成本费用　　　　□ 按经费支出换算收入		
从事的行业及适用的利润率	□ 承包工程作业、设计和咨询劳务，核定利润率（　　　） □ 管理服务，核定利润率（　　　） □ 其他劳务或劳务以外经营活动，核定利润率（　　　）		
纳税人对征收方式的意见： 经办人： 负责人签章： 　　　　　　年　月　日	税务机关经办部门意见： 经办人： 负责人签章： 　　　　　　年　月　日	分管局领导意见： （公章） 　　　　　年　月　日	

注：1. 本表由非居民企业填写并报送主管税务机关；

2. 在符合情形的"□"内打"√"，在核定利润率的"（　　　）"中填写具体的利润率。

【案例9】A房地产企业2013年8月与美国B技术服务公司签订技术服务合同，A房地产企业认为美国B技术服务公司不会在中国境内构成常设机构，与其签订了100万元的不含税合同，估算支出105.26万元 $[100÷(1-5\%)]$，其中营业税支出5.26万元。但是B技术服务公司出于自身考虑在付汇阶段拒绝提供居民身份证明，A房地产企业无法办理税务证明，则实际支出增加了多少？

解析：

2013年8月A房地产企业接受境外单位技术服务，应代扣代缴增值税，而非营业税，且美国B技术服务公司拒绝提供居民身份证明，那么A房地产企业得另行支付一笔所得税，以30%的利润率和25%的企业所得税税率计算，税负为7.5%。A房地产企业含税支出为X。$X-X÷(1+6\%)×6\%-X÷(1+6\%)×7.5\%=100$，求得X=114.59万元，较预计多承担劳务支出9.33万余元，但是美国B技术服务公司仅提供100万元的发票，尚有14.59万元没有发票，因此，14.59万元尚需美国B技术服务公司补开发票。

另外，对于与我国没有签订税收协定的国家和地区的企业派遣雇员到中国境内提供劳务，通常构成企业所得税法意义上的机构、场所，应对归属于该机构、场所的所得缴纳企业所得税，适用 25% 的税率，而不再区分是否构成常设机构。

十、非正常损失如何处理？

营改增后纳税人发生非正常损失该如何纳税处理？

财税〔2013〕37 号附件 1《试点实施办法》第二十四条规定，下列项目的进项税额不得从销项税额中抵扣：

（1）用于适用简易计税方法计税项目、非增值税应税项目、免征增值税项目、集体福利或者个人消费的购进货物、接受加工修理修配劳务或者应税服务。其中涉及的固定资产、专利技术、非专利技术、商誉、商标、著作权、有形动产租赁，仅指专用于上述项目的固定资产、专利技术、非专利技术、商誉、商标、著作权、有形动产租赁。

（2）非正常损失的购进货物及相关的加工修理修配劳务和交通运输业服务。

（3）非正常损失的在产品、产成品所耗用的购进货物（不包括固定资产）、加工修理修配劳务或者交通运输业服务。

（4）接受的旅客运输服务。

根据《试点实施办法》解释：非正常损失，是指因管理不善造成被盗、丢失、霉烂变质的损失，以及被执法部门依法没收或者强令自行销毁的货物。

【案例 10】新正公司因管理不善毁损一批 2012 年或 2013 年购入的材料，该批原材料账面成本为 24465 元（含运费 465 元），则该批材料不能抵扣的增值税进项税额为（　　）元。

A. 4159.05　　　　B. 4115　　　　C. 4080　　　　D. 4126.08

E. 4131.15　　　　F. 4094.38　　　　G. 4093.95

解析：

选择答案 A：

有什么问题呢？也许你会问，运费进项税额怎么能按 17% 转出呢？

根据财税〔2013〕37 号附件 2《试点有关事项的规定》混业经营的规定，试点纳税人兼有不同税率或者征收率的销售货物、提供加工修理修配劳务或者应税服务的，应当分别核算适用不同税率或征收率的销售额，未分别核算销售额的，按照以下方法适用税率或征收率：

（1）兼有不同税率的销售货物、提供加工修理修配劳务或者应税服务的，从高适用税率。

（2）兼有不同征收率的销售货物、提供加工修理修配劳务或者应税服务的，从高适用征收率。

（3）兼有不同税率和征收率的销售货物、提供加工修理修配劳务或者应税服务的，从高适用税率。

如果销售方既销售材料又提供运输服务，没有分别核算销售额，则从高适用税率，即17%，新正公司根据对方开具的包含运输费用的增值税专用发票抵扣进项税额，如果发生非正常损失，则应当将抵扣的进项税额转出。不能抵扣的增值税进项税额 $= 24465 \times 17\% = 4159.05$（元）。

选择答案 B：

不能抵扣的增值税进项税额 $= (24465 - 465) \times 17\% + 465 \div (1 - 7\%) \times 7\% = 4080 + 35 = 4115$（元）

2013 年 8 月 1 日之前纳税人取得运输费用结算单据可以按照价税合计金额 × 7%扣除率计算抵扣进项税额，新正公司如果属于取得的是非试点地区运输费用结算单据（营业税发票），则应还原运输费用价款合计金额计算当初抵扣的运输费用进项税额，然后与采购材料抵扣的进项税额合计一并转出。

引申：假如取得的运输发票是营改增试点之后的增值税专用发票呢？

选择答案 C：

不能抵扣的增值税进项税额 $= (24465 - 465) \times 17\% = 4080$（元），增值税普通发票不能计算抵扣进项税额，所以只需要转出采购材料所抵扣的进项税额。

引申：假如取得的运输发票是营改增之后的增值税代开专用发票呢？

选择答案 D：

不能抵扣的增值税进项税额 $= (24465 - 465) \times 17\% + 465 \div (1 - 11\%) \times 11\% = 4080 + 46.08 = 4126.08$（元），计算错误。

选择答案 E：

不能抵扣的增值税进项税额 $= (24465 - 465) \times 17\% + 465 \times 11\% = 4080 + 51.15 = 4131.15$（元）

引申：假如取得的运输发票是营改增之后的增值税普通发票呢？

选择答案 F：

不能抵扣的增值税进项税额 = （24465 − 465）× 17% + 465 ÷（1 − 3%）× 3% = 4080 + 14.38 = 4094.38（元），对吗？2013 年 8 月 1 日前错误，2013 年 8 月 1 日后正确。2013 年 8 月 1 日前应选择答案 B：不能抵扣的增值税进项税额 =（24465 − 465）× 17% + 465 ÷（1 − 7%）× 7% = 4080 + 35 = 4115（元），即选择答案 B，运输费 465 元是按 3% 征收率由税务机关代开增值税专用发票，但是可以抵扣的增值税进项税额是按 7% 计算。文件依据财税〔2011〕111 号附件 1《交通运输业和部分现代服务业营业税改征增值税试点实施办法》规定：

——试点纳税人接受试点纳税人中的小规模纳税人提供的交通运输业服务，按照取得的增值税专用发票上注明的价税合计金额和 7% 的扣除率计算进项税额。

——原增值税一般纳税人接受试点纳税人中的小规模纳税人提供的交通运输业服务，按照从提供方取得的增值税专用发票上注明的价税合计金额和 7% 的扣除率计算进项税额，从销项税额中抵扣。

选择答案 G：

2013 年 8 月 1 日以后取得的运费，则不能抵扣的增值税进项税额 =（24465 − 465）× 17% + 465 × 3% = 4080 + 13.95 = 4093.95（元）。

问题： 固定资产发生非正常损失如何做进项税额转出？

答： 根据《财政部、国家税务总局关于全国实施增值税转型改革若干问题的通知》（财税〔2008〕170 号）第五条规定，纳税人已抵扣进项税额的固定资产发生条例第十条第一项至第三项所列情形的，应在当月按下列公式计算不得抵扣的进项税额：不得抵扣的进项税额 = 固定资产净值 × 适用税率。本《通知》所称固定资产净值，是指纳税人按照财务会计制度计提折旧后计算的固定资产净值。

条例第十条第一项至第三项所列情形为：

（1）用于非增值税应税项目、免征增值税项目、集体福利或者个人消费的购进货物或者应税劳务。

（2）非正常损失的购进货物及相关的应税劳务。

（3）非正常损失的在产品、产成品所耗用的购进货物或者应税劳务。

问题： 在产品、产成品非正常损失如何做进项税额转出？

答： 非正常损失的在产品、产成品所耗用的购进货物（不包括固定资产）、加工修理修配劳务或者交通运输业服务，不得抵扣进项税额。

在产品，是指仍处于生产过程中的产品，与产成品对应，包括正在各个生产工序加工的产品和已加工完毕但尚未检验或者已检验但尚未办理入库手续的产品。

产成品，是指已经完成全部生产过程并验收入库，可以按照合同规定的条件送交订货单位，或者可以作为商品对外销售的产品。

非正常损失是由纳税人自身原因造成导致征税对象实体的灭失，为保证税负公平，其损失不应由国家承担，因而纳税人无权要求抵扣进项税额。

发生非正常损失的在产品、产成品，不能实现销售，不会产生销项税额，所以所耗用的购进货物及应税服务已作为进项税额抵扣的增值税必须作为进项税额转出。

按税法规定，非正常损失的在产品、产成品所耗的购进货物或应税劳务的进项税额不得从销项税额中抵扣。当发生非正常损失时，首先计算出在产品、产成品中耗用的货物或应税劳务的购进额，然后作相应的账务处理，即按非正常损失的在产品、产成品的实际成本与负担的进项税额的合计数，借记"待处理财产损溢——待处理流动资产损溢"科目，按实际损失的在产品、产成品成本贷记"生产成本——基本生产成本"、"产成品"科目，按计算出的应转出的税金数额，贷记"应交税费——应交增值税（进项税额转出）"科目。

【案例 11】新正公司 2013 年 12 月由于仓库倒塌损毁产品一批，已知损失产品账面价值为 80000 元，当期总的生产成本 420000 元。其中耗用外购材料、低值易耗品等价值为 300000 元，外购货物均适用 17% 的增值税率。如何计算转出进项税额？

解析：

损失产品成本中所耗外购货物的购进额 = 80000 × （300000 ÷ 420000） = 57144（元）

应转出进项税额 = 57144 × 17% = 9714（元）

借：待处理财产损溢——待处理流动资产损溢   89714

    贷：产成品   80000

        应交税费——应交增值税（进项税额转出）   9714

十一、鉴证咨询业务取得发票均可抵扣进项税额吗？

在企业经营中，很多纳税人都需要接受包括会计、税务、资产评估、律师、房地产土地评估等咨询鉴证业务。在"营改增"以前，由于鉴证咨询服务是缴纳营业税的，增值税一般纳税人，购进了这些劳务是无法抵扣增值税进项税的。但是，在鉴证咨询服务被纳入了"营改增"后，企业支付的相关鉴证咨询服务，在取得增值税专用发票后，就可以抵扣增值税进项税了。但是，鉴证咨询都可以抵扣进项税吗？

纳税人购进货物或者接受应税劳务以及应税服务支付或者负担的增值税额，为进项税额，可按规定计算可抵扣的增值税进项税额。《试点实施办法》第二十四条规定，下列项目的进项税额不得从销项税额中抵扣：

（1）用于适用简易计税方法计税项目、非增值税应税项目、免征增值税项目、集体福利或者个人消费的购进货物、接受加工修理修配劳务或者应税服务。其中涉及的固定资产、专利技术、非专利技术、商誉、商标、著作权、有形动产租赁，仅指专用于上述项目的固定资产、专利技术、非专利技术、商誉、商标、著作权、有形动产租赁。

（2）非正常损失的购进货物及相关的加工修理修配劳务和交通运输业服务。

（3）非正常损失的在产品、产成品所耗用的购进货物（不包括固定资产）、加工修理修配劳务或者交通运输业服务。

（4）接受的旅客运输服务。

根据上述规定，如果增值税一般纳税人购进的鉴证咨询服务用于增值税应税项目，则购进的鉴证咨询服务可以抵扣增值税进项税。如 A 企业为生产钢铁的增值税一般纳税人，其接受管理咨询公司提供的改进业务流程，提升生产效率的咨询服务就属于用于增值税应税项目，其支付咨询费，如果取得了增值税专用发票，就可以抵扣增值税进项税。如果增值税一般纳税人购进的鉴证咨询服务是非增值税应税项目的，比如 A 企业是增值税一般纳税人，其准备将一块土地对外出售，出售前，该企业支付了一笔土地评估费。由于转让土地使用权没有纳入本次"营改增"试点范围，仍属于征收营业税的项目。因此，该企业即使就支付的这笔土地评估费取得了增值税专用发票，根据《增值税暂行条例》第十条的规定，也不能抵扣增值税进项税，应做进项税转出。同样，如果 A 企业是从事增值税免税项目的纳税人，其购进鉴证咨询服务也不能抵扣增值税进项税。

十二、固定资产用于非应税项目或集体福利如何处理？

【案例 12】某试点某运输企业 2013 年 8 月购入一辆车辆作为运输工具，车辆不含税价格为 30 万元，增值税专用发票上注明的增值税款为 5.1 万元，企业对增值税发票进行了认证抵扣。2015 年 7 月，由于经营需要，运输企业将车辆作为接送员工上下班工具使用。车辆折旧期限为 5 年，采用直线法折旧。该运输企业需将原已抵扣的进项税额按照实际成本进行扣减。

问应转出多少进项税额？

解析：

《试点实施办法》第二十四条　下列项目的进项税额不得从销项税额中抵扣：

（一）用于适用简易计税方法计税项目、非增值税应税项目、免征增值税项目、集体福利或者个人消费的购进货物、接受加工修理修配劳务或者应税服务。其中涉及的固定资产、专利技术、非专利技术、商誉、商标、著作权、有形动产租赁，仅指专用于上述项目的固定资产、专利技术、非专利技术、商誉、商标、著作权、有形动产租赁。

第二十五条　非增值税应税项目，是指非增值税应税劳务、转让无形资产（专利技术、非专利技术、商誉、商标、著作权除外）、销售不动产以及不动产在建工程。

非增值税应税劳务，是指《应税服务范围注释》所列项目以外的营业税应税劳务。

不动产，是指不能移动或者移动后会引起性质、形状改变的财产，包括建筑物、构筑物和其他土地附着物。

纳税人新建、改建、扩建、修缮、装饰不动产，均属于不动产在建工程。

固定资产，是指使用期限超过 12 个月的机器、机械、运输工具以及其他与生产经营有关的设备、工具、器具等。

第二十七条　已抵扣进项税额的购进货物、接受加工修理修配劳务或者应税服务，发生本办法第二十四条规定情形（简易计税方法计税项目、非增值税应税劳务、免征增值税项目除外）的，应当将该进项税额从当期进项税额中扣减；无法确定该进项税额的，按照当期实际成本计算应扣减的进项税额。

因此，该企业运输车辆转用于集体福利，应转出进项税额为 $5.1÷5÷12×37=3.145$（万元）。

十三、应税服务发生退款如何纳税处理？

【案例13】某试点小规模纳税人仅经营某项应税服务，2013 年 8 月发生一笔销售额为 1000 元的业务并就此缴纳税额，9 月该业务由于合理原因发生退款（销售额皆为不含税销售额），如何进行税务处理？

解析：

第一种情况：9 月该应税服务销售额为 5000 元。

在 9 月的销售额中扣除退款 1000 元，9 月最终的计税销售额为 $5000-1000=4000$（元），9 月缴纳的增值税为 $4000×3\%=120$（元）。

第二种情况：9 月该应税服务销售额为 600 元，10 月该应税服务销售额为 5000 元。

在 9 月的销售额中扣除退款中的 600 元，9 月最终的计税销售额为 $600-600=0$（元），10 月应纳增值税额为 $0×3\%=0$（元）；10 月销售额不足扣减而多缴的税款为 $400×3\%=12$（元），可以从以后纳税期扣减应纳税额。10 月企业实际缴纳的税额为 $5000×3\%-12=138$（元）。

十四、如何确定应税服务纳税义务发生时间？

【案例14】试点甲运输企业 2014 年 1 月 4 日接受乙企业委托运送一批物资，运费为 100 万元（不含税），甲企业 2014 年 1 月 6 日开始运输，2 月 2 日抵达目的地，其间 2014 年 1 月 7 日收到乙企业运费 50 万元（不含税），2014 年 1 月 25 日收到运费 20 万元（不含税），2014 年 2 月 10 日收到运费 30 万元（不含税），试问，甲企业 1 月份销售额为多少？

解析：

甲企业 1 月 6 日开始运输，说明已经开始提供运输劳务，那么对其 2014 年

1月7日收到乙企业运费50万元（不含税），2014年1月25日收到运费20万元（不含税），均根据本条规定应将收到款项的当天作为纳税义务发生时间，而不是等到运输劳务提供完成（2月2日抵达目的地），因此甲企业1月份销售额为50+20=70（万元）（不含税）。

【案例15】试点地区甲企业2014年2月5日为乙企业提供了一项咨询服务，合同价款200万元（不含税），合同约定2014年2月10日乙企业付款50万元（不含税），但实际到2014年3月7日才付。试问甲企业该项劳务的纳税义务发生时间？

解析：

对这种情况，虽然该企业收到款项的时间在2014年3月7日，但由于其2014年2月5日开始提供咨询劳务，并约定2014年2月10日要付款50万元（不含税），因此无论是否收到款项，其50万元（不含税）的纳税义务发生时间为2014年2月10日，而非2014年3月7日。

十五、个体工商户起征点怎样理解？

【案例16】假设纳税人提供应税服务的起征点为20000元，某个体工商户（小规模纳税人）本月取得交通运输服务收入20000元（含税），该个体工商户本月应缴纳多少增值税？

解析：

因为提供应税服务的起征点为20000元，该个体工商户本月交通运输服务不含税收入为$20000 \div (1+3\%) = 19417.48$（元）。

交通运输服务取得的收入未达到起征点，因此对该部分收入无须缴纳增值税。

利好消息： 从8月1日起，小微企业月销售额不超过2万元的增值税小规模纳税人和营业税纳税人，暂免征收增值税和营业税。

相关链接：

小微企业是小型企业、微型企业、家庭作坊式企业、个体工商户的统称。行业不同划分标准不同，如农、林、牧、渔业，营业收入50万元及以上的为小型企业，营业收入50万元以下的为微型企业。零售业中从业人员10人及以上，且营业收入100万元及以上的为小型企业；从业人员10人以下或营业收入100万元以下的为微型企业。

十六、成为一般纳税人都要按适用税率缴税吗？

营改增后，一般纳税人是否都必须按照适用税率缴税呢？

《试点实施办法》第十二条规定：

（1）提供有形动产租赁服务，税率为17%。

（2）提供交通运输业服务，税率为11%。

（3）提供现代服务业服务（有形动产租赁服务除外），税率为6%。

（4）财政部和国家税务总局规定的应税服务，税率为0。

第十五条规定，一般纳税人提供应税服务适用一般计税方法计税。

一般纳税人提供财政部和国家税务总局规定的特定应税服务，可以选择适用简易计税方法计税，但一经选择，36个月内不得变更。

《试点有关事项规定》计税方法规定，试点纳税人中的一般纳税人提供的公共交通运输服务，可以选择按照简易计税方法计算缴纳增值税。公共交通运输服务，包括轮客渡、公交客运、轨道交通（含地铁、城市轻轨）、出租车、长途客运、班车。其中，班车，是指按固定路线、固定时间运营并在固定站点停靠的运送旅客的陆路运输。

因此，只有从事特定应税服务的一般纳税人才可以按照简易计税方式计税，这里强调的是可以选择，也可以不选择，选择简易计税则不得抵扣进项税额。

引申思考： "营改增"后增值税简易计税征收率有多少？[①]

一、所有增值税纳税人适用的征收率

纳税人销售旧货（进入二次流通的具有部分使用价值的货物，含旧汽车、旧摩托车和旧游艇，但不包括自己使用过的物品），按4%征收率减半征收增值税。其中小规模纳税人销售额＝含税销售额÷（1＋3%）。

二、小规模纳税人征收率的适用

（一）销售货物、应税劳务，营改增后提供应税服务的小规模纳税人，均按3%征收率计税。

---

① 摘自段文涛相关文章。段文涛，中国税网特约研究员，长沙地税稽查局，樊剑英好友。

（1）营改增试点的应税服务年销售额不超过500万元的纳税人为小规模纳税人。

（2）其他个人不论应税销售额多少，均按小规模纳税人纳税。

（3）营改增试点的不经常提供应税服务的非企业性单位、企业和个体工商户；原增值税纳税人的非企业性单位、偶然发生增值税应税行为的企业，均可选择按小规模纳税人纳税。

（4）旅店业和饮食业纳税人销售非现场消费的食品，可以选择按小规模纳税人纳税。

（二）除其他个人外的小规模纳税人，销售自己使用过的固定资产减按2%征收率计税，销售额＝含税销售额÷（1+3%）；销售自己使用过的其他物品，按3%征收率计税。

三、一般纳税人适用征收率的特殊规定

（一）按征收率3%计税的情形：

（1）营改增试点的一般纳税人，以本地区试点实施之日（含）前购进或者自制的有形动产为标的物，提供的经营租赁服务，选择适用简易计税方法的。

（2）营改增试点的一般纳税人提供公共交通运输服务，选择按简易计税方法的。公共交通运输服务包括轮客渡、公交客运、轨道交通（含地铁、城市轻轨）、出租车、长途客运、班车。

（3）取得《药品经营许可证》获准从事生物制品经营的药品批发和零售企业销售生物制品。

（二）下列情形按照4%征收率减半征收增值税：

（1）营改增试点的一般纳税人，销售本地区试点实施之日（含）以前购进或者自制且自己使用过的固定资产。

（2）原增值税纳税人，购进或自制固定资产时为小规模纳税人，认定为一般纳税人后销售自己使用过的固定资产。

（3）按简易办法征收增值税的原增值税一般纳税人，销售其按照规定不得抵扣且未抵扣进项税额的固定资产。

（4）原增值税一般纳税人，销售按照《增值税暂行条例》第十条规定不得抵扣且未抵扣进项税额（不含税法允许抵扣却因纳税人没有取得进项发票或其他原因而未抵扣进项税额）且自己使用过的固定资产。

（5）原增值税一般纳税人销售自己使用过的，属于 2009 年 1 月 1 日增值税转型改革或本地区扩大增值税抵扣范围以前购进或自制的固定资产。

（三）按征收率4%计税的情形：

（1）寄售商店代销寄售物品。

（2）典当业销售死当物品。

以上 2 项可自行开具增值税专用发票。

（3）经国务院或国务院授权机关批准的免税商店零售免税品。

（4）拍卖行受托拍卖增值税应税货物。

（四）中外合作油（气）田开采（含中外双方签订石油合同合作开采陆上的）原油、天然气，征收率为5%。

（五）销售下列货物的行为可选择按6%的征收率计税：

（1）县级及以下且装机容量为 5 万千瓦及以下的小型水力发电单位生产的电力。

（2）自产的建筑用和生产建筑材料所用的砂、土、石料。

（3）以自己采掘的砂、土、石料或其他矿物连续生产的砖、瓦、石灰（不含粘土实心砖、瓦）。

（4）用微生物、微生物代谢产物、动物毒素、人或动物的血液或组织制成的生物制品。

（5）以水泥为原料自产的商品混凝土。

（6）自产的自来水。

（7）自来水公司销售购进的自来水。

以上 1~7 种应税行为，纳税人可自行开具增值税专用发票。

（8）单采血浆站销售非临床用人体血液。

四、相关规定

一般纳税人发生上述应税行为，选择适用简易计税方法的，一经选择后 36 个月内不得变更。除另有规定的外，不得开具增值税专用发票。

十七、简易计税方式也可以抵扣进项税额吗？

《试点实施办法》第二十六条规定：

适用一般计税方法的纳税人，兼营简易计税方法计税项目、非增值税应税服务、免征增值税项目而无法划分不得抵扣的进项税额的，按照下列公式计算不得抵扣的进项税额：

不得抵扣的进项税额＝当期无法划分的全部进项税额×（当期简易计税方法计税项目销售额＋非增值税应税劳务营业额＋免税增值税项目销售额）÷（当期全部销售额＋当期全部营业额）

主管税务机关可以按照上述公式依据年度数据对不得抵扣的进项税额进行清算。

可以总结为，如果一般纳税人所购货物、固定资产、应税服务专用于简易计税方式的产品项目，则进项税额直接转出处理计入产品销售成本。

如果属于兼营混用情形，则应按《实施办法》第二十六条的规定，首先计算不得抵扣的进项税额，再进行进项税额转出计入简易计税方式产品销售成本处理，这样才能彰显税法的公平性。

需要注意的是，在上述《实施办法》计算不得抵扣的进项税额公式中，只是对不能准确划分的进项税额按照公式进行换算，而不是全部进项税额，**能够直接区分用于简易计税方式的所购货物其进项税额可以直接转出处理**，对于一些混用的所购货物、劳务以及应税服务比如企业所消耗的水费、电费、企业办公所用的耗材、咨询费、审计费等，虽然量不大，但恰恰是企业容易忽视的地方，要进行公式换算后做进项税额转出处理。其次，对于纳税人而言，进项税额转出是按月进行的，但由于年度内取得进项税额的不均衡性，有可能会造成按月计算的进项转出与按年度计算的进项转出产生差异，《实施办法》规定了主管税务机关可在年度终了对纳税人进项转出计算公式进行清算，可对相关差异进行调整。

【案例17】 广州A公司从事运输服务，既从事客车运输，适用简易征收，也从事货物运输，适用一般计税方法，在该公司的收入中，适用简易计税方式按征收率3%计算增值税的销售额45万元，适用增值税税率11%的销售额95万元，进项税额13万元。

解析：

如果完全不能够准确划分不得抵扣进项税额：

不得抵扣税额＝13×45÷（95＋45）＝13×32%＝4.18（万元）

如果完全能够准确划分，确定进项80%用于11%项目，20%用于简易项目：

不得抵扣税额＝13×20%＝2.6（万元）

如果完全能够准确划分，确定进项60%用于11%项目，40%用于简易项目：

不得抵扣税额＝13×40%＝5.2（万元）

在该案例中，适用简易计税方式销售额所占比例为32%。

如果实际用于简易计税方式进项税额小于32%，则选择准确划分不得抵扣的进项税额（2.6＜4.18）对企业有利；如果实际用于简易计税方式进项税额大于32%，则应当选择不划分不得抵扣的进项税额（5.2＜4.18）对企业有利。

十八、营改增后不得抵扣增值税进项税额有哪些情形？

原一般纳税人接受试点纳税人提供的应税服务所取得的增值税专用发票，以及试点纳税人接受的原一般纳税人所开具的增值税专用发票，能否抵扣进项税额还是具有不确定性，实务中企业应当掌握可抵扣的进项税额的情形以及不得抵扣进项税额的情形。

（1）纳税人取得虚开的增值税专用发票，不得作为增值税合法有效的扣税凭证抵扣其进项税额。

《国家税务总局关于纳税人虚开增值税专用发票征补税款问题的公告》（国家税务总局公告2012年第33号）规定："纳税人虚开增值税专用发票，未就其虚开金额申报并缴纳增值税的，应按照其虚开金额补缴增值税；已就其虚开金额申报并缴纳增值税的，不再按照其虚开金额补缴增值税。税务机关对纳税人虚开增值税专用发票的行为，应按《中华人民共和国税收征收管理办法》及《中华人民共和国发票管理办法》的有关规定给予处罚。纳税人取得虚开的增值税专用发票，不得作为增值税合法有效的扣税凭证抵扣其进项税额。"

《国家税务总局关于开展2013年税收专项检查工作的通知》区域税收专项整治中规定：各地税务机关可选择辖区内税收秩序较为混乱、税收违法行为较为集中的地区开展专项整治。重点关注以下区域：一是"营改增"试点地区内交通运输企业较为集中的区域。税务总局决定将"营改增"试点地区作为总局督办的区域税收专项整治地区，遏制利用"营改增"政策缝隙虚开、虚抵增值税专用发票的违法活动，强化"营改增"试点地区税收征管风险防范。二是矿产品（包括煤炭）采选经销企业较为集中、上述企业利用成品油增值税专用发票虚抵进项税款行为多发的区域。三是农产品加工企业较为集中，相关服装、木器、食品、药品企业利用农产品收购发票虚抵进项税款行为多发的区域。

营改增未推向全国存在试点地区与非试点地区之分，取得试点地区的交通运输业发票可以抵扣11%，这较之前取得运输费用结算单据可抵扣7%利益更大，营改增推向全国后，这方面风险会相对较小。

（2）用于适用简易计税方法计税项目、非增值税应税项目、免征增值税项目、集体福利或者个人消费的购进货物、接受加工修理修配劳务或者应税服务。其中涉及的固定资产、专利技术、非专利技术、商誉、商标、著作权、有形动产租赁，仅指专用于上述项目的固定资产、专利技术、非专利技术、商誉、商标、著作权、有形动产租赁。

与一般材料类货物不同，固定资产纳入增值税抵扣范围有一定的特殊性，主要是由于固定资产使用用途是可变的，比如：一台车床，既可以用来生产免税军品，也可以用来生产应税的民用物品，但是二者没有绝对的界限，因此，有必要对固定资产的抵扣作出专门的解释。

按照税法规定，只有那些专门用于不征收增值税项目或者应作进项税额转出的项目，包括非增值税应税项目、免税项目、集体福利和个人消费，其固定资产进项税额才是不能抵扣的。

只要该项固定资产用于增值税应税项目（不含免征增值税项目），那么即便它同时又用于非增值税应税项目、免税项目、集体福利和个人消费，上述项目进项税额本来是不得抵扣的，但是该项固定资产的全部进项税额都是可以抵扣的。

（3）非正常损失的购进货物及相关的加工修理修配劳务和交通运输业服务。

（4）非正常损失的固定资产，不得抵扣进项税额。

问题： 固定资产发生非正常损失如何做进项税额转出？

答： 根据《财政部、国家税务总局关于全国实施增值税转型改革若干问题的通知》（财税〔2008〕170号）第五条规定，纳税人已抵扣进项税额的固定资产发生条例第十条第一项至第三项所列情形的，应在当月按下列公式计算不得抵扣的进项税额：不得抵扣的进项税额=固定资产净值×适用税率。本《通知》所称固定资产净值，是指纳税人按照财务会计制度计提折旧后计算的固定资产净值。

《增值税暂行条例》第十条规定：下列项目的进项税额不得从销项税额中抵扣：

（一）用于非增值税应税项目、免征增值税项目、集体福利或者个人消费的购进货物或者应税劳务。

（二）非正常损失的购进货物及相关的应税劳务。

（三）非正常损失的在产品、产成品所耗用的购进货物或者应税劳务。

（四）国务院财政、税务主管部门规定的纳税人自用消费品。

（五）本条第（一）项至第（四）项规定的货物的运输费用和销售免税货物的运输费用。

（5）非正常损失的在产品、产成品所耗用的购进货物（不包括固定资产）、加工修理修配劳务或者交通运输业服务，不得抵扣进项税额。

（6）接受的旅客运输服务。

一般纳税人接受的旅客运输劳务不得从销项税额中抵扣。一般意义上，旅客运输劳务主要接受对象是个人。对于一般纳税人购买的旅客运输劳务，难以准确地界定接受劳务的对象是企业还是个人，因此，一般纳税人接受的旅客运输劳务不得从销项税额中抵扣。

（7）已抵扣进项税额的购进货物、接受加工修理修配劳务或者应税服务发生不得抵扣进项的情形，应当将该进项税额从当期进项税额中扣减。

财税〔2013〕37号《试点实施办法》规定：第二十七条已抵扣进项税额的购进货物、接受加工修理修配劳务或者应税服务，发生本办法第二十四条规定情形（简易计税方法计税项目、非增值税应税劳务、免征增值税项目除外）的，应当将该进项税额从当期进项税额中扣减；无法确定该进项税额的，按照当期实际成本计算应扣减的进项税额。

1. 本条规定针对的是已经抵扣进项税额的情况，不包括尚未抵扣进项税额的用于简易计税方法计税项目、免税项目和非增值税应税服务，此三者的进项税额应按照第二十六条规定适用换算公式来扣减进项税额，而不能按照实际成本来扣减。

2. 由于经营情况复杂，纳税人有时会先抵扣进项税额，然后发生不得抵扣进项税额的情形，例如，将购进货物申报抵扣后，又将其分配给本单位员工作为福利。为了保持征扣税一致，就必须规定相应的进项税额应当从已申报的进项税额中予以扣减。对于无法确定的进项税额，则统一按照当期实际成本来扣减。

3. 这里需要注意的是，扣减进项税额的计算依据不是按该货物、应税服务或者应税服务的原来的进价，而是按发生上述行为的当期实际成本计算。实际成本是企业在取得各项财产时付出的采购成本、加工成本以及达到目前场所和状态所发生的其他成本，是相对于历史成本的一个概念。

【案例18】上海试点地区某运输企业2012年1月购入一辆车辆作为运输工具，车辆不含税价格为30万元，增值税专用发票上注明的增值税款为5.1万元，企业对增值税发票进行了认证抵扣。2013年12月，由于经营需要，运输企业将车辆作为接送员工上下班工具使用。车辆折旧期限为5年，采用直线法折旧。该运输企业需将原已抵扣的进项税额按照实际成本进行扣减，扣减的进项税额为$5.1 \div 5 \times 3 = 3.06$（万元）。

（8）纳税人接受的适用一般计税方法计税的应税服务，发生服务中止、购进货物退出、折让而收回的增值税额，应当从当期的进项税额中扣减。

（9）增值税扣税凭证不符合法律法规，其进项税额不得抵扣。

纳税人取得的增值税扣税凭证不符合法律、行政法规或者国家税务总局有关规定的，其进项税额不得从销项税额中抵扣。

增值税扣税凭证，是指增值税专用发票、海关进口增值税专用缴款书、农产品收购发票、农产品销售发票、铁路运输费用结算单据和税收缴款凭证。

（10）纳税人资料不齐全的，其进项税额不得从销项税额中抵扣。

纳税人凭中华人民共和国税收通用缴款书抵扣进项税额的，应当向主管税务机关提供书面合同、付款证明和境外单位的对账单或发票备查，无法提供资料或提供资料不全的，其进项税额不得从销项税额中抵扣。

（11）一般纳税人会计核算不健全，或者不能够提供准确税务资料的，应当申请办理一般纳税人资格认定而未申请的，应当按照销售额和增值税税率计算应纳税额，不得抵扣进项税额，也不得使用增值税专用发票。

为了加强对符合一般纳税人条件的纳税人的管理，防止他们利用一般纳税人和小规模纳税人的两种不同的征税办法达到少缴税的目的，实施办法制定了一项特殊的制度。对一般纳税人会计核算不健全，或者不能够提供准确税务资料的，对试点纳税人销售额超过小规模纳税人标准，未申请办理一般纳税人认定手续的，要按销售额依照增值税税率计算应纳税额，不得抵扣进项税额，也不得使用增值税专用发票。

这项措施是一项带有惩罚性质的政策，其目的在于防止纳税人利用一般纳税人和小规模纳税人两种不同的征税办法少缴税款。此外，会计核算不健全的情况只适用于一般纳税人。

（12）原增值税一般纳税人取得的 2013 年 8 月 1 日（含）以后开具的运输费用结算单据（铁路运输费用结算单据除外），不得作为增值税扣税凭证。

原增值税一般纳税人取得的试点小规模纳税人由税务机关代开的增值税专用发票，按增值税专用发票注明的税额抵扣进项税额。

《财政部、国家税务总局关于增值税若干政策的通知》（财税〔2005〕165 号）规定：

1. 一般纳税人购进或销售货物通过铁路运输，并取得铁路部门开具的运输发票，如果铁路部门开具的铁路运输发票托运人或收货人名称与其不一致，但铁路运输发票托运人栏或备注栏注有该纳税人名称的（手写无效），该运输发票可以作为进项税额抵扣凭证，允许计算抵扣进项税额。

2. 一般纳税人取得的国际货物运输代理业发票和国际货物运输发票，不得计算抵扣进项税额。

3. 一般纳税人取得的汇总开具的运输发票，凡附有运输企业开具并加盖发票专用章的运输清单，允许计算抵扣进项税额。

4. 一般纳税人取得的项目填写不齐全的运输发票（附有运输清单的汇总开具的运输发票除外）不得计算抵扣进项税额。

（13）2013 年 8 月 1 日前自用的应征消费税的摩托车、汽车、游艇，不得抵扣进项税额。

2013 年 8 月 1 日前自用的应征消费税的摩托车、汽车、游艇，不得抵扣进项税额，但作为提供交通运输业服务的运输工具和租赁服务标的物的除外。

（14）接受非试点地区纳税人的应税服务，不能抵扣进项税额。

2013 年 8 月 1 日前接受非试点地区纳税人的应税服务。由于非试点地区纳税人的应税服务还开不出增值税专用发票，不是"营改增"范围，还是使用营业税发票，因此不能抵扣进项税额。

（15）购买税款系统专用设备不能抵扣进项税额。

《财政部、国家税务总局关于增值税税控系统专用设备和技术维护费用抵减增值税税额有关政策的通知》（财税〔2012〕15 号）规定：为减轻纳税人负担，经国务院批准，自 2011 年 12 月 1 日起，增值税纳税人购买增值税税控系统专用设备支付的费用以及缴纳的技术维护费（以下称两项费用）可在增值税应纳税额中全额抵减。有关政策通知如下：

1. 增值税纳税人 2011 年 12 月 1 日（含，下同）以后初次购买增值税税控系统专用设备（包括分开票机）支付的费用，可凭购买增值税税控系统专用设备取得的增值税专用发票，在增值税应纳税额中全额抵减（抵减额为价税合计额），不足抵减的可结转下期继续抵减。增值税纳税人非初次购买增值税税控系统专用设备支付的费用，由其自行负担，不得在增值税应纳税额中抵减。

增值税税控系统包括增值税防伪税控系统、货物运输业增值税专用发票税控系统、机动车销售统一发票税控系统和公路、内河货物运输业发票税控系统。

增值税防伪税控系统的专用设备包括金税卡、IC 卡、读卡器或金税盘和报税盘；货物运输业增值税专用发票税控系统专用设备包括税控盘和报税盘；机动车销售统一发票税控系统和公路、内河货物运输业发票税控系统专用设备包括税控盘和传输盘。

2. 增值税纳税人 2011 年 12 月 1 日以后缴纳的技术维护费（不含补缴的 2011 年 11 月 30 日以前的技术维护费），可凭技术维护服务单位开具的技术维护费发票，在增值税应纳税额中全额抵减，不足抵减的可结转下期继续抵减。技术维护费按照价格主管部门核定的标准执行。

3. 增值税一般纳税人支付的两项费用在增值税应纳税额中全额抵减的，其增值税专用发票不作为增值税抵扣凭证，其进项税额不得从销项税额中抵扣。

引申思考： 抵减税额如何会计处理？

会计上应作为收入处理，根据规定，由于上述两项抵减金额不作为进项税额，因此，允许抵减的两项费用不能作为"应交税费——应交增值税（进项税额）"核算处理。

考虑到属于增值税的减征税额，根据相关会计制度规定，虽不属于严格意义上的政府补助，但应作为企业取得的一项收入进行会计核算。

如企业购置专用设备 5000 元（含税价）时：

借：固定资产——税控设备　　　　　　　　　　　　5000

　　贷：银行存款　　　　　　　　　　　　　　　　　　5000

抵减当期应缴纳的增值税时：

借：应交税费——应交增值税（减征或已交税额）　　5000

　　贷：营业外收入　　　　　　　　　　　　　　　　5000

　　该项营业外收入根据企业所得税相关政策规定，视为财政性资金，**按财税**[2008]**151 号文件和财税**[2011]**70 号文件规定处理**。企业今后就该项固定资产按规定计提折旧时，也应按上述文件规定在企业所得税税前扣除。

　　如企业支付技术维护费 2000 元时：

　　借：管理费用　　　　　　　　　　　　　　　　2000

　　　贷：银行存款　　　　　　　　　　　　　　　　2000

　　抵减当期应缴纳的增值税额时：

　　借：应交税费——应交增值税（减征或已交税额）2000

　　　贷：营业外收入　　　　　　　　　　　　　　　2000

　　该项营业外收入同购置专用设备抵减税额一样处理。

十九、成为增值税纳税人要使用什么专用设备？

　　成为增值税纳税人要使用什么专用设备？参照《四川省国家税务局关于营业税改征增值税试点一般纳税人使用增值税税控系统有关事项的公告》（四川省国家税务局公告 2013 年第 5 号）。

　　《四川省国家税务局关于营业税改征增值税试点一般纳税人使用增值税税控系统有关事项的公告》从 2013 年 8 月 1 日起，经国税机关认定为增值税一般纳税人的营业税改征增值税试点纳税人，应通过增值税税控系统开具增值税专用发票和增值税普通发票。

　　一、增值税税控系统种类及适用对象

　　增值税税控系统包括增值税防伪税控系统、货物运输业增值税专用发票税控系统（以下简称货运税控系统），其适用对象为：

　　（一）提供部分现代服务业服务的试点一般纳税人，使用增值税防伪税控系统开具增值税专用发票和增值税普通发票。

　　（二）提供货物运输业服务的试点一般纳税人，使用货运税控系统开具货物运输业增值税专用发票。

　　（三）提供部分现代服务业服务并兼有货物运输业服务的试点一般纳税人，使用增值税防伪税控系统和货运税控系统分别开具增值税专用发票、增值税普通发票以及货物运输业增值税专用发票。

（四）原公路、内河货物运输业自开票纳税人认定为一般纳税人后，凭在用的专用设备到主管国税机关进行初始化发行后继续使用。

（五）原使用防伪税控系统的增值税一般纳税人兼有提供部分现代服务业服务的，继续使用原增值税防伪税控设备开具增值税专用发票和增值税普通发票；原使用防伪税控系统的增值税一般纳税人兼有提供货物运输业服务的，继续使用原增值税防伪税控设备开具增值税专用发票和增值税普通发票，使用货运税控系统开具货物运输业增值税专用发票。

（六）原使用税控盘开具机动车销售统一发票的增值税一般纳税人兼有提供货物运输业服务的，可凭在用的专用设备到主管国税机关办理税控盘发行、发票发售等业务后，开具货物运输业增值税专用发票和机动车销售统一发票。

二、增值税税控系统的设备准备

（一）增值税税控系统的设备包括专用设备和通用设备。

（二）增值税防伪税控系统的专用设备为金税盘和报税盘，货运税控系统的专用设备为税控盘和报税盘，由国家税务总局授权的增值税税控系统专用设备提供及技术服务单位负责发售及技术服务。

（三）试点一般纳税人凭主管国税机关出具的《增值税税控系统安装使用通知书》向增值税税控系统技术服务单位购买。

增值税税控系统技术服务单位应于2013年6月30日前完成对试点一般纳税人增值税税控系统专用设备的发售以及使用的培训工作。

（四）增值税税控系统专用设备的价格由国家发展和改革委员会统一确定。根据国家发展和改革委员会《关于完善增值税税控系统有关收费政策的通知》（发改价格〔2012〕2155号）规定：防伪税控系统专用设备金税盘价格：490元/个、报税盘价格：230元/个，售后技术支持服务年服务费：330元/户（对使用两套及以上金税盘系列产品的纳税人，从第二套起减半收取技术维护费）；货运税控系统专用设备货运税控盘价格：490元/个、报税盘价格：230元/个。售后技术支持服务年服务费：330元/户（对使用两套及以上金税盘系列产品的纳税人，从第二套起减半收取技术维护费）。

（五）试点一般纳税人初次购买增值税税控系统专用设备支付的费用，以及以后缴纳的技术维护费，可在增值税应纳税额中按价税合计金额全额抵减，不足抵减的可结转下期继续抵减。纳税人初次购买专用设备取得的增值税专用发票不再进行进项税额抵扣。

（六）增值税税控系统通用设备为计算机、打印机等，由纳税人自行准备。任何单位和个人不得借国税机关名义、专用设备兼容性、服务便利等借口向纳税人强行销售计算机、打印机等通用设备、软件或其他商品。

第二节
应税服务范围注释新旧对照分析

应税服务范围注释新旧对照分析如表 2-3 所示。

表 2-3　应税服务范围注释新旧对照分析

财税〔2013〕37 号	财税〔2011〕111 号
一、交通运输业	一、交通运输业
交通运输业，是指使用运输工具将货物或者旅客送达目的地，使其空间位置得到转移的业务活动。包括陆路运输服务、水路运输服务、航空运输服务和管道运输服务。	交通运输业，是指使用运输工具将货物或者旅客送达目的地，使其空间位置得到转移的业务活动。包括陆路运输服务、水路运输服务、航空运输服务和管道运输服务。
（一）陆路运输服务 陆路运输服务，是指通过陆路（地上或者地下）运送货物或者旅客的运输业务活动，包括公路运输、缆车运输、索道运输及其他陆路运输，暂不包括铁路运输。	（一）陆路运输服务 陆路运输服务，是指通过陆路（地上或者地下）运送货物或者旅客的运输业务活动，包括公路运输、缆车运输、索道运输及其他陆路运输，暂不包括铁路运输。
出租车公司向使用本公司自有出租车的出租车司机收取的管理费用，按陆路运输服务征收增值税。 **解读：**此条内容实为财税〔2012〕86 号明确的内容。注意：如出租车不属于出租车公司的，不征收增值税。	
（二）水路运输服务 水路运输服务，是指通过江、河、湖、川等天然、人工水道或者海洋航道运送货物或者旅客的运输业务活动。	（二）水路运输服务 水路运输服务，是指通过江、河、湖、川等天然、人工水道或者海洋航道运送货物或者旅客的运输业务活动。
远洋运输的程租、期租业务，属于水路运输服务。程租业务，是指远洋运输企业为租船人完成某一特定航次的运输任务并收取租赁费的业务。期租业务，是指远洋运输企业将配备有操作人员的船舶承租给他人使用一定期限，承租期内听候承租方调遣，不论是否经营，均按天向承租方收取租赁费，发生的固定费用均由船东负担的业务。	远洋运输的程租、期租业务，属于水路运输服务。程租业务，是指远洋运输企业为租船人完成某一特定航次的运输任务并收取租赁费的业务。期租业务，是指远洋运输企业将配备有操作人员的船舶承租给他人使用一定期限，承租期内听候承租方调遣，不论是否经营，均按天向承租方收取租赁费，发生的固定费用均由船东负担的业务。

财税〔2013〕37号	财税〔2011〕111号
（三）航空运输服务 航空运输服务，是指通过空中航线运送货物或者旅客的运输业务活动。	（三）航空运输服务 航空运输服务，是指通过空中航线运送货物或者旅客的运输业务活动。
航空运输的湿租业务，属于航空运输服务。 湿租业务，是指航空运输企业将配备有机组人员的飞机承租给他人使用一定期限，承租期内听候承租方调遣，不论是否经营，均按一定标准向承租方收取租赁费，发生的固定费用均由承租方承担的业务。	航空运输的湿租业务，属于航空运输服务。 湿租业务，是指航空运输企业将配备有机组人员的飞机承租给他人使用一定期限，承租期内听候承租方调遣，不论是否经营，均按一定标准向承租方收取租赁费，发生的固定费用均由承租方承担的业务。
（四）管道运输服务 管道运输服务，是指通过管道设施输送气体、液体、固体物质的运输业务活动。	（四）管道运输服务 管道运输服务，是指通过管道设施输送气体、液体、固体物质的运输业务活动。
二、部分现代服务业	二、部分现代服务业
部分现代服务业，是指围绕制造业、文化产业、现代物流产业等提供技术性、知识性服务的业务活动。包括研发和技术服务、信息技术服务、文化创意服务、物流辅助服务、有形动产租赁服务、鉴证咨询服务、广播影视服务。	部分现代服务业，是指围绕制造业、文化产业、现代物流产业等提供技术性、知识性服务的业务活动。包括研发和技术服务、信息技术服务、文化创意服务、物流辅助服务、有形动产租赁服务、鉴证咨询服务。
（一）研发和技术服务 研发和技术服务，包括研发服务、技术转让服务、技术咨询服务、合同能源管理服务、工程勘察勘探服务。	（一）研发和技术服务 研发和技术服务，包括研发服务、技术转让服务、技术咨询服务、合同能源管理服务、工程勘察勘探服务。
1. 研发服务，是指就新技术、新产品、新工艺或者新材料及其系统进行研究与试验开发的业务活动。	1. 研发服务，是指就新技术、新产品、新工艺或者新材料及其系统进行研究与试验开发的业务活动。
2. 技术转让服务，是指转让专利或者非专利技术的所有权或者使用权的业务活动。	2. 技术转让服务，是指转让专利或者非专利技术的所有权或者使用权的业务活动。
3. 技术咨询服务，是指对特定技术项目提供可行性论证、技术预测、专题技术调查、分析评价报告和专业知识咨询等业务活动。	3. 技术咨询服务，是指对特定技术项目提供可行性论证、技术预测、专题技术调查、分析评价报告和专业知识咨询等业务活动。
4. 合同能源管理服务，是指节能服务公司与用能单位以契约形式约定节能目标，节能服务公司提供必要的服务，用能单位以节能效果支付节能服务公司投入及其合理报酬的业务活动。	4. 合同能源管理服务，是指节能服务公司与用能单位以契约形式约定节能目标，节能服务公司提供必要的服务，用能单位以节能效果支付节能服务公司投入及其合理报酬的业务活动。
5. 工程勘察勘探服务，是指在采矿、工程施工以前，对地形、地质构造、地下资源蕴藏情况进行实地调查的业务活动。	5. 工程勘察勘探服务，是指在采矿、工程施工以前，对地形、地质构造、地下资源蕴藏情况进行实地调查的业务活动。
（二）信息技术服务 信息技术服务，是指利用计算机、通信网络等技术对信息进行生产、收集、处理、加工、存储、运输、检索和利用，并提供信息服务的业务活动。包括软件服务、电路设计及测试服务、信息系统服务和业务流程管理服务。	（二）信息技术服务 信息技术服务，是指利用计算机、通信网络等技术对信息进行生产、收集、处理、加工、存储、运输、检索和利用，并提供信息服务的业务活动。包括软件服务、电路设计及测试服务、信息系统服务和业务流程管理服务。
1. 软件服务，是指提供软件开发服务、软件咨询服务、软件维护服务、软件测试服务的业务行为。	1. 软件服务，是指提供软件开发服务、软件咨询服务、软件维护服务、软件测试服务的业务行为。

财税〔2013〕37 号	财税〔2011〕111 号
2. 电路设计及测试服务，是指提供集成电路和电子电路产品设计、测试及相关技术支持服务的业务行为。	2. 电路设计及测试服务，是指提供集成电路和电子电路产品设计、测试及相关技术支持服务的业务行为。
3. 信息系统服务，是指提供信息系统集成、网络管理、桌面管理与维护、信息系统应用、基础信息技术管理平台整合、信息技术基础设施管理、数据中心、托管中心、安全服务的业务行为。包括网站对非自有的网络游戏提供的网络运营服务。 **解读：**此条新增的内容为财税〔2012〕86 号文件明确内容。	3. 信息系统服务，是指提供信息系统集成、网络管理、桌面管理与维护、信息系统应用、基础信息技术管理平台整合、信息技术基础设施管理、数据中心、托管中心、安全服务的业务行为。
4. 业务流程管理服务，是指依托计算机信息技术提供的人力资源管理、财务经济管理、金融支付服务、内部数据分析、呼叫中心和电子商务平台等服务的业务活动。	4. 业务流程管理服务，是指依托计算机信息技术提供的人力资源管理、财务经济管理、金融支付服务、内部数据分析、呼叫中心和电子商务平台等服务的业务活动。
（三）文化创意服务 文化创意服务，包括设计服务、商标和著作权转让服务、知识产权服务、广告服务和会议展览服务。	（三）文化创意服务 文化创意服务，包括设计服务、商标著作权转让服务、知识产权服务、广告服务和会议展览服务。
1. 设计服务，是指把计划、规划、设想通过视觉、文字等形式传递出来的业务活动。包括工业设计、造型设计、服装设计、环境设计、平面设计、包装设计、动漫设计、展示设计、网站设计、机械设计、工程设计、广告设计、创意策划、文印晒图等。 **解读：**文印晒图为财税〔2012〕86 号文件明确的内容；广告设计和策划由原规定的广告服务业划到设计服务业。	1. 设计服务，是指把计划、规划、设想通过视觉、文字等形式传递出来的业务活动。包括工业设计、造型设计、服装设计、环境设计、平面设计、包装设计、动漫设计、展示设计、网站设计、机械设计、工程设计、创意策划等。
2. 商标和著作权转让服务，是指转让商标、商誉和著作权的业务活动。	2. 商标著作权转让服务，是指转让商标、商誉和著作权的业务活动。
3. 知识产权服务，是指处理知识产权事务的业务活动。包括对专利、商标、著作权、软件、集成电路布图设计的代理、登记、鉴定、评估、认证、咨询、检索服务。	3. 知识产权服务，是指处理知识产权事务的业务活动。包括对专利、商标、著作权、软件、集成电路布图设计的代理、登记、鉴定、评估、认证、咨询、检索服务。
4. 广告服务，是指利用图书、报纸、杂志、广播、电视、电影、幻灯、路牌、招贴、橱窗、霓虹灯、灯箱、互联网等各种形式为客户的商品、经营服务项目、文体节目或者通告、声明等委托事项进行宣传和提供相关服务的业务活动。包括广告代理和广告的发布、播映、宣传、展示等。 **解读：**此条新增了广告代理业，但将广告策划和设计划到设计服务业，广告制作如何征税？17%	4. 广告服务，是指利用图书、报纸、杂志、广播、电视、电影、幻灯、路牌、招贴、橱窗、霓虹灯、灯箱、互联网等各种形式为客户的商品、经营服务项目、文体节目或者通告、声明等委托事项进行宣传和提供相关服务的业务活动。包括广告的策划、设计、制作、发布、播映、宣传、展示等。
5. 会议展览服务，是指为商品流通、促销、展示、经贸洽谈、民间交流、企业沟通、国际往来等举办或者组织安排的各类展览和会议的业务活动。 **解读：**此条新增了组织安排的内容。	5. 会议展览服务，是指为商品流通、促销、展示、经贸洽谈、民间交流、企业沟通、国际往来等举办的各类展览和会议的业务活动。

财税〔2013〕37号	财税〔2011〕111号
（四）物流辅助服务 物流辅助服务，包括航空服务、港口码头服务、货运客运场站服务、打捞救助服务、货物运输代理服务、代理报关服务、仓储服务和装卸搬运服务。	（四）物流辅助服务 物流辅助服务，包括航空服务、港口码头服务、货运客运场站服务、打捞救助服务、货物运输代理服务、代理报关服务、仓储服务和装卸搬运服务。
1. 航空服务，包括航空地面服务和通用航空服务。 航空地面服务，是指航空公司、飞机场、民航管理局、航站等向在我国境内航行或者在我国境内机场停留的境内外飞机或者其他飞行器提供的导航等劳务性地面服务的业务活动。包括旅客安全检查服务、停机坪管理服务、机场候机厅管理服务、飞机清洗消毒服务、空中飞行管理服务、飞机起降服务、飞行通讯服务、地面信号服务、飞机安全服务、飞机跑道管理服务、空中交通管理服务等。 通用航空服务，是指为专业工作提供飞行服务的业务活动，包括航空摄影、航空测量、航空勘探、航空护林、航空吊挂播洒、航空降雨等。	1. 航空服务，包括航空地面服务和通用航空服务。 航空地面服务，是指航空公司、飞机场、民航管理局、航站等向在我国境内航行或者在我国境内机场停留的境内外飞机或者其他飞行器提供的导航等劳务性地面服务的业务活动。包括旅客安全检查服务、停机坪管理服务、机场候机厅管理服务、飞机清洗消毒服务、空中飞行管理服务、飞机起降服务、飞行通讯服务、地面信号服务、飞机安全服务、飞机跑道管理服务、空中交通管理服务等。 通用航空服务，是指为专业工作提供飞行服务的业务活动，包括航空摄影、航空测量、航空勘探、航空护林、航空吊挂播洒、航空降雨等。
2. 港口码头服务，是指港务船舶调度服务、船舶通讯服务、航道管理服务、航道疏浚服务、灯塔管理服务、航标管理服务、船舶引航服务、理货服务、系解缆服务、停泊和移泊服务、海上船舶溢油清除服务、水上交通管理服务、船只专业清洗消毒检测服务和防止船只漏油服务等为船只提供服务的业务活动。 港口设施经营人收取的港口设施保安费按照"港口码头服务"征收增值税。 **解读：**此条新增的内容实为财税〔2012〕86号文件明确的内容。	2. 港口码头服务，是指港务船舶调度服务、船舶通讯服务、航道管理服务、航道疏浚服务、灯塔管理服务、航标管理服务、船舶引航服务、理货服务、系解缆服务、停泊和移泊服务、海上船舶溢油清除服务、水上交通管理服务、船只专业清洗消毒检测服务和防止船只漏油服务等为船只提供服务的业务活动。
3. 货运客运场站服务，是指货运客运场站（不包括铁路运输）提供的货物配载服务、运输组织服务、中转换乘服务、车辆调度服务、票务服务和车辆停放服务等业务活动。	3. 货运客运场站服务，是指货运客运场站（不包括铁路运输）提供的货物配载服务、运输组织服务、中转换乘服务、车辆调度服务、票务服务和车辆停放服务等业务活动。
4. 打捞救助服务，是指提供船舶人员救助、船舶财产救助、水上救助和沉船沉物打捞服务的业务活动。	4. 打捞救助服务，是指提供船舶人员救助、船舶财产救助、水上救助和沉船沉物打捞服务的业务活动。
5. 货物运输代理服务，是指接受货物收货人、发货人、船舶所有人、船舶承租人或船舶经营人的委托，以委托人的名义或者以自己的名义，在不直接提供货物运输服务的情况下，为委托人办理货物运输、船舶进出港口、联系安排引航、靠泊、装卸等货物和船舶代理相关业务手续的业务活动。 **解读：**此条新增的内容是财税〔2012〕86号文件明确的内容。	5. 货物运输代理服务，是指接受货物收货人、发货人的委托，以委托人的名义或者以自己的名义，在不直接提供货物运输劳务情况下，为委托人办理货物运输及相关业务手续的业务活动。
6. 代理报关服务，是指接受进出口货物的收、发货人委托，代为办理报关手续的业务活动。	6. 代理报关服务，是指接受进出口货物的收、发货人委托，代为办理报关手续的业务活动。
7. 仓储服务，是指利用仓库、货场或者其他场所代客贮放、保管货物的业务活动。	7. 仓储服务，是指利用仓库、货场或者其他场所代客贮放、保管货物的业务活动。

财税〔2013〕37号	财税〔2011〕111号
8. 装卸搬运服务，是指使用装卸搬运工具或人力、畜力将货物在运输工具之间、装卸现场之间或者运输工具与装卸现场之间进行装卸和搬运的业务活动。	8. 装卸搬运服务，是指使用装卸搬运工具或人力、畜力将货物在运输工具之间、装卸现场之间或者运输工具与装卸现场之间进行装卸和搬运的业务活动。
（五）有形动产租赁服务。 有形动产租赁，包括有形动产融资租赁和有形动产经营性租赁。	（五）有形动产租赁服务。 有形动产租赁，包括有形动产融资租赁和有形动产经营性租赁。
1. 有形动产融资租赁，是指具有融资性质和所有权转移特点的有形动产租赁业务活动。即出租人根据承租人所要求的规格、型号、性能等条件购入有形动产租赁给承租人，合同期内设备所有权属于出租人，承租人只拥有使用权，合同期满付清租金后，承租人有权按照残值购入有形动产，以拥有其所有权。不论出租人是否将有形动产残值销售给承租人，均属于融资租赁。	1. 有形动产融资租赁，是指具有融资性质和所有权转移特点的有形动产租赁业务活动。即出租人根据承租人所要求的规格、型号、性能等条件购入有形动产租赁给承租人，合同期内设备所有权属于出租人，承租人只拥有使用权，合同期满付清租金后，承租人有权按照残值购入有形动产，以拥有其所有权。不论出租人是否将有形动产残值销售给承租人，均属于融资租赁。
2. 有形动产经营性租赁，是指在约定时间内将物品、设备等有形动产转让他人使用且租赁物所有权不变更的业务活动。 远洋运输的光租业务、航空运输的干租业务，属于有形动产经营性租赁。 光租业务，是指远洋运输企业将船舶在约定的时间内出租给他人使用，不配备操作人员，不承担运输过程中发生的各项费用，只收取固定租赁费的业务活动。 干租业务，是指航空运输企业将飞机在约定的时间内出租给他人使用，不配备机组人员，不承担运输过程中发生的各项费用，只收取固定租赁费的业务活动。	2. 有形动产经营性租赁，是指在约定时间内将物品、设备等有形动产转让他人使用且租赁物所有权不变更的业务活动。 远洋运输的光租业务、航空运输的干租业务，属于有形动产经营性租赁。 光租业务，是指远洋运输企业将船舶在约定的时间内出租给他人使用，不配备操作人员，不承担运输过程中发生的各项费用，只收取固定租赁费的业务活动。 干租业务，是指航空运输企业将飞机在约定的时间内出租给他人使用，不配备机组人员，不承担运输过程中发生的各项费用，只收取固定租赁费的业务活动。
（六）鉴证咨询服务 鉴证咨询服务，包括认证服务、鉴证服务和咨询服务。	（六）鉴证咨询服务 鉴证咨询服务，包括认证服务、鉴证服务和咨询服务。
1. 认证服务，是指具有专业资质的单位利用检测、检验、计量等技术，证明产品、服务、管理体系符合相关技术规范、相关技术规范的强制性要求或者标准的业务活动。	1. 认证服务，是指具有专业资质的单位利用检测、检验、计量等技术，证明产品、服务、管理体系符合相关技术规范、相关技术规范的强制性要求或者标准的业务活动。
2. 鉴证服务，是指具有专业资质的单位，为委托方的经济活动及有关资料进行鉴证，发表具有证明力的意见的业务活动。包括会计鉴证、税务鉴证、法律鉴证、工程造价鉴证、资产评估、环境评估、房地产土地评估、建筑图纸审核、医疗事故鉴定等。 **解读：**实为财税〔2012〕86号文件明确的内容。	2. 鉴证服务，是指具有专业资质的单位，为委托方的经济活动及有关资料进行鉴证，发表具有证明力的意见的业务活动。包括会计、税务、资产评估、律师、房地产土地评估、工程造价的鉴证。
3. 咨询服务，是指提供和策划财务、税收、法律、内部管理、业务运作和流程管理等信息或者建议的业务活动。 代理记账按照"咨询服务"征收增值税。 **解读：**实为财税〔2012〕86号文件明确的内容。	3. 咨询服务，是指提供和策划财务、税收、法律、内部管理、业务运作和流程管理等信息或者建议的业务活动。

财税〔2013〕37号	财税〔2011〕111号
（七）广播影视服务 广播影视服务，包括广播影视节目（作品）的制作服务、发行服务和播映（含放映，下同）服务。	
1.广播影视节目（作品）制作服务，是指进行专题（特别节目）、专栏、综艺、体育、动画片、广播剧、电视剧、电影等广播影视节目和作品制作的服务。具体包括与广播影视节目和作品相关的策划、采编、拍摄、录音、音视频文字图片素材制作、场景布置、后期的剪辑、翻译（编译）、字幕制作、片头、片尾、片花制作、特效制作、影片修复、编目和确权等业务活动。 2.广播影视节目（作品）发行服务，是指以分账、买断、委托、代理等方式，向影院、电台、电视台、网站等单位和个人发行广播影视节目（作品）以及转让体育赛事等活动的报道及播映权的业务活动。 3.广播影视节目（作品）播映服务，是指在影院、剧院、录像厅及其他场所播映广播影视节目（作品），以及通过电台、电视台、卫星通信、互联网、有线电视等无线或有线装置播映广播影视节目（作品）的业务活动。 **解读：** 此条为本次试点新增内容。	

一、广告制作按照什么税目征税？

财税〔2011〕111号《应税服务范围注释》广告服务范围包括：广告服务是指利用图书、报纸、杂志、广播、电视、电影、幻灯、路牌、招贴、橱窗、霓虹灯、灯箱、互联网等各种形式为客户的商品、经营服务项目、文体节目或者通告、声明等委托事项进行宣传和提供相关服务的业务活动。包括广告的策划、设计、制作、发布、播映、宣传、展示等。

财税〔2013〕37号《应税服务范围注释》广告服务范围包括：广告服务是指利用图书、报纸、杂志、广播、电视、电影、幻灯、路牌、招贴、橱窗、霓虹灯、灯箱、互联网等各种形式为客户的商品、经营服务项目、文体节目或者通告、声明等委托事项进行宣传和提供相关服务的业务活动。包括广告代理和广告的发布、播映、宣传、展示等。

新旧对比可见新规定增加了广告代理业，但将广告策划和设计划归到设计服务业，那么会让我们产生的疑问是——广告制作按照什么税率征税？17%还是 6%？

广告制作，指根据广告设计要求，制作可供刊播、设置、张贴、散布的广告作品等经营性活动。广告活动通过广告作品的形式，把广告主的要求、意愿和信息用艺术、情感和直观的形式表达出来。广告作品的内容是策略性和信息性的，它包含着广告策略的运用和经济信息的传递，而广告作品则以艺术的和心理的形式把广告的信息内容表达出来。

为保持与增值税暂行条例加工修理修配劳务按照 17%税率征收的一致性，笔者认为户外广告加工或制作也应该为增值税适用税率 17%，而对于广播影视制作服务适用税率应该为 6%，其他制作服务适用税率一般也应为 17%。

二、广告策划、广告设计算什么税目？

设计服务，是指把计划、规划、设想通过视觉、文字等形式传递出来的业务活动。包括工业设计、造型设计、服装设计、环境设计、平面设计、包装设计、动漫设计、展示设计、网站设计、机械设计、工程设计、广告设计、创意策划、文印晒图等。

财税 [2013] 37 号《应税服务范围注释》将原规定中的广告设计和策划由广告服务业划入设计服务业中，创意策划即包括广告策划。

三、广告制作、广告策划、广告设计还缴纳文化事业费吗？

【案例 19】北京 A 广告公司 2013 年 9 月收取客户广告发布费 150 万元，支付媒体方 B 公司 50 万元并取得广告发布费增值税专用发票，如何会计处理？应缴纳多少文化事业费？

解析：

《财政部、国家税务总局关于营业税改征增值税试点中文化事业建设费征收有关问题的通知》（财综 [2012] 68 号）规定：

为促进文化事业发展，加强实施营业税改征增值税（以下简称营改增）试点地区文化事业建设费的征收管理，确保营改增试点工作有序开展，现就有关问题通知如下：

一、原适用《财政部、国家税务总局关于印发〈文化事业建设费征收管理暂行办法〉的通知》（财税字〔1997〕95号）缴纳文化事业建设费的提供广告服务的单位和个人，以及试点地区试点后成立的提供广告服务的单位和个人，纳入营改增试点范围后，应按照本通知的规定缴纳文化事业建设费。

二、缴纳文化事业建设费的单位和个人（以下简称缴纳义务人）应按照提供增值税应税服务取得的销售额3%的费率计算应缴费额，并由国家税务局在征收增值税时一并征收，计算公式如下：

应缴费额＝销售额×3%

三、文化事业建设费的缴纳义务发生时间和缴纳地点，与缴纳义务人的增值税纳税义务发生时间和纳税地点相同。

四、文化事业建设费的缴纳期限与缴纳义务人的增值税纳税期限相同，或者由主管国税机关根据缴纳义务人应缴费额的大小核定。

五、根据财税〔2011〕111号的有关规定负有相关增值税扣缴义务的扣缴义务人，按照本通知规定扣缴文化事业建设费。

六、文化事业建设费的其他事项，仍按照《财政部、国家税务总局关于印发〈文化事业建设费征收管理暂行办法〉的通知》（财税字〔1997〕95号）的有关规定执行。

七、本通知自2012年1月1日起施行。

《关于营业税改征增值税试点中文化事业建设费征收有关问题的补充通知》（财综〔2012〕96号）补充通知如下：

一、财综〔2012〕68号文件第二条计算缴纳文化事业建设费的销售额，为纳税人提供广告服务取得的全部含税价款和价外费用，减除支付给试点地区或非试点地区的其他广告公司或广告发布者的含税广告发布费后的余额。

允许扣除的价款应当取得符合法律、行政法规和国家税务总局有关规定的凭证，否则不予扣除。上述凭证包括增值税发票和营业税发票。

二、按规定扣缴文化事业建设费的，扣缴义务人应按下列公式计算应扣缴费额：

应扣缴费额＝接收方支付的含税价款×费率

1. 收到客户款项并开具发票时：

借：银行存款　　　　　　　　　　　　1500000

  贷：主营业务收入——广告费收入——某客户   1415094.34

                        （1500000/1.06）

    应交税费——应交增值税（销项税额）   84905.66

                  （1500000/1.06×0.06）

2. 收到媒体方 B 公司 50 万元广告发布费增值税专用发票时：

借：主营业务成本   471698.11

  应交税费——应交增值税（进项税额）28301.89

  贷：银行存款   500000

3. 计算本期应纳增值税：

84905.66 − 28301.89 = 56603.77（元）

4. 计算本期应交文化事业建设费：

（1500000 − 500000）× 3% = 30000（元）

【引申问题 1】广告制作还缴纳文化事业费吗？

【引申问题 2】广告设计还缴纳文化事业费吗？

【引申问题 3】广告策划还缴纳文化事业费吗？

  笔者认为，为方便纳税人申报考虑，自 2013 年 8 月 1 日起，纳税人提供广告策划、设计、制作取得的收入不再缴纳文化事业建设费，而广告发布、广告代理和广告服务要缴纳文化事业建设费。

  例如，北京国税局网站上刊登了一份《全国开展营业税改征增值税试点宣传材料》，对纳税人关注的"营改增"新政的 17 个问题首次明确。自 2013 年 8 月 1 日起，广告策划、设计、制作不再属于广告服务征收范围，应按设计服务征收增值税。纳税人提供广告策划、设计、制作取得的收入不再缴纳文化事业建设费。

四、装卸搬运营改增有什么变化？

  装卸搬运费—营改增前—营业税—税目：交通运输业—适用税率 3%

  装卸搬运费—营改增后—增值税—税目：部分现代服务业—物流辅助服务—适用税率 6%

  定义：装卸搬运服务，是指使用装卸搬运工具或人力、畜力将货物在运输工具之间、装卸现场之间或者运输工具与装卸现场之间进行装卸和搬运的业务活动。

【思考】营改增后装卸搬运服务对于买卖双方有何影响？

卖方：试点纳税人兼有不同税率或者征收率的销售货物、提供加工修理修配劳务或者应税服务的，应当分别核算适用不同税率或征收率的销售额，未分别核算销售额的，从高适用税率。装卸搬运费如果与其他兼有业务比如是交通运输业一并核算则应适用税率11%，如果是与销售货物一并核算则应适用税率17%，若分开核算，则可适用税率6%。

对于买方来说，取得了适用税率6%的服务，因为对方未分别核算从高适用税率则可以扣除11%或17%的税额，是否存在纳税风险呢？营改增前运输费用所包含的装卸费不允许扣除进项税额，营改增后只要取得了进项税额发票，一般应当准予扣除。

【思考】铁路运输中装卸费交营业税还是增值税？

装卸费——物流辅助——增值税——6%

装卸费——铁路运输——营业税——3%

五、出租车交增值税还是营业税？

出租车运营怎么交税？

租车取得的发票可以抵扣进项税额吗？

出租车公司从事营运的做法按照出资方式区分，大致有以下三种情形：由出租车公司出资购车，聘司机驾驶，收取承包费和每月的份钱；司机个人全额出资，每月向公司交纳管理费；个人与挂靠公司分别出资，每月向公司交纳管理费。在这三种情形下，"营改增"前后，相关纳税人该如何进行财税处理呢？

（一）出租车公司出资购车

【案例20】某市 A 出租车公司，由出租车公司出资购车，聘司机驾驶，收取承包费和每月的份钱为 500 万元。营运收入（含税）1500 万元，营运成本 800 万元，毛利 700 万元。

解析：

"营改增"前营业税处理。根据《营业税暂行条例实施细则》第十一条的规定，单位以承包、承租、挂靠方式经营的，承包人、承租人、挂靠人（以下统称承包人）发生应税行为，承包人以发包人、出租人、被挂靠人（以下统称发包人）名义对外经营并由发包人承担相关法律责任的，以发包人为纳税人；否则以承包人为纳税人。出租车公司出资购车，产权明晰，出租车所有权为公司所有，其经营业务实际上是用公司的毛利 1500－800＝700（万元），再分出 200 万元发放工资。因此，出租车公司作为纳税人，营运收入 1500 万元应按交通运输业缴纳营业税：1500×3％＝45（万元）。需要注意的是，收取承包费和每月的份钱为 500 万元，已经包括在营运收入 1500 万元内，无须再按"服务业——租赁"缴纳营业税。

（1）出租车公司出资购车（单位：万元，下同）的会计处理：

借：固定资产

　　贷：相关科目

（2）收入、支出的会计处理：

借：库存现金　　　　　　　　　　　1500

　　贷：营业收入　　　　　　　　　　　　　　1500

借：应付职工薪酬——工资　　　　　200

　　营业成本　　　　　　　　　　　800

　　贷：库存现金　　　　　　　　　　　　　　1000

（3）计提、缴纳营业税的会计处理：

借：营业税金及附加　　　　　　　　45

　　贷：应交税费——应交营业税　　　　　　　45

借：应交税费——应交营业税　　　　45

　　贷：银行存款　　　　　　　　　　　　　　45

"营改增"后增值税处理。"营改增"后，税务处理与《营业税暂行条例实施细则》第 11 条口径一致。《财政部、国家税务总局关于交通运输业和部分现代服务业营业税改征增值税试点应税服务范围等若干税收政策的补充通知》（财税〔2012〕86 号）进一步明确，出租车公司向出租车司机收取的管理费用，出租车属于出租车公司的，按照"陆路运输服务"征收增值税。2013 年 8 月 1 日施行的《关于在全国开展交通运输业和部分现代服务业营业税改征增值税试点税收政策的通知》（财税〔2013〕37 号）关于应税服务范围注释延续了财税〔2012〕86 号的规定，8 月 1 日后，财税〔2012〕86 号自行废止。

也就是说，收取承包费和每月的份钱为 500 万元，已经包括在营运收入 1500 万元内，应当按照"陆路运输服务"征收增值税。

根据规定，应税服务的年应征增值税销售额超过财政部和国家税务总局规定标准的纳税人为一般纳税人，未超过规定标准的纳税人为小规模纳税人。但是，试点纳税人中的一般纳税人提供的公共交通运输服务（包括轮客渡、公交客运、轨道交通、出租车），可以选择按照简易计税方法计算缴纳增值税。假定 A 公司选择简易征收方式，A 公司销售额＝含税销售额÷（1＋征收率）＝1500÷（1＋3%）＝1456.31（万元），应缴增值税额＝销售额×征收率＝1456.31×3%=43.69（万元）。

（1）收入、支出的会计处理：

借：库存现金　　　　　　　　　　　1500

　　贷：营业收入　　　　　　　　　　　　　　1456.31［1500÷（1+3%）］

　　　　应交税费——应交增值税　　　　　　　43.69（1456.31×3%）

借：应付职工薪酬——工资　　　　　200

　　营业成本　　　　　　　　　　　800

　　贷：库存现金　　　　　　　　　　　　　　1000

（2）缴纳增值税的会计处理：

借：应交税费——应交增值税　　　　43.69

　　贷：银行存款　　　　　　　　　　　　　　43.69

（二）司机购车挂靠出租车公司

如果该案例中，出租车司机个人全额出资购车，然后挂靠在 A 出租公司名下经营，按月交纳管理费，假设其他条件不变。

首先明确，不论以什么出资方式，名义产权都是公司的；个人全额出资，为产权实际所有人。

"营改增"前营业税处理。挂靠人作为实际车主，在经营方面对车辆有完全的经营自主权。被挂靠人是名义车主，不得干涉挂靠人的合法经营权，一般情况下也无权支配车辆的运行。也就是说，挂靠人作为实际车主，应承担相关法律责任。因此，按照《营业税暂行条例实施细则》第十一条的规定，出租车司机为营业税纳税人，营运收入 1500 万元应按交通运输业缴纳营业税 1500×3%=45（万元）。

被挂靠人从法律意义上来说是车辆的所有人和管理者，其对所挂靠的车辆没有尽到监督、管理的义务，造成的侵害赔偿，应以共同过错侵权论处，应依《民法通则》第一百三十条的规定对挂靠车辆承担连带赔偿责任。一般情况下，挂靠单位按年或季度收取挂靠者一定的管理费，这种费用是其为挂靠者提供各项服务收取的费用。根据《营业税税目注释（试行稿）》（国税发〔1993〕149号）第七条的规定，其他服务业，指上列业务以外的服务业务。因此，出租车公司收取的承包费，按"其他服务业"税目缴纳营业税 500×5%＝25（万元）。

出租车属于出租车司机的，公司不需要增加固定资产处理，出租车司机是"交通运输业"收入营业税的纳税人，公司是收取管理费的"其他服务业"收入的纳税人，出租车司机按照个体工商户自行缴纳税金，公司相应的会计处理如下：

（1）公司收到司机管理费时（单位：万元）：

借：库存现金　　　　　　　　　　　　　　　　　　500

　　贷：营业收入　　　　　　　　　　　　　　　　　　500

（2）计提营业税的会计处理：

借：营业税金及附加　　　　　　　　　　　　　　　25

　　贷：应交税费——应交营业税——其他服务业　　　25（500×5%）

（3）缴纳营业税的会计处理：

借：应交税费——应交营业税——其他服务业　　　25

　　贷：银行存款　　　　　　　　　　　　　　　　　　25

"营改增"后增值税处理。按照《交通运输业和部分现代服务业营业税改征增值税试点实施办法》第二条规定，作为实际车主的出租车司机为增值税纳税人，按照"陆路运输服务"征收增值税。第三条规定，应税服务年销售额超过规定标准的其他个人，不属于一般纳税人。出租车司机按简易计税方法计算缴纳增值税43.69万元。另外，根据财税〔2012〕86号以及财税〔2013〕37号文件的规定，出租车公司向出租车司机收取的管理费用，出租车属于出租车司机的，不征收增值税。应按前述缴纳服务业营业税25万元。

出租车属于出租车司机的，公司不需要增加固定资产处理，出租车司机是"交通运输业"收入的纳税人，"营改增"后缴纳增值税，公司是收取管理费的"其他服务业"收入的纳税人，仍缴纳营业税，出租车司机应缴纳的增值税自行缴纳，公司相应会计处理无变化。

（三）司机与公司共同出资购车

司机个人与挂靠公司各自部分出资，每月向公司交纳管理费。首先应当按照《营业税暂行条例实施细则》第十一条和交通运输业和部分现代服务业营业税改征增值税试点实施办法第二条的规定，区别营业税、增值税纳税人为司机个人还是挂靠公司，再按照前述方法分别处理。

另外，按照现行增值税和营业税有关规定，纳税人为司机个人，每人每月营运收入在当地规定的免征额以下的，无论"营改增"前后，都不缴纳营业税或者增值税。

六、营改增前后对于仓储服务双方有何影响？

【案例21】浙江方欣商贸有限公司在滨江区拥有一大型仓库。公司与新正公司签订长期租赁协议，新正公司无仓库所有权与使用权，需要使用方欣公司仓库进行经营，方欣公司2013年之前均以不动产租赁方式经营。2013年之后，可能出现两种情况：

第一种方式：新正公司要求方欣公司开具仓库房屋的租赁发票；

第二种方式：新正公司要求方欣公司开具仓储增值税专用发票。

假设方欣公司将以维持相同的利润水平为前提，如何调整对新正公司的报价？

解析：

仓储服务，是指利用仓库、货场或者其他场所代客贮放、保管货物的业务活动。营改增前，服务双方无论签订房屋出租还是场地出租与签订仓储租赁服务合同，适用的都是营业税税率5%，营改增后，纳税人出租房屋或场地依然适用营业税税率5%，提供仓储服务若是一般纳税人则适用增值税税率6%。

营改增前后对方欣公司的影响：

无论是第一种方式还是第二种方式，如方欣公司均要求达到100万元的毛利，方欣公司应该报价是多少呢（只考虑营业税、增值税，不考虑其他税金）？

单位：万元

第一种方式		第二种方式	
销售收入	105.26	销售收入	100
营业税	5.26	增值税	6
毛利	100	毛利	100
对外报价	105.26	对外报价	106

方欣公司报价对于新正公司税负和利润有什么影响呢？假设方欣公司对外不含税销售收入为150万元（不考虑其他因素）。

单位：万元

第一种方式		第二种方式	
不含税收入	150	不含税收入	150
销项税额	25.5	销项税额	25.5
进项税额	0	进项税额	6
增值税	25.5	增值税	19.5
毛利	150 – 105.26 = 44.74	毛利	150 – 100 = 50

分析： 营改增之后，对于试点应税服务企业会计核算制度改变，收入由价内税形式调整为价外税形式，在原有的定价体系没有改变的情况下，开票方收入降低，利润减少，受票方成本降低，利润增加。

【思考】

营改增前无偿提供仓储服务缴纳营业税吗？

营改增后无偿提供仓储服务缴纳增值税吗？

《试点实施办法》第十一条规定，单位和个体工商户的下列情形，视同提供应税服务：

（1）向其他单位或者个人无偿提供交通运输业和部分现代服务业服务，但以公益活动为目的或者以社会公众为对象的除外。

（2）财政部和国家税务总局规定的其他情形。

无偿提供仓储服务不征收营业税，但营改增之后要征收增值税。

第三节
有关事项规定新旧对照解析

交通运输业和部分现代服务业营业税改征增值税试点有关事项的规定

财税〔2013〕37号文件	财税〔2011〕111号文件	变化分析
一、试点纳税人〔指按照《交通运输业和部分现代服务业营业税改征增值税试点实施办法》（以下称《试点实施办法》）缴纳增值税的纳税人〕有关政策	一、试点纳税人（指按照《试点实施办法》缴纳增值税的纳税人）有关政策	依据文件改变

财税〔2013〕37号文件	财税〔2011〕111号文件	变化分析
（一）混业经营 试点纳税人兼有不同税率或者征收率的销售货物、提供加工修理修配劳务或者应税服务的，应当分别核算适用不同税率或征收率的销售额，未分别核算销售额的，按照以下方法适用税率或征收率： 1. 兼有不同税率的销售货物、提供加工修理修配劳务或者应税服务的，从高适用税率。 2. 兼有不同征收率的销售货物、提供加工修理修配劳务或者应税服务的，从高适用征收率。 3. 兼有不同税率和征收率的销售货物、提供加工修理修配劳务或者应税服务的，从高适用税率。	（一）混业经营 试点纳税人兼有不同税率或者征收率的销售货物、提供加工修理修配劳务或者应税服务的，应当分别核算适用不同税率或征收率的销售额，未分别核算销售额的，按照以下方法适用税率或征收率： 1. 兼有不同税率的销售货物、提供加工修理修配劳务或者应税服务的，从高适用税率。 2. 兼有不同征收率的销售货物、提供加工修理修配劳务或者应税服务的，从高适用征收率。 3. 兼有不同税率和征收率的销售货物、提供加工修理修配劳务或者应税服务的，从高适用税率。	1. 兼营行为：是指纳税人兼有应税行为和非应税行为，未分别核算的由税务机关核定增值税销售额和营业税营业额。 2. 混业经营行为：是指纳税人兼有不同税率的应税行为，未分别核算销售额的应当从高适用税率。 3. 混合销售行为：是指纳税人同一业务中有应税行为和非应税行为，应当按主要经营目的应税行为征税。
（二）油气田企业 油气田企业提供的应税服务，适用《试点实施办法》规定的增值税税率，不再适用《财政部、国家税务总局关于印发〈油气田企业增值税管理办法〉的通知》（财税〔2009〕8号）规定的增值税税率。	（二）油气田企业 试点地区的油气田企业提供应税服务，应当按照《试点实施办法》缴纳增值税，不再执行《财政部、国家税务总局关于印发〈油气田企业增值税管理办法〉的通知》（财税〔2009〕8号）。	税率由17%变为17%、11%、6%三种情况
（三）航空运输企业 1. 航空运输企业提供的旅客利用里程积分兑换的航空运输服务，不征收增值税。 2. 航空运输企业根据国家指令无偿提供的航空运输服务，属于《试点实施办法》第十一条规定的以公益活动为目的的服务，不征收增值税。 3. 航空运输企业的应征增值税销售额不包括代收的机场建设费和代售其他航空运输企业客票而代收转付的价款。 4. 航空运输企业已售票但未提供航空运输服务取得的逾期票证收入，不属于增值税应税收入，不征收增值税。		把财税〔2011〕133号文件对于航空企业的部分规定纳入了37号文件当中。 《关于交通运输业和部分现代服务业营业税改征增值税试点若干税收政策的通知》（财税〔2011〕133号）规定： 七、航空运输企业 （一）除中国东方航空股份有限公司、上海航空有限公司、中国货运航空有限公司、春秋航空股份有限公司、上海吉祥航空股份有限公司、扬子江快运航空有限公司外，其他注册在试点地区的单位从事《试点实施办法》中《应税服务范围注释》规定的航空运输业务，不缴纳增值税，仍按照现行营业税政策规定缴纳营业税。 （二）提供的旅客利用里程积分兑换的航空运输服务，不征收增值税。 （三）根据国家指令无偿提供的航空运输服务，属于《试点实施办

续表

财税〔2013〕37 号文件	财税〔2011〕111 号文件	变化分析
	法》第十一条规定的以公益活动为目的的服务，不征收增值税。 （四）试点航空企业的应征增值税销售额不包括代收的机场建设费和代售其他航空运输企业客票而代收转付的价款。 （五）试点航空企业已售票但未提供航空运输服务取得的逾期票证收入，不属于增值税应税收入，不征收增值税。	
（四）销售额。 经中国人民银行、商务部、银监会批准从事融资租赁业务的试点纳税人提供有形动产融资租赁服务，以取得的全部价款和价外费用（包括残值）扣除由出租方承担的有形动产的贷款利息（包括外汇借款和人民币借款利息）、关税、进口环节消费税、安装费、保险费的余额为销售额。 试点纳税人从全部价款和价外费用中扣除价款，应当取得符合法律、行政法规和国家税务总局有关规定的有效凭证。否则，不得扣除。 上述凭证是指： （1）支付给境内单位或者个人的款项，以发票为合法有效凭证。 （2）缴纳的税款，以完税凭证为合法有效凭证。 （3）支付给境外单位或者个人的款项，以该单位或者个人的签收单据为合法有效凭证，税务机关对签收单据有疑义的，可以要求其提供境外公证机构的确认证明。 （4）国家税务总局规定的其他凭证。	（三）销售额 1. 试点纳税人提供应税服务，按照国家有关营业税政策规定差额征收营业税的，允许其以取得的全部价款和价外费用，扣除支付给非试点纳税人（指试点地区不按照《试点实施办法》缴纳增值税的纳税人和非试点地区的纳税人）价款后的余额为销售额。 试点纳税人中的小规模纳税人提供交通运输业服务和国际货物运输代理服务，按照国家有关营业税政策规定差额征收营业税的，其支付给试点纳税人的价款，也允许从其取得的全部价款和价外费用中扣除。 试点纳税人中的一般纳税人提供国际货物运输代理服务，按照国家有关营业税政策规定差额征收营业税的，其支付给试点纳税人的价款，也允许从其取得的全部价款和价外费用中扣除；其支付给试点纳税人的价款，取得增值税专用发票的，不得从其取得的全部价款和价外费用中扣除。 允许扣除价款的项目，应当符合国家有关营业税差额征税政策规定。 2. 试点纳税人从全部价款和价外费用中扣除价款，应当取得符合法律、行政法规和国家税务总局有关规定的凭证。否则，不得扣除。 上述凭证是指： （1）支付给境内单位或者个人的款项，且该单位或者个人发生的行为属于增值税或营业税征收范围的，以该单位或者个人开具的	其他行业差额征税全部取消，仅保留有形动产融资租赁行业。

财税〔2013〕37号文件	财税〔2011〕111号文件	变化分析
	发票为合法有效凭证。 （2）支付的行政事业性收费或者政府性基金，以开具的财政票据为合法有效凭证。 （3）支付给境外单位或者个人的款项，以该单位或者个人的签收单据为合法有效凭证，税务机关对签收单据有疑义的，可以要求其提供境外公证机构的确认证明。 （4）国家税务总局规定的其他凭证。	
	（四）进项税额 试点纳税人接受试点纳税人中的小规模纳税人提供的交通运输业服务，按照取得的增值税专用发票上注明的价税合计金额和7%的扣除率计算进项税额。	取消了"试点纳税人接受试点纳税人中的小规模纳税人提供的交通运输业服务，按照取得的增值税专用发票上注明的价税合计金额和7%的扣除率计算进项税额"的规定。
（五）试点纳税人取得的2013年8月1日（含）以后开具的运输费用结算单据（铁路运输费用结算单据除外），不得作为增值税扣税凭证。	试点纳税人从试点地区取得的2012年1月1日（含）以后开具的运输费用结算单据（铁路运输费用结算单据除外），不得作为增值税扣税凭证。	新增加条款，由于运输业从8月1日起营改增全面推开，能够取得专用发票（对于已经试点营改增企业仍然以原文件为依据）。
（六）一般纳税人资格认定 《试点实施办法》第三条规定的应税服务年销售额标准为500万元（含本数）。 财政部和国家税务总局可以根据试点情况对应税服务年销售额标准进行调整。	（五）一般纳税人资格认定和计税方法 1.《试点实施办法》第三条规定的应税服务年销售额标准为500万元（含本数，下同）。 财政部和国家税务总局可以根据试点情况对应税服务年销售额标准进行调整。 试点地区应税服务年销售额未超过500万元的原公路、内河货物运输业自开票纳税人，应当申请认定为一般纳税人。	取消了自开票纳税人的规定
（七）计税方法 1.试点纳税人中的一般纳税人提供的公共交通运输服务，可以选择按照简易计税方法计算缴纳增值税。公共交通运输服务，包括轮客渡、公交客运、轨道交通（含地铁、城市轻轨）、出租车、长途客运、班车。其中，班车，是指按固定路线、固定时间运营并在固定站点停靠的运送旅客的陆路运输（原财税〔2012〕86号第六条规定）。	2.试点纳税人中的一般纳税人提供的公共交通运输服务（包括轮客渡、公交客运、轨道交通、出租车），可以选择按照简易计税方法计算缴纳增值税。	将财税〔2011〕133号、财税〔2012〕53号、财税〔2012〕86号文件的内容纳入37号文件。 财税〔2012〕86号规定：六、长途客运、班车（指按固定路线、固定时间运营并在固定停靠站停靠的运送旅客的陆路运输服务）、地铁、城市轻轨服务属于《交通运输业和部分现代服务业营业税改征增值税试点有关事项的规定》（财税〔2011〕111号）第一条第（五）项第2款规定的公共交通运

财税〔2013〕37 号文件	财税〔2011〕111 号文件	变化分析
2. 试点纳税人中的一般纳税人，以该地区试点实施之日前购进或者自制的有形动产为标的物提供的经营租赁服务，试点期间可以选择适用简易计税方法计算缴纳增值税（原财税〔2012〕53 号第四条规定）。 3. 试点纳税人中的一般纳税人兼有销售货物、提供加工修理修配劳务的，凡未规定可以选择按照简易计税方法计算缴纳增值税的，其全部销售额应一并按照一般计税方法计算缴纳增值税（原财税〔2011〕133 号第二条规定）。		输服务。试点纳税人提供上述服务，可以选择按照简易计税方法计算缴纳增值税。《关于交通运输业和部分现代服务业营业税改征增值税试点若干税收政策的通知》（财税〔2011〕133 号）规定。 二、计税方法 试点地区的增值税一般纳税人兼有销售货物、提供加工修理修配劳务或者提供应税服务的，凡未规定可以选择按照简易计税方法计算缴纳增值税的，其全部销售额应一并按照一般计税方法计算缴纳增值税。 财税〔2012〕53 号规定：四、试点纳税人中的一般纳税人，以试点实施之前购进或者自制的有形动产为标的物提供的经营租赁服务，试点期间可以选择适用简易计税方法计算缴纳增值税。
（八）试点前发生的业务 1. 试点纳税人在本地区试点实施之日前签订的尚未执行完毕的租赁合同，在合同到期日之前继续按照现行营业税政策规定缴纳营业税。 2. 试点纳税人提供应税服务，按照国家有关营业税政策规定差额征收营业税的，因取得的全部价款和价外费用不足以抵减允许扣除项目金额，截至本地区试点实施之日尚未扣除的部分，不得在计算试点纳税人本地区试点实施之日后的销售额时予以抵减，应当向原主管地税机关申请退还营业税。 试点纳税人按照本条第（八）项中第 1 点规定继续缴纳营业税的有形动产租赁服务，不适用本项规定。 3. 试点纳税人提供应税服务在本地区试点实施之日前已缴纳营业税，本地区试点实施之日（含）后因发生退款减除营业额的，应当向主管税务机关申请退还已缴	（六）跨年度租赁 试点纳税人在 2011 年 12 月 31 日（含）前签订的尚未执行完毕的租赁合同，在合同到期日之前继续按照现行营业税政策规定缴纳营业税。 （财税〔2012〕133 号）： 三、跨年度业务 （一）试点纳税人（指按照《试点实施办法》缴纳增值税的纳税人，下同）提供应税服务，按照国家有关营业税政策规定差额征收营业税的，因取得的全部价款和价外费用不足以抵减允许扣除项目金额，截至 2011 年 12 月 31 日尚未扣除的部分，不得在计算试点纳税人 2012 年 1 月 1 日后的销售额时予以抵减，应当向主管税务机关申请退还营业税。 试点纳税人按照《试点有关事项的规定》第一条第（六）项，继续缴纳营业税的有形动产租赁服务，不适用上述规定。 （二）试点纳税人提供应税服务在 2011 年底前已缴纳营业税，2012	将财税〔2011〕133 号文件中规定的内容纳入 37 号文件中。 原文件以 2012 年 1 月 1 日起，均以试点实施之日起代替。

财税〔2013〕37号文件	财税〔2011〕111号文件	变化分析
纳的营业税。 4. 试点纳税人本地区试点实施之日前提供的应税服务，因税收检查等原因需要补缴税款的，应按照现行营业税政策规定补缴营业税。	年1月1日后因发生退款减除营业额的，应当向主管税务机关申请退还已缴纳的营业税。 （三）试点纳税人2011年底前提供的应税服务，因税收检查等原因需要补缴税款的，应按照现行营业税政策规定补缴营业税。	
（九）销售使用过的固定资产 按照《试点实施办法》和本规定认定的一般纳税人，销售自己使用过的本地区试点实施之日（含）以后购进或自制的固定资产，按照适用税率征收增值税；销售自己使用过的本地区试点实施之日以前购进或者自制的固定资产，按照4%征收率减半征收增值税。 使用过的固定资产，是指纳税人根据财务会计制度已经计提折旧的固定资产。	一、销售使用过的固定资产 按照《交通运输业和部分现代服务业营业税改征增值税试点实施办法》（财税〔2011〕111号，以下简称《试点实施办法》）和《交通运输业和部分现代服务业营业税改征增值税试点有关事项的规定》（财税〔2011〕111号，以下简称《试点有关事项的规定》）认定的一般纳税人，销售自己使用过的2012年1月1日（含）以后购进或自制的固定资产，按照适用税率征收增值税；销售自己使用过的2011年12月31日（含）以前购进或者自制的固定资产，按照4%征收率减半征收增值税。 使用过的固定资产，是指纳税人根据财务会计制度已经计提折旧的固定资产。	将财税〔2011〕133号文件中规定的内容纳入37号文件中。
（十）扣缴增值税适用税率 境内的代理人和接受方为境外单位和个人扣缴增值税的，按照适用税率扣缴增值税。	六、扣缴增值税适用税率 中华人民共和国境内的代理人和接受方为境外单位和个人扣缴增值税的，按照适用税率扣缴增值税（133号文的规定）。 二、扣缴义务人有关政策 符合下列情形的，按照《试点实施办法》第六条规定代扣代缴增值税： （一）以境内代理人为扣缴义务人的，境内代理人和接受方的机构所在地或者居住地均在试点地区。 （二）以接受方为扣缴义务人的，接受方的机构所在地或者居住地在试点地区。 不符合上述情形的，仍按照现行营业税有关规定代扣代缴营业税。	将财税〔2011〕133号文件中规定的内容纳入37号文件中。 取消了可能出现的接受境外服务扣缴营业税的规定。

财税〔2013〕37号文件	财税〔2011〕111号文件	变化分析
二、原增值税纳税人〔指按照《中华人民共和国增值税暂行条例》（以下称《增值税暂行条例》）缴纳增值税的纳税人〕有关政策	三、原增值税纳税人（指按照《中华人民共和国增值税暂行条例》缴纳增值税的纳税人）有关政策	
（一）进项税额 1. 原增值税一般纳税人接受试点纳税人提供的应税服务，取得的增值税专用发票上注明的增值税额为进项税额，准予从销项税额中抵扣。 2. 原增值税一般纳税人自用的应征消费税的摩托车、汽车、游艇，其进项税额准予从销项税额中抵扣。 3. 原增值税一般纳税人接受境外单位或者个人提供的应税服务，按照规定应当扣缴增值税的，准予从销项税额中抵扣的进项税额为从税务机关或者代理人取得的解缴税款的中华人民共和国税收缴款凭证（以下称税收缴款凭证）上注明的增值税额。 上述纳税人凭税收缴款凭证抵扣进项税额的，应当具备书面合同、付款证明和境外单位的对账单或者发票。否则，进项税额不得从销项税额中抵扣。 4. 原增值税一般纳税人购进货物或者接受加工修理修配劳务，用于《应税服务范围注释》所列项目的，不属于《增值税暂行条例》第十条所称的用于非增值税应税项目，其进项税额准予从销项税额中抵扣。 5. 原增值税一般纳税人接受试点纳税人提供的应税服务，下列项目的进项税额不得从销项税额中抵扣： （1）用于简易计税方法计税项目、非增值税应税项目、免征增值税项目、集体福利或者个人消费，其中涉及的专利技术、非专利技术、商誉、商标、著作权、有形动产租赁，仅指专用于上述项目的专利技术、非专利技术、商誉、商标、著作权、有形动产租赁。 （2）接受的旅客运输服务。	（一）进项税额 1. 原增值税一般纳税人接受试点纳税人提供的应税服务，取得的增值税专用发票上注明的增值税额为进项税额，准予从销项税额中抵扣。 2. 原增值税一般纳税人接受试点纳税人中的小规模纳税人提供的交通运输业服务，按照从提供方取得的增值税专用发票上注明的价税合计金额和7%的扣除率计算进项税额，从销项税额中抵扣。 3. 试点地区的原增值税一般纳税人接受境外单位或者个人提供的应税服务，按照规定应当扣缴增值税的，准予从销项税额中抵扣的进项税额为从税务机关或者代理人取得的解缴税款的中华人民共和国税收通用缴款书（以下称通用缴款书）上注明的增值税额。 上述纳税人凭通用缴款书抵扣进项税额的，应当具备书面合同、付款证明和境外单位的对账单或者发票。否则，进项税额不得从销项税额中抵扣。 4. 试点地区的原增值税一般纳税人购进货物或者接受加工修理修配劳务，用于《应税服务范围注释》所列项目的，不属于《中华人民共和国增值税暂行条例》（以下称《增值税条例》）第十条所称的用于非增值税应税项目，其进项税额准予从销项税额中抵扣。 5. 原增值税一般纳税人接受试点纳税人提供的应税服务，下列项目的进项税额不得从销项税额中抵扣： （1）用于简易计税方法计税项目、非增值税应税项目、免征增值税项目、集体福利或者个人消费，其中涉及的专利技术、非专利技术、商誉、商标、著作权、有形动产租赁，仅指专用于上述项目	新增加了"原增值税一般纳税人自用的应征消费税的摩托车、汽车、游艇，其进项税额准予从销项税额中抵扣"的规定。 取消了一般纳税人从小规模运输企业取得的专用发票可按照7%抵扣的规定。 所有的增值税纳税人接受境外单位提供的应税服务，取得扣税凭证的均可进行进项税额抵扣。 同样取消了试点地区原增值税一般纳税人的限制。 取消了交通运输业中小规模纳税人代开专用发票进项税金抵扣的特殊规定。

财税〔2013〕37 号文件	财税〔2011〕111 号文件	变化分析
（3）与非正常损失的购进货物相关的交通运输业服务。 （4）与非正常损失的在产品、产成品所耗用购进物相关的交通运输业服务。 上述非增值税应税项目，是指《增值税暂行条例》第十条所称的非增值税应税项目，但不包括《应税服务范围注释》所列项目。 6. 原增值税一般纳税人取得的2013 年 8 月 1 日（含）以后开具的运输费用结算单据（铁路运输费用结算单据除外），不得作为增值税扣税凭证。 原增值税一般纳税人取得的试点小规模纳税人由税务机关代开的增值税专用发票，按增值税专用发票注明的税额抵扣进项税额。	的专利技术、非专利技术、商誉、商标、著作权、有形动产租赁。 （2）接受的旅客运输服务。 （3）与非正常损失的购进货物相关的交通运输业服务。 （4）与非正常损失的在产品、产成品所耗用购进物相关的交通运输业服务。 上述非增值税应税项目，对于试点地区的原增值税一般纳税人，是指《增值税条例》第十条所称的非增值税应税项目，但不包括《应税服务范围注释》所列项目；对于非试点地区的原增值税一般纳税人，是指《增值税条例》第十条所称的非增值税应税项目。 6. 原增值税一般纳税人从试点地区取得的 2012 年 1 月 1 日（含）以后开具的运输费用结算单据（铁路运输费用结算单据除外），一律不得作为增值税扣税凭证。	
（二）一般纳税人认定 原增值税一般纳税人兼有应税服务，按照《试点实施办法》和本规定第一条第（六）项的规定应当申请认定一般纳税人的，不需要重新办理一般纳税人认定手续。	（二）一般纳税人认定 试点地区的原增值税一般纳税人兼有应税服务，按照《试点实施办法》和本规定第一条第（五）款的规定应当申请认定一般纳税人的，不需要重新办理一般纳税人认定手续。	
（三）增值税期末留抵税额 原增值税一般纳税人兼有应税服务的，截至本地区试点实施之日前的增值税期末留抵税额，不得从应税服务的销项税额中抵扣。	（三）增值税期末留抵税额 试点地区的原增值税一般纳税人兼有应税服务的，截至 2011 年 12 月 31 日的增值税期末留抵税额，不得从应税服务的销项税额中抵扣。	

一、营改增对油气田企业的税负有影响吗？

《试点有关事项规定》：油气田企业提供的应税服务，适用《试点实施办法》规定的增值税税率，不再适用《财政部国家税务总局关于印发〈油气田企业增值税管理办法〉的通知》（财税〔2009〕8 号）规定的增值税税率。

《油气田企业增值税管理办法》（财税〔2009〕8 号）自 2009 年 1 月 1 日执行以来，油气田企业为生产原油、天然气提供的生产性劳务应缴纳增值税，增值税税率规定为17%。

油气田企业是指在中华人民共和国境内从事原油、天然气生产的企业。包括中国石油天然气集团公司和中国石油化工集团公司重组改制后设立的油气田分（子）公司、存续公司和其他石油天然气生产企业，还包括油气田企业持续重组改制继续提供生产性劳务的企业，以及2009年1月1日以后新成立的油气田企业参股、控股的企业，不包括经国务院批准适用5%征收率缴纳增值税的油气田企业。

缴纳增值税的生产性劳务仅限于油气田企业间相互提供，油气田企业与非油气田企业之间相互提供的生产性劳务不缴纳增值税。劳务范围包括地质勘探、钻井（含侧钻）、测井、录井、试井、固井、油气、井下作业、管道及油气集输工程、油气生产的注水（汽、化学试剂）工程、滩海油田工程、供排水工程、供电工程、通讯工程、油田建设工程和其他劳务计15大项，具体解释见《油气田企业增值税管理办法》所列附件《增值税生产性劳务征收范围注释》。

一、地质勘探

是指根据地质学、物理学和化学原理，凭借各种仪器设备观测地下情况，研究地壳的性质与结构，借以寻找原油、天然气的工作。种类包括：地质测量；控制地形测量；重力法；磁力法；电法；陆地海滩二维（或三维、四维）地震勘探；垂直地震测井法（即VSP测井法）；卫星定位；地球化学勘探；井间地震；电磁勘探；多波地震勘探；遥感和遥测；探井；资料（数据）处理、解释和研究。

二、钻井（含侧钻）

是指初步探明储藏有油气水后，通过钻具（钻头、钻杆、钻铤）对地层钻孔，然后用套、油管联接并向下延伸到油气水层，并将油气水分离出来的过程。钻井工程分为探井和开发。探井包括地质井、参数井、预探井、评价井等；开发井包括采油井、采气井、注水（气）井以及调整井、检查研究井、扩边井等，其有关过程包括：

（一）新老区临时工程建设。是指为钻井前期准备而进行的临时性工程。含临时房屋修建、临时公路和井场道路的修建、供水（电）工程的建设、保温工程建设。

（二）钻前准备工程。指为钻机开钻创造必要条件而进行的各项准备工程。含钻机、井架、井控、固控设施井口工具的安装及维修。

（三）钻井施工工程。包括钻井、井控、固控所需设备、材料及新老区临时工程所需材料的装卸及搬运。

（四）试油（气）工程。包括完钻试油、特种作业及其他配套工程。

（五）技术服务：包括定向井技术、水平井技术、打捞技术、欠平衡技术、泥浆技术、随钻测量、陀螺测量、电子多点、电子单点、磁性单多点、随钻、通井、套管开窗、直井测钻、软件数据处理、小井眼加深、钻井液、顶部驱动钻井、化学监测。

（六）海洋钻井：包括钻井船拖航定位、海洋环保、安全求生设备的保养检查、试油点火等特殊作业。

三、测井

是指在井孔中利用测试仪器，根据物理和化学原理，间接获取地层和井眼信息，包括信息采集、处理、解释和油井射孔。根据测井信息，评价储（产）层岩性、物性、含油性、生产能力及固井质量、射孔质量、套管质量、井下作业效果等。按物理方法，主要有电法测井、声波测井、核（放射性）测井、磁测井、力测井、热测井、化学测井；按完井方式分裸眼井测井和套管井测井；按开采阶段分勘探测井和开发测井，开发测井包括生产测井、工程测井和产层参数测井。

四、录井

是指钻井过程中随着钻井录取各种必要资料的工艺过程。有关项目包括：地质、气测、综合、地化录井；录井资料分析及解释；地质综合研究；测量工程；单井评价；古生物、岩矿、色谱分析；录井新技术开发、转让咨询；非地震方法勘探；油层工程研究；其他技术服务项目。

五、试井

是指确定井的生产能力和研究油层参数及地下动态，对井进行的专门测试工作。应用试井测试手段可以确定油气藏压力系统、储层特性、生产能力和进行动态预测，判断油气藏边界、评价井下作业效果和估算储量等。包括高压试井和低压试井。

六、固井

是指向井内下入一定尺寸的套管柱，并在周围注入水泥，将井壁与套管的空隙固定，以封隔疏松易塌易漏等地层、封隔油气水层，防止互相窜漏并形成油气通道。具体项目包括：表面固井、技术套管固井、油层固井、套管固井、特殊固井。

七、井下作业

是指在油气开发过程中，根据油气田投产、调整、改造、完善、挖潜的需要，利用地面和井下设备、工具，对油、气、水井采取各种井下作业技术措施，以达到维护油气水井正常生产或提高注采量，改善油层渗透条件及井的技术状况，提高采油速度和最终采收率。具体项目包括新井投产、投注、维护作业、措施作业、油水井大修、试油测试、试采、软件解释。

八、管道及油气集输工程

是指把油气井生产的原油和伴生气收集起来，再进行初加工并输送出去而建设的过程。包括：修建井（平）台、井口装置、管线、计量站、接转站、联合站、油气稳定站、净化站（厂）、污水处理站、中间加热加压站、长输管线等工程。

九、油气生产的注水（汽、化学试剂）工程

是指为确保油（气）田稳产高产，保持地下油层的压力，提高油气采收率，而向油层内注水（汽、化学试剂）所建设的地面设施工程。包括：

（一）注水工程。包括修建水源、注水井装置、配水间、注水站、注水管线等工程。

（二）注汽工程。是指稠油油田为开采稠油而修建的向油层注入高压蒸汽的地面设施工程。包括：修建的蒸汽发生器站、注汽管网、配注站、注汽井口及相应的各系统工程。

（三）三次采油工程。是指为提高原油采收率，确保油田产量，而向油层内注聚合物、二氧化碳、微生物、酸碱、表面活性剂等其他新技术，而建设的地面设施工程。包括：修建注入各场站、管网及相应的各系统工程；产出液处理的净化场（站）及管网工程等。

十、滩海油田工程

是指为勘探开发滩海油田所建设的生产设施工程，包括修建人工岛、钻井平台、采油平台、生产平台、海堤路、海上电力通讯、海底管线、海上运输、应急系统等海上生产设施及相应的各系统工程。

十一、供排水工程

是指为维持油（气）田正常生产及保证安全所建设的调节水源、管线、泵站等系统工程以及防洪排涝工程。包括：修建供水工程、排水工程、污水处理工程、防洪排涝工程等。

十二、供电工程

是指为保证油（气）田正常生产和照明而建设的供、输、变电的系统工程。

十三、通讯工程

是指在油（气）田建设中为保持电信联络而修建的通讯工程。包括修建发射台、线路、差转台（站）等设施。

十四、油田建设工程

是指根据油气田生产的需要，在油气田内部修建的道路、桥涵、河堤、铁路专用线、专用码头和海堤等设施。

十五、其他

是指油气田内部为维持油气田的正常生产而互相提供的其他劳务。包括运输、租赁油气田生产所需的仪器（材料、设备），以及设计、提供信息、检测、计量、环保、消防等服务。

对上述规定的理解重点在应税服务范围。因试点实施办法规定的应税服务范围与《增值税生产性劳务征收范围注释》的劳务范围并不一致，对于油气田企业发生涉及交通运输和部分现代服务业试点劳务，如《增值税生产性劳务征税范围注释》中的第一项地质勘探、第九项油（气）集输及第十五项其他中的运输、设计、提供信息、检测、计量、数据处理、租赁生产所需的仪器、材料、设备等服务，应按照试点实施办法缴纳增值税，不再执行《油气田企业增值税管理办法》。同时，因提供应税服务的范围为试点实施办法规定的服务，则提供劳务提供对象既包括油气田企业之间提供，也包括油气田企业与非油气田企业之间相互提供。

油气田企业应将应税服务与原生产性劳务取得的经营收入分别核算，未分别核算的，从高适用税率。

营改增政策中关于混业经营的规定：试点纳税人兼有不同税率或者征收率的销售货物、提供加工修理修配劳务或者应税服务的，应当分别核算适用不同税率或征收率的销售额，未分别核算销售额的，按照以下方法适用税率或征收率：

（1）兼有不同税率的销售货物、提供加工修理修配劳务或者应税服务的，从高适用税率。

（2）兼有不同征收率的销售货物、提供加工修理修配劳务或者应税服务的，从高适用征收率。

（3）兼有不同税率和征收率的销售货物、提供加工修理修配劳务或者应税服务的，从高适用税率。

油气田企业提供的劳务之前是适用增值税税率17%，2013年8月1日全国试点企业分别应适用17%、11%、6%三种税率，但是要注意分开核算，未分别核算，从高适用税率。

二、交通运输业不再差额纳税

【案例22】天津纵横运输公司承揽某项运输业务，收取客户运输费用111万元，支付给新正运输公司55.50万元。那么纵横运输公司应纳税额多少？

解析：

根据《营业税暂行条例》规定，纳税人将承揽的运输业务分给其他单位或者个人的，以其取得的全部价款和价外费用扣除其支付给其他单位或者个人运输费用后的余额为营业额。

营改增前，纵横运输公司需缴纳营业税为：（111 − 55.50）× 3% = 1.665（万元）。

营改增后，纵横运输公司在2013年8月1日前后分别支付分包人费用应当如何处理呢？根据双方单位身份我们可以排列出如下组合：

● 纵横运输公司、新正运输公司均是一般纳税人；

● 纵横运输公司是一般纳税人、新正运输公司是小规模纳税人；

● 纵横运输公司是小规模纳税人、新正运输公司是一般纳税人；

● 纵横运输公司、新正运输公司均是小规模纳税人；

● 纵横运输公司是试点一般纳税人，新正运输公司是非试点纳税人；

● 纵横运输公司是试点小规模纳税人，新正运输公司是非试点纳税人。

（1）2013年8月1日后，试点一般纳税人向试点一般纳税人支付费用，取得增值税专用发票。

若纵横运输公司、新正运输公司均是试点一般纳税人，纵横运输公司支付给新正运输公司55.50万元并取得增值税专用发票，发票所注明的增值税进项税额为5.50万元。

纵横运输公司应计算缴纳增值税：$111 \div (1 + 11\%) \times 11\% - 5.50 = 5.50$（万元）。

（2）2013 年 8 月 1 日后，试点一般纳税人向试点小规模纳税人支付费用，取得增值税普通发票。

若纵横运输公司是试点一般纳税人，新正运输公司是试点小规模纳税人，纵横运输公司支付给新正运输公司 55.50 万元并取得增值税普通发票。

纵横运输公司应计算缴纳增值税：$111 \div (1 + 11\%) \times 11\% = 11$（万元）。其没有取得增值税专用发票不可以抵扣。

（3）2013 年 8 月 1 日前后，试点一般纳税人向试点小规模纳税人支付费用，取得增值税代开专用发票。

若新正运输公司是试点小规模纳税人，纵横运输公司支付给新正运输公司 55.50 万元并取得新正运输公司在税务机关代开的增值税专用发票，完税证所注明的税额 1.62 万元。

新正运输公司代开发票应纳税额：$55.50 \div (1 + 3\%) \times 3\% = 1.6165$（万元）。

但纵横运输公司 2013 年 8 月 1 日前可以抵扣其价税合计金额的 7%。

纵横运输公司应计算缴纳增值税：$111 \div (1 + 11\%) \times 11\% - (55.50 \times 7\%) = 7.115$（万元）。

而纵横运输公司 2013 年 8 月 1 日后只能抵扣发票所注明的税款即 1.6165（万元）。

纵横运输公司应计算缴纳增值税：$111 \div (1 + 11\%) \times 11\% - 1.6165 = 10.3935$（万元）。

（4）试点地区内一般纳税人向非试点地区营业税纳税人支付费用，取得营业税运输业发票。

若新正运输公司是非试点地区纳税人，纵横公司支付给新正运输公司 55.50 万元并取得其营业税运输业发票（该种情形只能在 2013 年 8 月 1 日前发生，2013 年 8 月 1 日后不可能再发生）。

2013 年 8 月 1 日前，根据财税〔2011〕111 号附件 2 第一条第三项规定，试点纳税人提供应税服务，按照国家有关营业税政策规定差额征收营业税的，允许其以取得的全部价款和价外费用，扣除支付给非试点纳税人价款后的余额为销售额。

纵横运输公司销售额：$(111 - 55.50) \div (1 + 11\%) = 50$（万元），应计算缴纳增

值税：50×11%＝5.50（万元）。

2013 年 8 月 1 日后，再拿到营业税发票就不能抵减，应计算缴纳增值税 11 万元。

（5）试点小规模纳税人向试点纳税人支付费用，取得增值税普通发票。

若纵横运输公司是小规模纳税人，新正运输公司是增值税一般纳税人或小规模纳税人，纵横公司支付给新正运输公司 55.50 万元并取得新正运输公司增值税普通发票。

2013 年 8 月 1 日前，根据财税〔2011〕111 号附件 2 第一条第三项规定，试点纳税人中的小规模纳税人提供交通运输业服务和国际货物运输代理服务，按照国家有关营业税政策规定差额征收营业税的，其支付给试点纳税人的价款，也允许从其取得的全部价款和价外费用中扣除。

纵横运输公司销售额：（111－55.50）÷（1＋3%）＝53.8835（万元），应计算缴纳增值税：53.8835×3%＝1.6165（万元）。

2013 年 8 月 1 日后，不能差额纳税，则纵横运输公司销售额：111÷（1＋3%）＝107.77（万元），应计算缴纳增值税 107.77×3%＝3.2331（万元）。

（6）试点小规模纳税人向非试点地区内纳税人支付费用，取得营业税运输发票。

若纵横运输公司是小规模纳税人，新正运输公司是非试点地区纳税人，纵横运输公司支付给新正运输公司 55.50 万元并取得新正运输公司营业税运输发票（该种情形只能在 2013 年 8 月 1 日前发生，2013 年 8 月 1 日后不可能再发生）。

2013 年 8 月 1 日前，根据财税〔2011〕111 号附件 2 第一条第三项规定，试点纳税人提供应税服务，按照国家有关营业税政策规定差额征收营业税的，允许其以取得的全部价款和价外费用，扣除支付给非试点纳税人价款后的余额为销售额。

纵横运输公司销售额：（111－55.50）÷（1＋3%）＝53.8835（万元），应计算缴纳增值税：53.8835×3%＝1.6165（万元）。

2013 年 8 月 1 日后，不能差额纳税，则纵横运输公司销售额：111÷（1＋3%）＝107.77（万元），应计算缴纳增值税 107.77×3%＝3.2331（万元）。

根据以上分析可知，2013 年 8 月 1 日前，差额征税政策可以延续，2013 年 8 月 1 日后，交通运输业不存在差额征税情形，唯有有形动产融资租赁可有限度差额征税。

三、国际货物运输代理 8 月 1 日前后处理有别

2013 年 8 月 1 日前，试点纳税人中的一般纳税人提供国际货物运输代理服务，按照国家有关营业税政策规定差额征收营业税的，其支付给试点纳税人的价款，允许从其取得的全部价款和价外费用中扣除；其支付给试点纳税人的价款，取得增值税专用发票的，不得从其取得的全部价款和价外费用中扣除。

【案例 23】大华国际货运代理有限公司 2013 年 3 月代理广州贸易公司纺织品出口，海运方式。代付远洋运费 5000 元，取得国际货物运输发票；支付广州 A 运输公司运费，取得增值税专用发票，价款 3200 元，增值税 352 元；支付仓储费 2650 元，取得增值税普通发票；支付装卸费，价款 206 元；支付装箱费，取得普通发票，价款 339.90 元。支付给海关的报关费 2800 元，报检费 1000 元，取得财政收据，向广州贸易公司收取价款 20000 元。大华公司如何计算应交增值税？

解析：

大华公司销售额 $= (20000 - 5000 - 2650 - 206 - 339.90 - 2800 - 1000) \div (1 + 6\%) = 8004.10 \div (1 + 6\%) = 7551.04$（元）

销项税额 $= 7551.04 \times 6\% = 453.06$（元）

进项税额 $= 352$ 元

应纳税额 $= 453.06 - 352 = 101.06$（元）

2013 年 8 月 1 日后，国际货物运输代理取得的普通发票不能抵减销售额，则：

大华公司销售额 $= 20000 \div (1 + 6\%) = 18867.92$（元）

销项税额 $= 18867.92 \times 6\% = 1132.08$（元）

进项税额 $= 352$ 元

应纳税额 $= 1132.08 - 352 = 780.08$（元）

前后对比，应交增值税额增加了 $780.08 - 101.06 = 679.02$（元）

试点纳税人中的一般纳税人提供国际货物运输代理服务，按照国家有关营业税政策规定差额征收营业税的，其支付给试点纳税人的价款，也允许从其取得的全部价款和价外费用中扣除；其支付给试点纳税人的价款，取得增值税专用发票

的，不得从其取得的全部价款和价外费用中扣除。

四、融资租赁售后性回租营改增如何处理？

（一）融资租赁营改增前如何纳税

《国家税务总局关于融资租赁业务征收流转税问题的通知》（国税函［2000］514号）规定：对经中国人民银行批准经营融资租赁业务的单位所从事的融资租赁业务，无论租赁的货物的所有权是否转让给承租方，均按《中华人民共和国营业税暂行条例》的有关规定征收营业税，不征收增值税。

其他单位从事的融资租赁业务，租赁的货物的所有权转让给承租方，征收增值税，不征收营业税；租赁的货物的所有权未转让给承租方，征收营业税，不征收增值税。

一方面，按照该文件操作，融资租赁公司征收营业税，取得增值税发票无任何用处；另一方面，承租方只能取得融资租赁公司所开具的营业税发票，自然也无法抵扣进项税额。但是增值税转为消费型增值税后，企业采购固定资产可以抵扣进项税额，而融资租赁固定资产却不可以抵扣进项税额，政策难免出现不公允性。

因此，在增值税全面转型开始后，许多企业在获取生产设备时放弃了融资租赁方式，转而采取向银行直接融资购买设备的做法，这对正在发展中的融资租赁行业无疑是致命打击。

所谓"道高一尺，魔高一丈"，融资租赁行业创新出"售后回租"的方式来解决设备租赁企业的增值税进项税额抵扣问题。在售后回租商业模式下，承租企业直接和设备供货商签订购买合同，设备供货商将购置设备的增值税专用发票开给承租企业，但购置设备的款项先由融资租赁企业支付。然后，融资租赁企业和承租企业签订设备回购协议。由于承租企业购买设备的价款已由融资租赁企业垫付，因此不再需要向承租方支付价款。下一步，融资租赁企业再和承租企业签订融资租赁协议，将设备租赁给承租企业，承租企业向融资租赁公司支付租赁费。该种方式得以操作成功，关键在于回购环节的增值税处理。为此，国家税务总局发布《关于融资性售后回租业务中承租方出售资产行为有关税收问题的公告》（国家税务总局公告2010年13号，以下简称13号公告），明确规定融资性售后回租业务中承租方出售资产的行为，不属于增值税和营业税征收范围，不征收增值税和营业税。

(二)融资租赁营改增后如何处理

在 13 号公告执行之后到"营改增"试点之前，融资租赁行业利用政策扶持大力开展售后回租业务，既为客户解决了增值税抵扣难题，也为自身拓展了业务范围。相对于过去的直租业务为主模式，融资租赁行业的售后回租业务模式大行其道。自 2010 年 10 月 1 日 13 号公告实施之后，融资租赁行业以惊人的速度扩张。有统计显示，2011 年以来的两年间，我国融资租赁行业平均以每两天成立 1 家新公司的速度增长。

但是，"营改增"试点后，融资租赁行业从缴纳营业税转变为缴纳增值税。为了降低增值税税负，融资租赁企业自身也需要尽可能多地获取增值税专用发票，实现进项税额的抵扣。但按照 13 号公告的规定，在售后回租模式中，承租企业在向融资租赁企业出售资产时不缴纳增值税，因此承租企业无法给融资租赁企业开具增值税专用发票。这样一来，融资租赁企业在向承租企业每期收取租金的时候，就会出现没有进项税可以抵扣的局面，导致其实际缴纳的增值税非常多，实际税负接近 17%。

财税〔2013〕37 号附件 3：《交通运输业和部分现代服务业营业税改征增值税试点过渡政策的规定》规定：融资租赁业属于有形动产租赁，适用 17% 的增值税税率。但是，经人民银行、银监会、商务部批准经营融资租赁业务的试点纳税人中的一般纳税人，提供有形动产融资租赁服务，对其增值税实际税负超过 3% 的部分实行增值税即征即退政策。

但以上的税务处理损失了国家利益，因此只有改变 13 号公告中"融资性售后回租业务中承租方出售资产的行为，不属于增值税和营业税征收范围，不征收增值税和营业税"的规定方符合增值税征收原理。

五、购买汽车进项税额可以抵扣了

根据财税〔2013〕37 号规定，从 2013 年 8 月 1 日起，增值税一般纳税人购入自用的应征消费税的小汽车，其进项税额可抵扣。但是仍然要注意专用于简易计税方法计税项目、非增值税应税项目、免征增值税项目、集体福利或者个人消费的除外。

购入自用的小汽车进项税额可以抵扣了，那么所消耗的汽油费、修理费能抵扣进项税额吗？假如现实中，小汽车发生的汽油费等消耗性支出都取得了增值税专用发票，该进项税额应如何处理？

一种观点认为，进项税额可以抵扣。

《增值税暂行条例》第十条规定了5种情况下不得抵扣进项税额。对纳税人来说，可以理解为"法无禁止即自由"。只要纳税人小汽车耗油不属于增值税暂行条例第十条列举的5个不准抵扣进项税额外，都可以进行抵扣。

另外，纳税人发生的汽油费，取得了增值税专用发票，自然允许抵扣。

如果纳税人的小汽车既用于生产经营，又用于集体福利或者个人消费，则用于集体福利或者个人消费发生的汽油费，其进项税额是不能抵扣的。

另一种观点认为，进项税额不可以抵扣。

理由是：根据财税〔2013〕37号文件，从2013年8月1日起，专用于不得抵扣项目的小汽车，其进项税额仍然不得抵扣。相应地，其耗油也不得计算进项税额予以抵扣。也就是说，小汽车耗油进项税额能否抵扣，以小汽车进项税额能否抵扣为前提条件。

实务难题：小汽车的耗油在多数情况难以界定哪些属于生产用，哪些属于个人消费，是否可以参照《企业所得税法》中业务招待费税前扣除的做法，统一按从销售方取得的增值税专用发票上注明的增值税额的60%抵扣进项税额呢？

笔者认为，如果纳税人的小汽车既用于简易计税方法计税项目、非增值税应税项目、免征增值税项目也用于生产经营，则属于无法划分的进项税额。根据《试点实施办法》第二十六条，适用一般计税方法的纳税人，兼营简易计税方法计税项目、非增值税应税劳务、免征增值税项目而无法划分不得抵扣的进项税额，按照下列公式计算不得抵扣的进项税额：

不得抵扣的进项税额＝当期无法划分的全部进项税额×（当期简易计税方法计税项目销售额＋非增值税应税劳务营业额＋免征增值税项目销售额）÷（当期全部销售额＋当期全部营业额）

主管税务机关可以按照上述公式依据年度数据对不得抵扣的进项税额进行清算。

如果纳税人的小汽车专用于集体福利或者个人消费发生的汽油费，其进项税额不能抵扣。如果既用于生产经营也用于集体福利或者个人消费，用于集体福利或者个人消费发生的汽油费，其进项税额是不能抵扣的。但是如何区分是实务处理上的难度，总不能似《企业所得税法》一样以60%限额来划分吧，所以仍应关注政策变化。

六、期初挂账留抵税额如何纳税处理？

财税〔2013〕37号附件2：《试点有关事项的规定》规定：

增值税期末留抵税额：原增值税一般纳税人兼有应税服务的，截至本地区试点实施之日前的增值税期末留抵税额，不得从应税服务的销项税额中抵扣。

试点纳税人应在"应交税费"科目下增设"增值税留抵税额"明细科目。

开始试点当月月初，企业应按不得从应税服务的销项税额中抵扣的增值税留抵税额，借记"应交税费——增值税留抵税额"科目，贷记"应交税费——应交增值税（进项税额转出）"科目。待以后期间允许抵扣时，按允许抵扣的金额，借记"应交税费——应交增值税（进项税额）"科目，贷记"应交税费——增值税留抵税额"科目。

"应交税费——增值税留抵税额"科目期末余额应根据其流动性在资产负债表中的"其他流动资产"项目或"其他非流动资产"项目列示。

（一）留抵税额的来源

留抵税额的来源是关于改革试点期间过渡性政策安排：税收收入归属。试点期间保持现行财政体制基本稳定，原归属试点地区的营业税收入，改征增值税后收入仍归属试点地区，税款分别入库。因试点产生的财政减收，按现行财政体制由中央和地方分别负担。也就是说，原增值税一般纳税人期末留抵税额是中央和地方共同"债"，应税服务应征增值税收入仍归属试点地区，收入归属原因产生了"挂账留抵税额"问题。

（二）"挂账留抵税额"计算方法

1. 计算原理

试点地区的原增值税一般纳税人兼有应税服务，在营业税改征增值税后，还是一般纳税人。应纳税额计算公式：

应纳税额=当期销项税额－当期进项税额

当期销项税额容易按照应税货物、应税加工修理修配劳务和应税服务划分。

但是当期进项税额不好按照应税货物、应税加工修理修配劳务和应税服务进行划分，特别是一些应税货物、应税加工修理修配劳务和应税服务兼用购进货物、加工修理修配劳务和应税服务的进项。也就是企业无法直接分清楚企业整体应纳税额中哪一部分是货物和加工修理修配劳务的应纳税额，哪一部分是应税服务的应纳税额。

根据《关于上海市开展营业税改征增值税试点有关预算管理问题的通知》（财预〔2011〕538号）规定：纳税人兼有适用一般计税方法计税的应税服务和销售货物或者应税劳务的，按照销项税额的比例划分应纳税额，分别作为改征增值税和现行增值税收入入库。也就是说，企业整体应纳税额按照销项税额的比例去划分货物、加工修理修配劳务和应税服务的应纳税额，从而解决"留抵税额"问题。

2. 计算原则

（1）挂账留抵税额比例是按照销项税额计算，非销售额，按照销项税额更加合理。

（2）按比例划分是应纳税额，不是进项税额的划分，所以要算出企业营业税改征增值税的应纳税额，再去划分。

3. 计算步骤

（1）未抵减挂账留抵税额条件下，计算企业整体虚拟应纳税额。

企业整体虚拟应纳税额≤0，就不用按照销项税额比例划分应税额了，其中留抵税额包括挂账留抵税额和本期货物、加工修理修配劳务和应税服务留抵税额；试点以后企业存在的上期留抵税额，不是"留抵税额"。

（2）计算销项税额比例。

（3）未抵减挂账留抵税额条件下，按照比例分别计算应税货物劳务和应税服务的应纳税额。

（4）抵减挂账留抵税额条件下，计算可抵减的挂账留抵税额。比较未抵减挂账留抵税额时货物的应纳税额与上期留抵税额（本年累计），取小值。

（5）整体计算应纳税额及期末留抵税额。

【案例24】河北某原增值税一般纳税人2013年7月31日的增值税期末留抵税额200万元，2013年8月发生一般货物及劳务销项税额600万元，应税服务销项税额400万元，认证相符的进项税额900万元。

计算：企业本月增值税应纳税额及期末留抵税额。

（1）如果不考虑挂账留抵税额问题：应纳税税额＝当期销项税额－当期进项税额＝（600＋400）－（900＋200）＝－100（万元）

企业本月增值税应纳税额为 0，期末留抵税额 100 万元。

（2）如果考虑挂账留抵税额问题，按照销项税额的比例划分应纳税额：

上期留抵税额（本月数）＝0

未抵减挂账留抵税额，企业整体虚拟应纳税额＝当期销项税额－当期进项税额＝（600＋400）－900＝100（万元）

货物销售比例＝600÷（600＋400）＝60%

企业整体虚拟应纳税额×货物销售比例×60%＝100×60%＝60（万元）

期初挂账留抵税额本期抵减数＝实际抵扣税额（本年累计）＝未抵减挂账留抵税额时，货物的应纳税额与上期留抵税额（本年累计）比较，取小值＝60 万元。

应纳税税额＝当期销项税额－当期进项税额＝（600＋400）－（900＋60）＝40（万元）

期末留抵税额＝200－60＝140（万元）

七、营改增后销售固定资产该如何纳税？

【案例 25】 方欣物流公司系一家从事货物运输、仓储装卸服务的企业，该公司于 2013 年 8 月实行"营改增"并成为增值税一般纳税人。该公司在 2013 年 12 月，分别以 6 万元和 1 万元的价格卖出 1 辆货运汽车和 1 台简易装卸设备，账面体现该辆货运汽车系 2011 年 2 月以 13 万元购进，该台简易装卸设备系公司 2013 年 9 月购进 1.2 万元材料后自制而成，均已计提折旧。

对于上述两笔业务该如何缴纳增值税？

第一种意见认为：应按照《财政部、国家税务总局关于部分货物适用增值税低税率和简易办法征收增值税政策的通知》（财税 [2009] 9 号）关于销售旧货缴纳增值税的规定处理。

第二种意见认为：该公司销售的上述固定资产，均系 2009 年以后购进或自制，应按照《财政部、国家税务总局关于全国实施增值税转型改革若干问题的通知》（财税〔2008〕170号）关于销售已使用过的固定资产的规定，按销售货物适用的税率17%缴纳增值税。

第三种意见认为：应按所售物品原用于增值税项目的适用税率征税。货运汽车原用于交通运输，销售使用过的货运汽车也适用11%增值税税率；简易装卸设备原用于物流辅助服务，属于现代服务业服务，销售使用过的装卸设备也应适用6%的增值税税率。

第一种意见对销售行为的定性不正确。虽然从常理说，所谓"旧"是相对于"新"而言，一样物品经过使用或一定时间的放置即为"旧"，纳税人已使用过的固定资产，在物理属性上属于旧货。但在税收征管中，旧货的概念并不同于日常所说的旧货。财税〔2009〕9号文件第二条第（二）项规定"纳税人销售旧货，按照简易办法依照4%征收率减半征收增值税。所称旧货，是指进入二次流通的具有部分使用价值的货物（含旧汽车、旧摩托车和旧游艇），但不包括自己使用过的物品"。

财税〔2009〕9号文件已明确规定增值税中所称旧货不包括自己使用过的物品，因此，该文件中对销售旧货的缴税规定，只适用于销售他人使用过的货物，即旧货（二手货）市场进行的旧货交易等。纳税人销售自己使用过的动产类货物，不属于销售旧货行为，自然也就不适用销售旧货的税收规定。

第二种意见对销售行为的定性正确，但是适用税率有误。案例中的该单位出售的汽车和设备都已计提过折旧，符合财税〔2008〕170号文件第四条第二款关于"已使用过的固定资产是指纳税人根据财务会计制度已经计提折旧的固定资产"的界定。但由于该文件是在"营改增"以前发布的，因而第四条第二款第（一）项关于"销售自己使用过的2009年1月1日以后购进或者自制的固定资产，按照适用税率征收增值税"的规定只适用于原增值税纳税人，而不适用于参加"营改增"试点的纳税人。

第三种意见同样是适用税率有误。纳税人销售已使用过的固定资产，即使符合财税〔2008〕170号文件第二款第（一）项关于"2009年1月1日以后购进或者自制"的时间规定，但该法条所称"按照适用税率"是指该销售该货物类固定资产本身所适用的增值税税率，而非该固定资产用于生产经营项目时该项目所适用的税率。

因此上述三种意见均不正确。对参加"营改增"试点的增值税一般纳税人，销售已使用过的固定资产，应适用"营改增"试点的相关规定，分两种情况处理：①所销售的已使用过的固定资产，在本地区试点实施之日（含）以后购进或自制的，按照适用税率征收增值税；②在本地区试点实施之日以前购进或者自制的固定资产，按照4%征收率减半征收增值税。

据此，方欣物流公司参加"营改增"试点后销售已使用过的固定资产，应缴增值税的计算如下：

（1）销售试点实施之日前购买的货运汽车，应按照4%征收率减半征收增值税：

$$60000 \div (1+4\%) \times 4\% \div 2 = 1153.85 （元）$$

（2）销售试点实施之日后自制的简易装卸设备，应按照17%的税率缴纳增值税：

$$10000 \div (1+17\%) \times 17\% = 1452.99 （元）$$

八、2013 年 8 月 1 日还没有结束的合同怎么办？

按照财税〔2013〕37号规定，试点纳税人在本地区试点实施之日前签订的尚未执行完毕的租赁合同，在合同到期日之前继续按照现行营业税政策规定缴纳营业税。

据此，2013年8月1日后，从事有形动产经营性租赁的纳税人所取得的销售额并非一律缴纳增值税，而应按取得的销售额所对应的租赁合同签订的时间予以区分：

在2013年8月1日之前签订的租赁合同属于试点前发生的业务，仍按5%缴纳营业税，直至该份租赁合同执行完毕。

只有依据2013年8月1日以后签订的租赁合同取得销售额时才缴纳增值税。

九、2013 年 8 月 1 日后租赁之前购置设备怎么办？

从事有形动产经营性租赁的纳税人在2013年8月1日之前购置的物品、设备等有形动产，因当时无法取得增值税专用发票，也就没有进项税额可抵扣；但又要按提供有形动产租赁取得的销售额乘以17%的税率计算销项税额，导致其税负畸高。

财税〔2013〕37号特殊规定：一般纳税人以2013年8月1日前购进或者自制的有形动产为标的物提供的经营租赁服务，试点期间可以选择适用简易计税方法，即按3%的征收率计税。但一经选择，36个月内不得变更。

一般纳税人在2013年8月1日之前购置或自制物品、设备等有形动产，用于出租而取得的租金收入，在营改增试点期间可以按征收率3%计算缴纳增值税，相对于按5%缴纳营业税要减轻2%的税负。

如果一般纳税人出租的物品、设备等有形动产是在2013年8月1日之后购置或自制的，其进项税额则可以抵扣销项税额，但取得的租金收入也必须按17%的税率计算销项税额。

十、差额纳税还没抵掉的成本费用可否在8月1日后接着抵呢？

试点纳税人提供应税服务在本地区试点实施之日前已缴纳营业税，本地区试点实施之日（含）后因发生退款减除营业额的，应当向主管税务机关申请退还已缴纳的营业税。

十一、8月1日后税务检查发现之前少缴营业税，应补缴增值税还是营业税？

试点纳税人本地区试点实施之日前提供的应税服务，因税收检查等原因需要补缴税款的，应按照现行营业税政策规定补缴营业税。

第四节
试点过渡政策对照深度解析

财税〔2013〕37号文件	财税〔2011〕111号等文件	变化分析
一、下列项目免征增值税	一、下列项目免征增值税	
（一）个人转让著作权。	（一）个人转让著作权。	
（二）残疾人个人提供应税服务。	（二）残疾人个人提供应税服务。	

财税〔2013〕37号文件	财税〔2011〕111号等文件	变化分析
（三）航空公司提供飞机播洒农药服务。	（三）航空公司提供飞机播洒农药服务。	
（四）试点纳税人提供技术转让、技术开发和与之相关的技术咨询、技术服务。	（四）试点纳税人提供技术转让、技术开发和与之相关的技术咨询、技术服务。	
1. 技术转让，是指转让者将其拥有的专利和非专利技术的所有权或者使用权有偿转让他人的行为；技术开发，是指开发者接受他人委托，就新技术、新产品、新工艺或者新材料及其系统进行研究开发的行为；技术咨询，是指就特定技术项目提供可行性论证、技术预测、专题技术调查、分析评价报告等。 与技术转让、技术开发相关的技术咨询、技术服务，是指转让方（或受托方）根据技术转让或开发合同的规定，为帮助受让方（或委托方）掌握所转让（或委托开发）的技术，而提供的技术咨询、技术服务业务，且这部分技术咨询、服务的价款与技术转让（或开发）的价款应当开在同一张发票上。 2. 审批程序。试点纳税人申请免征增值税时，须持技术转让、开发的书面合同，到试点纳税人所在地省级科技主管部门进行认定，并持有关的书面合同和科技主管部门审核意见证明文件报主管国家税务局备查。	1. 技术转让，是指转让者将其拥有的专利和非专利技术的所有权或者使用权有偿转让他人的行为；技术开发，是指开发者接受他人委托，就新技术、新产品、新工艺或者新材料及其系统进行研究开发的行为；技术咨询，是指就特定技术项目提供可行性论证、技术预测、专题技术调查、分析评价报告等。 与技术转让、技术开发相关的技术咨询、技术服务，是指转让方（或受托方）根据技术转让或开发合同的规定，为帮助受让方（或委托方）掌握所转让（或委托开发）的技术，而提供的技术咨询、技术服务业务，且这部分技术咨询、服务的价款与技术转让（或开发）的价款应当开在同一张发票上。 2. 审批程序。试点纳税人申请免征增值税时，须持技术转让、开发的书面合同，到试点纳税人所在地省级科技主管部门进行认定，并持有关的书面合同和科技主管部门审核意见证明文件报主管国家税务局备查。	
（五）符合条件的节能服务公司实施合同能源管理项目中提供的应税服务。 上述"符合条件"是指同时满足下列条件： 1. 节能服务公司实施合同能源管理项目相关技术，应当符合国家质量监督检验检疫总局和国家标准化管理委员会发布的《合同能源管理技术通则》（GB/T24915-2010）规定的技术要求。	（五）符合条件的节能服务公司实施合同能源管理项目中提供的应税服务。 上述"符合条件"是指同时满足下列条件： 1. 节能服务公司实施合同能源管理项目相关技术，应当符合国家质量监督检验检疫总局和国家标准化管理委员会发布的《合同能源管理技术通则》（GB/T24915-2010）规定的技术要求。	
2. 节能服务公司与用能企业签订《节能效益分享型》合同，其合同格式和内容，符合《中华人民共和国合同法》和国家质量监督检验检疫总局和国家标准化管理委员会发布的《合同能源管理技术通则》（GB/T24915-2010）等规定。	2. 节能服务公司与用能企业签订《节能效益分享型》合同，其合同格式和内容，符合《中华人民共和国合同法》和国家质量监督检验检疫总局和国家标准化管理委员会发布的《合同能源管理技术通则》（GB/T24915-2010）等规定。	
（六）自本地区试点实施之日起至2013年12月31日，注册在中国服务外包示范城市的试点纳税人从事离岸服务外包业务中提供的应税服务。注册在平潭的试点纳税人从事离岸服务外包业务中提供的应税服务。从事离岸服务外包业务，是指企业根据境外单位与其签订的委托合同，由本企业或	（六）自2012年1月1日起至2013年12月31日，注册在上海的企业从事离岸服务外包业务中提供的应税服务。 从事离岸服务外包业务，是指注册在上海的企业根据境外单位与其签订的委托合同，由本企业或其直接转包的企业为境外提供信息技术外包服务（ITO）、技术性业	

财税〔2013〕37号文件	财税〔2011〕111号等文件	变化分析
其直接转包的企业为境外提供信息技术外包服务（ITO）、技术性业务流程外包服务（BPO）或技术性知识流程外包服务（KPO）。	务流程外包服务（BPO）或技术性知识流程外包服务（KPO）。	
（七）台湾航运公司从事海峡两岸海上直航业务在大陆取得的运输收入。 台湾航运公司，是指取得交通运输部颁发的"台湾海峡两岸间水路运输许可证"且该许可证上注明的公司登记地址在台湾的航运公司。	（七）台湾航运公司从事海峡两岸海上直航业务在大陆取得的运输收入。 台湾航运公司，是指取得交通运输部颁发的"台湾海峡两岸间水路运输许可证"且该许可证上注明的公司登记地址在台湾的航运公司。	
（八）台湾航空公司从事海峡两岸空中直航业务在大陆取得的运输收入。 台湾航空公司，是指取得中国民用航空局颁发的"经营许可"或依据《海峡两岸空运协议》和《海峡两岸空运补充协议》规定，批准经营两岸旅客、货物和邮件不定期（包机）运输业务，且公司登记地址在台湾的航空公司。	（八）台湾航空公司从事海峡两岸空中直航业务在大陆取得的运输收入。 台湾航空公司，是指取得中国民用航空局颁发的"经营许可"或依据《海峡两岸空运协议》和《海峡两岸空运补充协议》规定，批准经营两岸旅客、货物和邮件不定期（包机）运输业务，且公司登记地址在台湾的航空公司。	
（九）美国ABS船级社在非营利宗旨不变、中国船级社在美国享受同等免税待遇的前提下，在中国境内提供的船检服务。	（九）美国ABS船级社在非营利宗旨不变、中国船级社在美国享受同等免税待遇的前提下，在中国境内提供的船检服务。	
（十）2013年12月31日之前，广播电影电视行政主管部门（包括中央、省、地市及县级）按照各自职能权限批准从事电影制片、发行、放映的电影集团公司（含成员企业）、电影制片厂及其他电影企业转让电影版权、发行电影以及在农村放映电影。	四、2013年12月31日之前，广播电影电视行政主管部门（包括中央、省、地市及县级）按照各自职能权限批准从事电影制片、发行、放映的电影集团公司（含成员企业）、电影制片厂及其他电影企业，属于试点纳税人的，对其转让电影版权免征增值税（86号文的规定）。	将86号文的规定纳入37号文中。
（十一）随军家属就业。 1. 为安置随军家属就业而新开办的企业，自领取税务登记证之日起，其提供的应税服务3年内免征增值税。 享受税收优惠政策的企业，随军家属必须占企业总人数的60%（含）以上，并有军（含）以上政治和后勤机关出具的证明。 2. 从事个体经营的随军家属，自领取税务登记证之日起，其提供的应税服务3年内免征增值税。 随军家属必须有师以上政治机关出具的可以表明其身份的证明，但税务部门应当进行相应的审查认定。 主管税务机关在企业或个人享受免税期间，应当对此类企业进行年度检查，凡不符合条件的，取消其免税政策。 按照上述规定，每一名随军家属可以享受一次免税政策。	（十）随军家属就业。 1. 为安置随军家属就业而新开办的企业，自领取税务登记证之日起，其提供的应税服务3年内免征增值税。 享受税收优惠政策的企业，随军家属必须占企业总人数的60%（含）以上，并有军（含）以上政治和后勤机关出具的证明。 2. 从事个体经营的随军家属，自领取税务登记证之日起，其提供的应税服务3年内免征增值税。 随军家属必须有师以上政治机关出具的可以表明其身份的证明，但税务部门应当进行相应的审查认定。 主管税务机关在企业或个人享受免税期间，应当对此类企业进行年度检查，凡不符合条件的，取消其免税政策。 按照上述规定，每一名随军家属可以享受一次免税政策。	

财税〔2013〕37 号文件	财税〔2011〕111 号等文件	变化分析
（十二）军队转业干部就业。 1. 从事个体经营的军队转业干部，经主管税务机关批准，自领取税务登记证之日起，其提供的应税服务 3 年内免征增值税。 2. 为安置自主择业的军队转业干部就业而新开办的企业，凡安置自主择业的军队转业干部占企业总人数 60%（含）以上的，经主管税务机关批准，自领取税务登记证之日起，其提供的应税服务 3 年内免征增值税。 享受上述优惠政策的自主择业的军队转业干部必须持有师以上部队颁发的转业证件。	（十一）军队转业干部就业。 1. 从事个体经营的军队转业干部，经主管税务机关批准，自领取税务登记证之日起，其提供的应税服务 3 年内免征增值税。 2. 为安置自主择业的军队转业干部就业而新开办的企业，凡安置自主择业的军队转业干部占企业总人数 60%（含）以上的，经主管税务机关批准，自领取税务登记证之日起，其提供的应税服务 3 年内免征增值税。 享受上述优惠政策的自主择业的军队转业干部必须持有师以上部队颁发的转业证件。	
（十三）城镇退役士兵就业。 1. 为安置自谋职业的城镇退役士兵就业而新办的服务型企业当年新安置自谋职业的城镇退役士兵达到职工总数 30%以上，并与其签订 1 年以上期限劳动合同的，经县级以上民政部门认定、税务机关审核，其提供的应税服务（除广告服务外）3 年内免征增值税。 2. 自谋职业的城镇退役士兵从事个体经营的，自领取税务登记证之日起，其提供的应税服务（除广告服务外）3 年内免征增值税。 新办的服务型企业，是指《国务院办公厅转发民政部等部门关于扶持城镇退役士兵自谋职业优惠政策意见的通知》（国办发〔2004〕10 号）下发后新组建的企业。原有的企业合并、分立、改制、改组、扩建、搬迁、转产以及吸收新成员、改变领导或隶属关系、改变企业名称的，不能视为新办企业。 自谋职业的城镇退役士兵，是指符合城镇安置条件，并与安置地民政部门签订《退役士兵自谋职业协议书》，领取《城镇退役士兵自谋职业证》的士官和义务兵。	（十二）城镇退役士兵就业。 1. 为安置自谋职业的城镇退役士兵就业而新办的服务型企业当年新安置自谋职业的城镇退役士兵达到职工总数 30%以上，并与其签订 1 年以上期限劳动合同的，经县级以上民政部门认定、税务机关审核，其提供的应税服务（除广告服务外）3 年内免征增值税。 2. 自谋职业的城镇退役士兵从事个体经营的，自领取税务登记证之日起，其提供的应税服务（除广告服务外）3 年内免征增值税。 新办的服务型企业，是指《国务院办公厅转发民政部等部门关于扶持城镇退役士兵自谋职业优惠政策意见的通知》（国办发〔2004〕10 号）下发后新组建的企业。原有的企业合并、分立、改制、改组、扩建、搬迁、转产以及吸收新成员、改变领导或隶属关系、改变企业名称的，不能视为新办企业。 自谋职业的城镇退役士兵，是指符合城镇安置条件，并与安置地民政部门签订《退役士兵自谋职业协议书》，领取《城镇退役士兵自谋职业证》的士官和义务兵。	
（十四）失业人员就业。 1. 持《就业失业登记证》（注明"自主创业税收政策"或附着《高校毕业生自主创业证》）人员从事个体经营的，在 3 年内按照每户每年 8000 元为限额依次扣减其当年实际应缴纳的增值税、城市维护建设税、教育费附加和个人所得税。 试点纳税人年度应缴纳税款小于上述扣减限额的，以其实际缴纳的税款为限；大于上述扣减限额的，应当以上述扣减限额	（十三）失业人员就业。 1. 持《就业失业登记证》（注明"自主创业税收政策"或附着《高校毕业生自主创业证》）人员从事个体经营的，在 3 年内按照每户每年 8000 元为限额依次扣减其当年实际应缴纳的增值税、城市维护建设税、教育费附加和个人所得税。 试点纳税人年度应缴纳税款小于上述扣减限额的，以其实际缴纳的税款为限；大于上述扣减限额的，应当以上述扣减限额	

财税〔2013〕37号文件	财税〔2011〕111号等文件	变化分析
为限。 享受优惠政策的个体经营试点纳税人，是指提供《应税服务范围注释》服务（除广告服务外）的试点纳税人。 持《就业失业登记证》（注明"自主创业税收政策"或附着《高校毕业生自主创业证》）人员是指：①在人力资源和社会保障部门公共就业服务机构登记失业半年以上的人员；②零就业家庭、享受城市居民最低生活保障家庭劳动年龄内的登记失业人员；③毕业年度内高校毕业生。 高校毕业生，是指实施高等学历教育的普通高等学校、成人高等学校毕业的学生；毕业年度，是指毕业所在自然年，即1月1日至12月31日。 2.服务型企业（除广告服务外）在新增加的岗位中，当年新招用持《就业失业登记证》（注明"企业吸纳税收政策"）人员，与其签订1年以上期限劳动合同并依法缴纳社会保险费的，在3年内按照实际招用人数予以定额依次扣减增值税、城市维护建设税、教育费附加和企业所得税优惠。定额标准为每人每年4000元，可上下浮动20%，由试点地区省级人民政府根据本地区实际情况在此幅度内确定具体定额标准，并报财政部和国家税务总局备案。 按照上述标准计算的税收扣减额应当在企业当年实际应缴纳的增值税、城市维护建设税、教育费附加和企业所得税税额中扣减，当年扣减不足的，不得结转下年使用。 持《就业失业登记证》（注明"企业吸纳税收政策"）人员是指：①国有企业下岗失业人员；②国有企业关闭破产需要安置的人员；③国有企业所办集体企业（即厂办大集体企业）下岗职工；④享受最低生活保障且失业1年以上的城镇其他登记失业人员。 服务型企业，是指从事原营业税"服务业"税目范围内业务的企业。 国有企业所办集体企业（即厂办大集体企业），是指20世纪70年代、80年代，由国有企业批准或资助兴办的，以安置回城知识青年和国有企业职工子女就业为目的，主要向主办国有企业提供配套产品或劳务服务，在工商行政机关登记注册为集体所有制的企业。厂办大集体企业下岗职工包括在国有企业混岗工作的集体企业下	为限。 享受优惠政策的个体经营试点纳税人，是指提供《应税服务范围注释》服务（除广告服务外）的试点纳税人。 持《就业失业登记证》（注明"自主创业税收政策"或附着《高校毕业生自主创业证》）人员是指：①在人力资源和社会保障部门公共就业服务机构登记失业半年以上的人员；②零就业家庭、享受城市居民最低生活保障家庭劳动年龄内的登记失业人员；③毕业年度内高校毕业生。 高校毕业生，是指实施高等学历教育的普通高等学校、成人高等学校毕业的学生；毕业年度，是指毕业所在自然年，即1月1日至12月31日。 2.服务型企业（除广告服务外）在新增加的岗位中，当年新招用持《就业失业登记证》（注明"企业吸纳税收政策"）人员，与其签订1年以上期限劳动合同并依法缴纳社会保险费的，在3年内按照实际招用人数予以定额依次扣减增值税、城市维护建设税、教育费附加和企业所得税优惠。定额标准为每人每年4000元，可上下浮动20%，由试点地区省级人民政府根据本地区实际情况在此幅度内确定具体定额标准，并报财政部和国家税务总局备案。 按照上述标准计算的税收扣减额应当在企业当年实际应缴纳的增值税、城市维护建设税、教育费附加和企业所得税税额中扣减，当年扣减不足的，不得结转下年使用。 持《就业失业登记证》（注明"企业吸纳税收政策"）人员是指：①国有企业下岗失业人员；②国有企业关闭破产需要安置的人员；③国有企业所办集体企业（即厂办大集体企业）下岗职工；④享受最低生活保障且失业1年以上的城镇其他登记失业人员。 服务型企业，是指从事原营业税"服务业"税目范围内业务的企业。 国有企业所办集体企业（即厂办大集体企业），是指20世纪70年代、80年代，由国有企业批准或资助兴办的，以安置回城知识青年和国有企业职工子女就业为目的，主要向主办国有企业提供配套产品或劳务服务，在工商行政机关登记注册为集体所有制的企业。厂办大集体企业下岗职工包括在国有企业混岗工作的集体企业下	

财税〔2013〕37号文件	财税〔2011〕111号等文件	变化分析
岗职工。	岗职工。	
3. 享受上述优惠政策的人员按照下列规定申领《就业失业登记证》、《高校毕业生自主创业证》等凭证：	3. 享受上述优惠政策的人员按照下列规定申领《就业失业登记证》、《高校毕业生自主创业证》等凭证：	
(1) 按照《就业服务与就业管理规定》(中华人民共和国劳动和社会保障部令第28号)第六十三条的规定，在法定劳动年龄内，有劳动能力，有就业要求，处于无业状态的城镇常住人员，在公共就业服务机构进行失业登记，申领《就业失业登记证》。其中，农村进城务工人员和其他非本地户籍人员在常住地稳定就业满6个月的，失业后可以在常住地登记。	(1) 按照《就业服务与就业管理规定》(中华人民共和国劳动和社会保障部令第28号)第六十三条的规定，在法定劳动年龄内，有劳动能力，有就业要求，处于无业状态的城镇常住人员，在公共就业服务机构进行失业登记，申领《就业失业登记证》。其中，农村进城务工人员和其他非本地户籍人员在常住地稳定就业满6个月的，失业后可以在常住地登记。	
(2) 零就业家庭凭社区出具的证明，城镇低保家庭凭低保证明，在公共就业服务机构登记失业，申领《就业失业登记证》。	(2) 零就业家庭凭社区出具的证明，城镇低保家庭凭低保证明，在公共就业服务机构登记失业，申领《就业失业登记证》。	
(3) 毕业年度内高校毕业生在校期间凭学校出具的相关证明，经学校所在地省级教育行政部门核实认定，取得《高校毕业生自主创业证》(仅在毕业年度适用)，并向创业地公共就业服务机构申请取得《就业失业登记证》；高校毕业生离校后直接向创业地公共就业服务机构申领《就业失业登记证》。	(3) 毕业年度内高校毕业生在校期间凭学校出具的相关证明，经学校所在地省级教育行政部门核实认定，取得《高校毕业生自主创业证》(仅在毕业年度适用)，并向创业地公共就业服务机构申请取得《就业失业登记证》；高校毕业生离校后直接向创业地公共就业服务机构申领《就业失业登记证》。	
(4) 服务型企业招录的人员，在公共就业服务机构申领《就业失业登记证》。	(4) 服务型企业招录的人员，在公共就业服务机构申领《就业失业登记证》。	
(5)《再就业优惠证》不再发放，原持证人员应当到公共就业服务机构换发《就业失业登记证》。正在享受下岗失业人员再就业税收优惠政策的原持证人员，继续享受原税收优惠政策至期满为止。	(5)《再就业优惠证》不再发放，原持证人员应当到公共就业服务机构换发《就业失业登记证》。正在享受下岗失业人员再就业税收优惠政策的原持证人员，继续享受原税收优惠政策至期满为止。	
(6) 上述人员申领相关凭证后，由就业和创业地人力资源和社会保障部门对人员范围、就业失业状态、已享受政策情况审核认定，在《就业失业登记证》上注明"自主创业税收政策"或"企业吸纳税收政策"字样，同时符合自主创业和企业吸纳税收政策条件的，可同时加注；主管税务机关在《就业失业登记证》上加盖戳记，注明减免税所属时间。	(6) 上述人员申领相关凭证后，由就业和创业地人力资源和社会保障部门对人员范围、就业失业状态、已享受政策情况审核认定，在《就业失业登记证》上注明"自主创业税收政策"或"企业吸纳税收政策"字样，同时符合自主创业和企业吸纳税收政策条件的，可同时加注；主管税务机关在《就业失业登记证》上加盖戳记，注明减免税所属时间。	
4. 上述税收优惠政策的审批期限为2011年1月1日至2013年12月31日，以试点纳税人到税务机关办理减免税手续之日起作为优惠政策起始时间。税收优惠政策在2013年12月31日未执行到期的，可继续享受至3年期满为止。	4. 上述税收优惠政策的审批期限为2011年1月1日至2013年12月31日，以试点纳税人到税务机关办理减免税手续之日起作为优惠政策起始时间。税收优惠政策在2013年12月31日未执行到期的，可继续享受至3年期满为止。	

财税〔2013〕37号文件	财税〔2011〕111号等文件	变化分析
二、下列项目实行增值税即征即退	二、下列项目实行增值税即征即退	
（一）注册在洋山保税港区和东疆保税港区内的试点纳税人，提供的国内货物运输服务、仓储服务和装卸搬运服务。	（一）注册在洋山保税港区内试点纳税人提供的国内货物运输服务、仓储服务和装卸搬运服务。 对注册在天津市东疆保税港区内的试点纳税人提供的国内货物运输、仓储和装卸搬运服务，实行增值税即征即退政策（86号文的规定）。	将86号文的规定纳入37号文中。
（二）安置残疾人的单位，实行由税务机关按照单位实际安置残疾人的人数，限额即征即退增值税的办法。 上述政策仅适用于从事原营业税"服务业"税目（广告服务除外）范围内业务取得的收入占其增值税和营业税业务合计收入的比例达到50%的单位。	（二）安置残疾人的单位，实行由税务机关按照单位实际安置残疾人的人数，限额即征即退增值税的办法。 上述政策仅适用于从事原营业税"服务业"税目（广告服务除外）范围内业务取得的收入占其增值税和营业税业务合计收入的比例达到50%的单位。	
有关享受增值税优惠政策单位的条件、定义、管理要求等按照《财政部国家税务总局关于促进残疾人就业税收优惠政策的通知》（财税〔2007〕92号）中有关规定执行。	有关享受增值税优惠政策单位的条件、定义、管理要求等按照《财政部国家税务总局关于促进残疾人就业税收优惠政策的通知》（财税〔2007〕92号）中有关规定执行。	
（三）试点纳税人中的一般纳税人提供管道运输服务，对其增值税实际税负超过3%的部分实行增值税即征即退政策。	（三）试点纳税人中的一般纳税人提供管道运输服务，对其增值税实际税负超过3%的部分实行增值税即征即退政策。	
（四）经人民银行、银监会、商务部批准经营融资租赁业务的试点纳税人中的一般纳税人，提供有形动产融资租赁服务，对其增值税实际税负超过3%的部分实行增值税即征即退政策。	（四）经人民银行、银监会、商务部批准经营融资租赁业务的试点纳税人中的一般纳税人提供有形动产融资租赁服务，对其增值税实际税负超过3%的部分实行增值税即征即退政策。	
三、本通知所称增值税实际税负，是指纳税人当期提供应税服务实际缴纳的增值税税额占纳税人当期提供应税服务取得的全部价款和价外费用的比例。	八、《交通运输业和部分现代服务业营业税改征增值税试点过渡政策的规定》（财税〔2011〕111号）第二条第（三）项、第（四）项中增值税实际税负是指，纳税人当期实际缴纳的增值税税额占纳税人当期提供应税服务取得的全部价款和价外费用的比例（86号文的规定）。	将86号文的规定纳入37号文中。
四、本地区试点实施之日前，如果试点纳税人已经按照有关政策规定享受了营业税收优惠，在剩余税收优惠政策期限内，按照本规定享受有关增值税优惠。	三、2011年12月31日（含）前，如果试点纳税人已经按照有关政策规定享受了营业税收优惠，在剩余税收优惠政策期限内，按照本办法规定享受有关增值税优惠。	

第五节
零税率免税政策有何变化？

财税〔2013〕37号文件	财税〔2011〕111号等文件	变化分析
一、中华人民共和国境内（以下称境内）的单位和个人提供的国际运输服务、向境外单位提供的研发服务和设计服务，适用增值税零税率。	一、试点地区的单位和个人提供的国际运输服务、向境外单位提供的研发服务和设计服务适用增值税零税率。	
（一）国际运输服务，是指： 1. 在境内载运旅客或者货物出境； 2. 在境外载运旅客或者货物入境； 3. 在境外载运旅客或者货物。	（一）国际运输服务，是指： 1.在境内载运旅客或者货物出境； 2.在境外载运旅客或者货物入境； 3.在境外载运旅客或者货物。	
（二）境内的单位和个人适用增值税零税率，以水路运输方式提供国际运输服务的，应当取得《国际船舶运输经营许可证》；以陆路运输方式提供国际运输服务的，应当取得《道路运输经营许可证》和《国际汽车运输行车许可证》，且《道路运输经营许可证》的经营范围应当包括"国际运输"；以航空运输方式提供国际运输服务的，应当取得《公共航空运输企业经营许可证》且其经营范围应当包括"国际航空客货邮运输业务"。	（二）试点地区的单位和个人适用增值税零税率，以水路运输方式提供国际运输服务的，应当取得《国际船舶运输经营许可证》；以陆路运输方式提供国际运输服务的，应当取得《道路运输经营许可证》和《国际汽车运输行车许可证》，且《道路运输经营许可证》的经营范围应当包括"国际运输"；以航空运输方式提供国际运输服务的，应当取得《公共航空运输企业经营许可证》且其经营范围应当包括"国际航空客货邮运输业务"。	
（三）向境外单位提供的设计服务，不包括对境内不动产提供的设计服务。	（三）向境外单位提供的设计服务，不包括对境内不动产提供的设计服务。	
二、境内的单位和个人提供的往返港、澳门、台湾的交通运输服务以及在港、澳门、台湾提供的交通运输服务（以下称港澳台运输服务），适用增值税零税率。 境内的单位和个人适用增值税零税率，以陆路运输方式提供至香港、澳门的交通运输服务的，应当取得《道路运输经营许可证》并具有持《道路运输证》的直通港澳运输车辆；以水路运输方式提供至台湾的交通运输服务的，应当取得《台湾海峡两岸间水路运输许可证》并具有持《台湾海峡两岸间船舶营运证》的船舶；以水路运输方式提供至香港、澳门的交通运输服务的，应当具有获得港澳线路运营许可的船舶；以航空运输方式提供上述交通运输服	五、营改增试点地区的试点纳税人提供的往返台湾、香港、澳门的交通运输服务以及在台湾、香港、澳门提供的交通运输服务，适用增值税零税率。 试点纳税人适用增值税零税率，以陆路运输方式提供至香港、澳门的交通运输服务的，应当取得《道路运输经营许可证》并具有持《道路运输证》的直通港澳运输车辆；以水路运输方式提供至台湾的交通运输服务的，应当取得《台湾海峡两岸间水路运输许可证》并具有持《台湾海峡两岸间船舶营运证》的船舶；以水路运输方式提供至香港、澳门的交通运输服务的，应当具有获得港澳线路运营许可的船舶；以航空运输方式提供上述交通运输服务的，	将86号文的内容纳入37号文中。

财税〔2013〕37 号文件	财税〔2011〕111 号等文件	变化分析
务的，应当取得《公共航空运输企业经营许可证》且其经营范围应当包括"国际、国内（含港澳）航空客货邮运业务"。	应当取得《公共航空运输企业经营许可证》且其经营范围应当包括"国际、国内（含港澳）航空客货邮运业务"。	
三、境内的单位和个人提供期租、程租和湿租服务，如果租赁的交通运输工具用于国际运输服务和港澳台运输服务，不适用增值税零税率，由承租方按规定申请适用零税率。		期租、程租和湿租服务的规定属于新增加内容。
四、境内的单位和个人提供适用零税率的应税服务，如果属于适用增值税一般计税方法的，实行免抵退税办法，退税率为其按照《试点实施办法》第十二条第（一）至（三）项规定适用的增值税税率；如果属于适用简易计税方法的，实行免征增值税办法。外贸企业兼营适用零税率应税服务的，统一实行免退税办法。	二、试点地区的单位和个人提供适用零税率的应税服务，如果属于适用增值税一般计税方法的，实行免抵退税办法，退税率为其按照《交通运输业和部分现代服务业营业税改征增值税试点实施办法》（财税〔2011〕111 号）第十二条第（一）至（三）项规定适用的增值税税率；如果属于适用简易计税方法的，实行免征增值税办法。	
五、境内的单位和个人提供适用零税率应税服务的，可以放弃适用零税率，选择免税或按规定缴纳增值税。放弃适用零税率后，36 个月内不得再申请适用零税率。		
六、境内的单位和个人提供适用零税率的应税服务，按月向主管退税的税务机关申报办理增值税免抵退税或免税手续。具体管理办法由国家税务总局商财政部另行制定。	三、试点地区的单位和个人提供适用零税率的应税服务，按月向主管退税的税务机关申报办理增值税免抵退税或免税手续。具体管理办法由国家税务总局商财政部另行制定。	
七、境内的单位和个人提供的下列应税服务免征增值税，但财政部和国家税务总局规定适用零税率的除外： （一）工程、矿产资源在境外的工程勘察勘探服务。 （二）会议展览地点在境外的会议展览服务。 （三）存储地点在境外的仓储服务。 （四）标的物在境外使用的有形动产租赁服务。 （五）在境外提供的广播影视节目（作品）的发行、播映服务。 （六）符合本规定第一条第（一）项规定但不符合第一条第（二）项规定条件的国际运输服务。 （七）符合本规定第二条第一款规定但不符合第二条第二款规定条件的港澳台运输服务。 （八）向境外单位提供的下列应税服务：	四、试点地区的单位和个人提供的下列应税服务免征增值税，但财政部和国家税务总局规定适用零税率的除外： （一）工程、矿产资源在境外的工程勘察勘探服务。 （二）会议展览地点在境外的会议展览服务。 （三）存储地点在境外的仓储服务。 （四）标的物在境外使用的有形动产租赁服务。 （五）符合本通知第一条第（一）项规定但不符合第一条第（二）项规定条件的国际运输服务。 （六）向境外单位提供的下列应税服务： 1. 技术转让服务、技术咨询服务、合同能源管理服务、软件服务、电路设计及测试服务、信息系统服务、业务流程管理服务、商标著作权转让服务、知识产权服务、物流辅助服务（仓储服务除外）、认	影视发行和播映属于新增加内容。

续表

财税〔2013〕37号文件	财税〔2011〕111号等文件	变化分析
1. 技术转让服务、技术咨询服务、合同能源管理服务、软件服务、电路设计及测试服务、信息系统服务、业务流程管理服务、商标著作权转让服务、知识产权服务、物流辅助服务（仓储服务除外）、认证服务、鉴证服务、咨询服务、广播影视节目（作品）制作服务、期租服务、程租服务、湿租服务。但不包括：合同标的物在境内的合同能源管理服务，对境内货物或不动产的认证服务、鉴证服务和咨询服务。 2. 广告投放地在境外的广告服务。	证服务、鉴证服务、咨询服务。但不包括：合同标的物在境内的合同能源管理服务，对境内货物或不动产的认证服务、鉴证服务和咨询服务。 2. 广告投放地在境外的广告服务。	

一、零税率应税服务的免抵退税如何计算？

"免"税，是指对生产企业自营出口或委托外贸企业代理出口的自产货物，免征本企业生产销售环节增值税。

"抵"税，是指生产企业自营出口或委托外贸企业代理出口的自产货物应予免征或退还所耗用外购货物的进项税额抵扣内销货物的应纳税款。

"退"税，是指生产企业自营出口或委托外贸企业代理出口自产货物，在当月内因应抵扣的税额而未抵扣完时，经主管退税机关批准，对未抵扣完的税额予以退税。

免抵退税办法，是指零税率应税服务提供者提供零税率应税服务，免征增值税，相应的进项税额抵减应纳增值税额（不包括适用增值税即征即退、先征后退政策的应纳增值税额），未抵减完的部分予以退还。

1. 零税率应税服务当期免抵退税额的计算

当期零税率应税服务免抵退税额＝当期零税率应税服务免抵退税计税价格×外汇人民币牌价×零税率应税服务退税率

零税率应税服务免抵退税计税价格为提供零税率应税服务取得的全部价款。

如果兼营出口货物，当期免抵退税额的计算公式：

当期免抵退税额＝当期零税率应税服务免抵退税额＋当期出口货物免抵退税额

＝当期零税率应税服务免抵退税计税价格×外汇人民币牌价×

零税率应税服务退税率＋当期出口货物的离岸价格（收齐当

期和前期单证并信息齐全）×外汇人民币牌价×出口货物退税率。

零税率应税服务提供者向境外单位提供规定范围内的服务与出口货物的免抵退税计算原理相同。

不同之处是零税率应税服务是按征税率来计算退税的，征退税率之差为零不会产生免抵退税不得免征和抵扣税额，而出口货物会存在征退税率不一致的情况，容易产生免抵退税不得免征和抵扣税额。

2. 当期应退税额和当期免抵税额的计算

（1）当期期末留抵税额≤当期免抵退税额时：

当期应退税额＝当期期末留抵税额

当期免抵税额＝当期免抵退税额－当期应退税额

（2）当期期末留抵税额＞当期免抵退税额时：

当期应退税额＝当期免抵退税额

当期免抵税额＝0

"当期期末留抵税额"为当期《增值税纳税申报表》的"期末留抵税额"。

零税率应税服务提供者如同时有货物出口的，可结合现行出口货物免抵退税公式一并计算免抵退税。

主管税务机关在接受零税率应税服务提供者免抵退税申报后，应在下列内容人工审核无误后，使用出口退税审核系统进行审核。如在审核中有疑问的，可抽取企业进项增值税发票进行发函调查或核查。

（1）对于提供国际运输的零税率应税服务提供者，主管税务机关可从零税率应税服务提供者申报中抽取若干申报记录审核以下内容：

①所申报的国际运输服务是否符合本办法第一条规定。

②所抽取申报记录申报应税服务收入是否小于等于该申报记录所对应的载货或载客舱单上记载的国际运输服务收入。

（2）对于提供研发、设计服务的零税率应税服务提供者审核以下内容：

①企业所申报的研发、设计服务是否符合本办法第一条规定。

②研发、设计合同签订的对方是否为境外单位。

③应税服务收入的支付方是否为与之签订研发、设计合同的境外单位。

④申报应税服务收入是否小于等于从与之签订研发、设计合同的境外单位的

取得的收款金额。

零税率应税服务提供者在提供零税率应税服务，并在财务作销售收入次月（按季度进行增值税纳税申报的为次季度，下同）的增值税纳税申报期内，向主管税务机关办理增值税纳税和免抵退税相关申报。

零税率应税服务提供者应于收入之日次月起至次年 4 月 30 日前的各增值税纳税申报期内收齐有关凭证，向主管税务机关如实申报免抵退税。

资料不齐全或内容不真实的零税率应税服务，不得向税务机关申报办理免抵退税。

逾期未收齐有关凭证申报免抵退税的，主管税务机关不再受理免抵退税申报，零税率应税服务提供者应缴纳增值税。

出口企业骗取国家出口退税款的，按以下规定处理：

（1）骗取国家出口退税款不满 5 万元的，可以停止为其办理出口退税半年以上一年以下。

（2）骗取国家出口退税款 5 万元以上不满 50 万元的，可以停止为其办理出口退税一年以上一年半以下。

（3）骗取国家出口退税款 50 万元以上不满 250 万元，或因骗取出口退税行为受过行政处罚、两年内又骗取国家出口退税款数额在 30 万元以上不满 150 万元的，停止为其办理出口退税一年半以上两年以下。

（4）骗取国家出口退税款 250 万元以上，或因骗取出口退税行为受过行政处罚、两年内又骗取国家出口退税款数额在 150 万元以上的，停止为其办理出口退税两年以上三年以下。

【案例 26】 上海方欣公司为增值税一般纳税人，从事自主研发、设计软件并委托其他企业生产加工后收回出口业务，拥有进出口经营权并办理了出口退（免）税认定手续。

（1）2012 年 4 月，该公司报关出口了一批 100 万美元自主研发委托加工收回的 A 产品，根据有关规定，可以享受免抵退税政策。

（2）2012 年 2 月，该公司与国外客户签订了一份软件研发项目合同，技术出口合同登记证上的成交价格为 100 万美元，其中包括支付给项目研发合作伙伴北京 A 公司的 20 万美元费用。

（3）按照合同规定，研发软件必须在 4 月交付使用，现已完成，国外客户支付了全部研发款项。

（4）除以上出口业务外，尚有部分国内业务见分析中。

假设当月1日人民币对美元汇率中间价为6.3，A产品的征税率为17%，退税率为16%，该公司发生业务及计算免抵退税如下：

该公司发生业务及计算免抵退税如下：

（1）内销销售收入200万元，销项税额为34万元。

借：应收账款——××公司　　　　　　　　　2340000

　　贷：主营业务收入——内销收入　　　　　　　　　2000000

　　　　应交税费——应交增值税（销项税额）　　　　　340000

（2）发生委托加工费4705882元，进项税额为80万元，上期无留抵税额。

借：委托加工物资——A产品　　　　　　　　　4705882

　　应交税费——应交增值税（进项税额）　　　800000

　　贷：银行存款　　　　　　　　　　　　　　　　　5505882

（3）A产品作入库核算。

借：库存商品——A产品　　　　　　　　　　　4705882

　　贷：委托加工物资——A产品　　　　　　　　　　　4705882

（4）销售A产品100万美元的出口款项，其中40万美元未在当期收齐出口报关单（退税专用联），60万美元在当期全部收齐单证且信息齐全。

收到国外客户支付的100万美元研发费，取得全部凭证并扣除支付给北京A公司的20万美元。

外销收入=[100+（100-20）]×6.3=1134（万元）

借：应收账款——外汇账款（国外客户）　　　11340000

　　主营业务成本——分包　　　　　　　　　1260000

　　贷：主营业务收入——外销收入　　　　　　　　　12600000

（5）计算免抵退税不得免征和抵扣税额。

当期免抵退税不得免征和抵扣税额=1000000×6.3×（17%-16%）+（1000000-

　　　　　　　　　　　　　200000）×6.3×（6%-6%）=63000（元）

借：主营业务成本——出口商品　　　　　　　63000

　　贷：应交税费——应交增值税（进项税额转出）　　　63000

（6）计算应退税额、免抵税额

当期应纳税额=340000-(800000-63000)-0=-397000（元）

因40万美元的出口货物当期未收齐单证，不并入当期的免抵退税计算，应当在收齐单证的所属期进行免抵退税计算。所以，当期免抵退税额=（1000000-400000）×6.3×16%+（1000000-200000）×6.3×6%=907200（元）。

由于期末留抵税额小于免抵退税额，

应退税额=期末留抵税额=397000（元）

免抵税额=907200-397000=510200（元）

该公司根据以上数据当期申报期内填报：

①《免抵退税申报汇总表》及其附表。

②《应税服务（研发、设计服务）免抵退税申报明细表》。

③当期《增值税纳税申报表》。

④免抵退税正式申报电子数据。

⑤并提供下列原始凭证：

◆ 零税率应税服务收入相对应的《技术出口合同登记证》复印件。

◆ 与境外单位签订的研发设计合同。

◆ 提供零税率应税服务的发票。

◆《向境外单位提供研发、设计服务收讫营业款明细清单》。

◆ 从与签订研发设计合同的境外单位取得收入的收款凭证。

◆ 主管税务机关要求提供的其他凭证。

于5月15日前向税务机关申报免抵退税（不考虑节假日顺延）。

（7）在5月末，根据税务机关审批的汇总表做账。

借：其他应收款——应收出口退税（增值税）　　　　　　397000

　　应交税费——应交增值税（出口抵减内销产品应纳税额）510200

　　　　贷：应交税费——应交增值税（出口退税）　　　　　　　907200

（8）按政策规定，实现退税款时：

借：银行存款　　　　　　　　　　　　　　　　　　　397000

　　　　贷：其他应收款——应收出口退税（增值税）　　　　　　397000

二、免抵退会计科目设置

"进项税额"专栏，记录企业购入货物或接受应税劳务而支付的、准予从销项税额中抵扣的增值税额。企业购入货物或接受应税劳务支付的进项税额，用蓝字登记；退回所购货物应冲销的进项税额，用红字登记。

"已交税金"专栏，记录企业已缴纳的增值税额。企业已缴纳的增值税额用蓝字登记；退回多交的增值税额用红字登记。

"减免税款"，反映企业按规定减免的增值税款。企业按规定直接减免的增值税额借记本科目，贷记"营业外收入"科目。

"出口抵减内销产品应纳税额"，反映出口企业销售出口货物后，向税务机关办理免抵退税申报，按规定计算的应免抵税额，借记本科目，贷记"应交税费——应交增值税（出口退税）"科目。

"销项税额"专栏，记录企业销售货物或提供应税劳务应收取的增值税额。企业销售货物或提供应税劳务应收取的销项税额，用蓝字登记；退回销售货物应冲销销项税额，用红字登记。

"出口退税"专栏，记录企业出口适用零税率的货物，向海关办理报关出口手续后，凭出口报关单等有关凭证，向税务机关申报办理出口退税而收到退回的税款。出口货物退回的增值税额，用蓝字登记；出口货物办理退税后发生退货或者退关而补交已退的税款，用红字登记。

"进项税额转出"，记录企业的购进货物、在产品、产成品等发生非正常损以及其他原因而不应从销项税额中抵扣，按规定转出的进项税额。

"转出多交增值税"，核算一般纳税人月终转出多缴的增值税。月末企业"应交税费——应交增值税"明细账出现借方余额时，根据余额借记"应交税费——未交增值税"科目，贷记本科目。

对按批准数进行会计处理的，本科目月末转出数为当期期末留抵税额；对按退税申报数进行会计处理的，本科目月末转出数为计算"免、抵、退"税公式计算的"结转下期继续抵扣的进项税额"。

第三章

营改增纳税申报及会计核算处理

第一节
2013年9月1日纳税申报表有变化

为配合扩大"营改增"试点工作，国家税务总局发布2013年第32号公告对增值税纳税申报有关事项进行了调整。

一、中华人民共和国境内增值税纳税人均应按照本公告的规定进行增值税纳税申报

二、纳税申报资料

纳税申报资料包括纳税申报表及其附列资料和纳税申报其他资料。

（一）纳税申报表及其附列资料

1. 增值税一般纳税人（以下简称一般纳税人）纳税申报表及其附列资料包括：

（1）《增值税纳税申报表》（一般纳税人适用）。

（2）《增值税纳税申报表附列资料（一）》（本期销售情况明细）。

（3）《增值税纳税申报表附列资料（二）》（本期进项税额明细）。

（4）《增值税纳税申报表附列资料（三）》（应税服务扣除项目明细）。

一般纳税人提供应税服务，在确定应税服务销售额时，按照有关规定可以从取得的全部价款和价外费用中扣除价款的，需填报《增值税纳税申报表附列资料（三）》。其他情况不填写该附列资料。

（5）《增值税纳税申报表附列资料（四）》（税收抵减情况表）。

（6）《固定资产进项税额抵扣情况表》。

2. 增值税小规模纳税人（以下简称小规模纳税人）纳税申报表及其附列资料包括：

（1）《增值税纳税申报表（小规模纳税人适用)》。

（2）《增值税纳税申报表（小规模纳税人适用）附列资料》。

小规模纳税人提供应税服务，在确定应税服务销售额时，按照有关规定可以从取得的全部价款和价外费用中扣除价款的，需填报《增值税纳税申报表（小规模纳税人适用）附列资料》。其他情况不填写该附列资料。

3. 上述纳税申报表及其附列资料表样和填写说明详见附件。

（二）纳税申报其他资料

1. 已开具的税控"机动车销售统一发票"和普通发票的存根联。

2. 符合抵扣条件且在本期申报抵扣的防伪税控"增值税专用发票"、"货物运输业增值税专用发票"、税控"机动车销售统一发票"的抵扣联。

按规定仍可以抵扣且在本期申报抵扣的"公路、内河货物运输业统一发票"的抵扣联。

3. 符合抵扣条件且在本期申报抵扣的海关进口增值税专用缴款书、购进农产品取得的普通发票、铁路运输费用结算单据的复印件。

按规定仍可以抵扣且在本期申报抵扣的其他运输费用结算单据的复印件。

4. 符合抵扣条件且在本期申报抵扣的中华人民共和国税收缴款凭证及其清单，书面合同、付款证明和境外单位的对账单或者发票。

5. 已开具的农产品收购凭证的存根联或报查联。

6. 纳税人提供应税服务，在确定应税服务销售额时，按照有关规定从取得的全部价款和价外费用中扣除价款的合法凭证及其清单。

7. 主管税务机关规定的其他资料。

（三）纳税申报表及其附列资料为必报资料

纳税申报其他资料的报备要求由各省、自治区、直辖市和计划单列市国家税务局确定。

三、主管税务机关应做好增值税纳税申报的宣传和辅导工作

四、本公告自 2013 年 9 月 1 日起施行

《国家税务总局关于调整增值税纳税申报有关事项的公告》（国家税务总局公告 2011 年第 66 号）、《国家税务总局关于北京等 8 省市营业税改征增值税试点增值税纳税申报有关事项的公告》（国家税务总局公告 2012 年第 43 号）同时废止。

附件略：

（1）《增值税纳税申报表（一般纳税人适用）》及其附列资料

（2）《增值税纳税申报表（一般纳税人适用）》及其附列资料填写说明

（3）《增值税纳税申报表（小规模纳税人适用）》及其附列资料

（4）《增值税纳税申报表（小规模纳税人适用）》及其附列资料填写说明

链接：国家税务总局关于《调整增值税纳税申报有关事项的公告》的解读

为配合扩大营业税改征增值税试点工作，进一步规范增值税纳税申报，根据《财政部国家税务总局关于在全国开展交通运输业和部分现代服务业营业税改征增值税试点税收政策的通知》（财税〔2013〕37 号）有关规定，结合前期试点经验，税务总局对增值税纳税申报有关事项进行了调整，发布《国家税务总局关于调整增值税纳税申报有关事项的公告》（以下简称"公告"），现将"公告"解读如下：

一、公告制定的背景和目的

按照国务院部署，自 2013 年 8 月 1 日起，交通运输业和部分现代服务业营业税改征增值税（以下简称"营改增"）试点将在全国范围内推开。除先期试点地区外，其他地区目前所使用的增值税纳税申报表及附列资料已不能够满足营改增后增值税管理的需要。因此，税务总局根据扩大营改增试点相关政策规定，结合先期试点地区经验，对增值税纳税申报有关事项进行了调整，以满足扩大营改增试点后增值税纳税申报和征收管理的需要。

二、公告的适用范围

自 2013 年 9 月申报期起，中华人民共和国境内增值税纳税人均应按照本公

告的规定进行增值税纳税申报。

三、公告的主要内容

（一）明确了增值税一般纳税人纳税申报表及其附列资料。具体包括：《增值税纳税申报表（一般纳税人适用）》；《增值税纳税申报表附列资料（一）》（本期销售情况明细）；《增值税纳税申报表附列资料（二）》（本期进项税额明细）；《增值税纳税申报表附列资料（三）》（应税服务扣除项目明细）；《增值税纳税申报表附列资料（四）》（税额抵减情况表）；《固定资产进项税额抵扣情况表》。

（二）明确了增值税小规模纳税人纳税申报表及其附列资料。具体包括：《增值税纳税申报表（小规模纳税人适用）》和《增值税纳税申报表（小规模纳税人适用）附列资料》。

（三）明确了增值税纳税申报其他资料。具体包括：已开具的税控《机动车销售统一发票》和普通发票的存根联；符合抵扣条件且在本期申报抵扣的防伪税控《增值税专用发票》、《货物运输业增值税专用发票》、税控《机动车销售统一发票》、《公路、内河货物运输业统一发票》的抵扣联；符合抵扣条件且在本期申报抵扣的海关进口增值税专用缴款书、购进农产品取得的普通发票、运输费用结算单据的复印件；符合抵扣条件且在本期申报抵扣的代扣代缴增值税税收缴款凭证及其清单，书面合同、付款证明和境外单位的对账单或者发票；已开具的农产品收购凭证的存根联或报查联；应税服务扣除项目的合法凭证及其清单；主管税务机关规定的其他资料。

（四）公告附件分别为增值税一般纳税人和小规模纳税人纳税申报表及其附列资料的格式，以及相应的填表说明。

第二节
营改增后的增值税会计科目设置

一、一般纳税人会计科目

一般纳税人应在"应交税费"科目下设置"应交增值税"、"未交增值税"两个明细科目；辅导期管理的一般纳税人应在"应交税费"科目下增设"待抵扣进项税额"明细科目；原增值税一般纳税人兼有应税服务改征期初有进项留抵税款，应在"应交税费"科目下增设"增值税留抵税额"明细科目。在"应交增值税"明细账中，借方应设置"进项税额"、"已交税金"、"出口抵减内销应纳税额"、"减免税款"、"转出未交增值税"等专栏，贷方应设置"销项税额"、"出口退税"、"进项税额转出"、"转出多交增值税"等专栏。

"进项税额"专栏，记录企业购入货物或接受应税劳务和应税服务而支付的、准予从销项税额中抵扣的增值税额。企业购入货物或接受应税劳务和应税服务支付的进项税额，用蓝字登记。

"减免税款"专栏，记录该企业按规定抵减的增值税应纳税额，包括允许在增值税应纳税额中全额抵减的初次购买增值税税控系统专用设备支付的费用以及缴纳的技术维护费。

"已交税金"专栏，记录企业已缴纳的增值税额，企业已缴纳的增值税额用蓝字登记。

"出口抵减内销应纳税额"专栏，记录企业按免抵退税规定计算的向境外单位提供适用增值税零税率应税服务的当期应免抵税额。

"转出未交增值税"专栏，记录企业月末转出应交未交的增值税。企业转出当月发生的应交未交的增值税额用蓝字登记。

"销项税额"专栏，记录企业提供应税服务应收取的增值税额。企业提供应税服务应收取的销项税额，用蓝字登记；发生服务终止或按规定可以实行差额征税、按照税法规定允许扣减的增值税额应冲减销项税额，用红字或负数登记。

"出口退税"专栏，记录企业向境外提供适用增值税零税率的应税服务，按规定计算的当期免抵退税额或按规定直接计算的应收出口退税额；出口业务办理退税后发生服务终止而补交已退的税款，用红字或负数登记。

"进项税额转出"专栏，记录由于各类原因而不应从销项税额中抵扣，按规定转出的进项税额。

"转出多交增值税"专栏，记录企业月末转出多交的增值税。企业转出当月发生的多交的增值税额用蓝字登记。

"未交增值税"明细科目，核算一般纳税人月末转入的应交未交增值税额，转入多交的增值税也在本明细科目核算。

"待抵扣进项税额"明细科目，核算一般纳税人按税法规定不符合抵扣条件，暂不予在本期申报抵扣的进项税额。

"增值税留抵税额"明细科目，核算一般纳税人试点当月按照规定不得从应税服务的销项税额中抵扣的月初增值税留抵税额。

二、小规模纳税人会计科目

小规模纳税人应在"应交税费"科目下设置"应交增值税"明细科目，不需要再设置上述专栏。

第三节
营改增后的增值税会计处理方法

一、一般纳税人国内购进货物、接受应税劳务和应税服务

一般纳税人国内采购的货物或接受的应税劳务和应税服务，取得的增值税扣税凭证，按税法规定符合抵扣条件可在本期申报抵扣的进项税额，借记"应交税费——应交增值税（进项税额）"科目，按应计入相关项目成本的金额，借记"材料采购"、"商品采购"、"原材料"、"制造费用"、"管理费用"、"营业费用"、"固定资产"、"主营业务成本"、"其他业务成本"等科目，按照应付或实际支付的金额，贷记"应付账款"、"应付票据"、"银行存款"等科目。购入货物发生的退货或接受服务中止，作相反的会计分录。

1. 取得专用发票。

一般纳税人国内采购的货物或接受的应税劳务和应税服务，取得增值税专用发票（不含小规模纳税人代开的货运增值税专用发票），按发票注明增值税税额进行核算。

【案例1】2013年8月，济南A物流企业，本月提供交通运输收入100万元，物流辅助收入100万元，按照适用税率，分别开具增值税专用发票，款项已收。

当月委托上海 B 公司一项运输业务，取得 B 企业开具的货物运输业增值税专用发票，价款 20 万元，注明的增值税额为 2.2 万元。

A 企业取得 B 企业货物运输业增值税专用发票后的会计处理：

借：主营业务成本　　　　　　　　　　　　　　200000

　　应交税费——应交增值税（进项税额）　　　22000

　　贷：应付账款——B 公司　　　　　　　　　　　　　　222000

【案例 2】2013 年 9 月 2 日，济南 A 物流企业（一般纳税人）与 H 公司（一般纳税人）签订合同，为其提供购进货物的运输服务，H 公司于签订协议时全额支付现金 6 万元，且开具了专用发票。9 月 8 日，由于前往目的地的道路被冲毁，双方同意中止履行合同。H 公司将尚未认证专用发票退还给 A 企业，A 企业返还运费。

（1）H 公司 7 月 2 日取得专用发票的会计处理：

借：在途物资　　　　　　　　　　　　　　　54054.05

　　应交税费——应交增值税（进项税额）　　 5945.95

　　贷：库存现金　　　　　　　　　　　　　　　　　 60000

（2）H 公司 7 月 8 日发生服务中止的会计处理：

借：银行存款　　　　　　　　　　　　　　　60000

　　贷：在途物资　　　　　　　　　　　　　　　　54054.05

　　　　应交税费——应交增值税（进项税额）　　　 5945.95

2. 购进农产品。

一般纳税人购进农产品，取得销售普通发票或开具农产品收购发票的，按农产品买价和 13% 的扣除率计算进项税额进行会计核算。

【案例 3】2013 年 2 月，济南 S 生物科技公司进行灵芝栽培技术研发，本月从附近农民处收购 1500 元稻草与棉壳用作研发过程中的栽培基料，按规定已开具收购凭证，价款已支付。

借：低值易耗品　　　　　　　　　　　　　　1305

　　应交税费——应交增值税（进项税额）　　 195

　　贷：库存现金　　　　　　　　　　　　　　　　 1500

3. 进口货物或服务。

一般纳税人进口货物或接受境外单位或者个人提供的应税服务，按照海关提供的海关进口增值税专用缴款书上注明的增值税额或中华人民共和国税收通用缴款书上注明的增值税额进行会计核算。

【案例 4】 2013 年 8 月，日照 G 港口公司，本月从澳大利亚 Re 公司进口散货装卸设备一台，价款 1500 万元已于上月支付，缴纳进口环节的增值税 255 万元，取得海关进口增值税专用缴款书。

相关会计处理为：

借：工程物资　　　　　　　　　　　　　　15000000
　　贷：预付账款　　　　　　　　　　　　　　　　15000000
借：应交税费——应交增值税（进项税额）　2550000
　　贷：银行存款　　　　　　　　　　　　　　　　2550000

【案例 5】 2013 年 9 月，日照 G 港口公司，进行传输带系统技术改造过程中，接受澳大利亚 Re 公司技术指导，合同总价为 18 万元。当月改造完成，澳大利亚 Re 公司境内无代理机构，G 公司办理扣缴增值税手续，取得扣缴通用缴款书，并将扣税后的价款支付给 Re 公司。书面合同、付款证明和 Re 公司的对账单齐全。

（1）扣缴增值税税款时的会计处理：

借：应交税费——应交增值税（进项税额）　10188.68
　　贷：银行存款　　　　　　　　　　　　　　　10188.68

（2）支付价款时的会计处理：

借：在建工程　　　　　　　　　　　　　　169811.32
　　贷：银行存款　　　　　　　　　　　　　　　169811.32

4. 接受铁路运输服务。

接受交通运输业服务，取得铁路运输费用结算单据，按照发票的运输费用金额和 7% 的扣除率计算的进项税额。

【案例 6】 2013 年 10 月，济南 S 生物科技公司委托浙江某铁路运输服务公司运送购买的技术研发用设备一套，支付费用 4500 元，其中运费 4000 元，取得运费发票。

借：固定资产——研发设备　　　　　　　　4220
　　应交税费——应交增值税（进项税额）　280
　　贷：库存现金　　　　　　　　　　　　　　　4500

二、一般纳税人辅导期

一般纳税人（辅导期）国内采购的货物或接受的应税劳务和应税服务，已经取得的增值税扣税凭证，按税法规定不符合抵扣条件，暂不予在本期申报抵扣的进项税额，借记"应交税费——待抵扣进项税额"科目，应计入采购成本的金额，借记"材料采购"、"商品采购"、"原材料"、"制造费用"、"管理费用"、"营业费用"、"固定资产"、"主营业务成本"、"其他业务成本"等科目，按照应付或实际支付的金额，贷记"应付账款"、"应付票据"、"银行存款"等科目。

收到税务机关告知的稽核比对结果通知书及其明细清单后，按稽核比对结果通知书及其明细清单注明的稽核相符、允许抵扣的进项税额，借记"应交税费——应交增值税（进项税额）"科目，贷记"应交税费——待抵扣进项税额"科目。

三、混业经营原一般纳税人"挂账留抵"处理

兼有增值税应税服务的原增值税一般纳税人，应在营业税改征增值税开始试点的当月月初将不得从应税服务的销项税额中抵扣的上期留抵税额，转入"增值税留抵税额"明细科目，借记"应交税费——增值税留抵税额"科目，贷记"应交税费——应交增值税（进项税额转出）"科目。

待以后期间允许抵扣时，按允许抵扣的金额，借记"应交税费——应交增值税（进项税额）"科目，贷记"应交税费——增值税留抵税额"科目。

四、一般纳税人提供应税服务

一般纳税人提供应税服务，按照确认的收入和按规定收取的增值税额，借记"应收账款"、"应收票据"、"银行存款"等科目，按照按规定收取的增值税额，贷记"应交税费——应交增值税（销项税额）"科目，按确认的收入，贷记"主营业务收入"、"其他业务收入"等科目。发生的服务中止或折让，作相反的会计分录。

【案例 7】2013 年 10 月，济南 A 物流企业，本月提供交通运输收入 100 万元，物流辅助收入 100 万元，按照适用税率，分别开具增值税专用发票，款项已收。当月委托上海 B 企业一项运输业务，取得 B 企业开具的货物运输业增值税专用发票，价款 20 万元，注明的增值税额为 2.2 万元。

（1）取得运输收入的会计处理：

借：银行存款   1110000

    贷：主营业务收入——运输   1000000

        应交税费——应交增值税（销项税额）   110000

（2）取得物流辅助收入的会计处理：

借：银行存款   1060000

    贷：其他业务收入——物流   1000000

        应交税费——应交增值税（销项税额）   60000

【案例 8】2013 年 9 月 2 日，济南 A 物流企业与 H 公司签订合同，为其提供购进货物的运输服务，H 公司于签订协议时全额支付现金 6 万元，且开具了增值税专用发票。9 月 8 日，由于前往目的地的道路被冲毁，双方同意中止履行合同。H 公司将尚未认证专用发票退还给 A 企业，A 企业返还运费。

（1）A 企业 9 月 2 日取得运输收入时的会计处理：

借：库存现金   60000

    贷：主营业务收入——运输   54054.05

        应交税费——应交增值税（销项税额）   5945.95

（2）A 企业 9 月 8 日发生服务中止时的会计处理：

借：银行存款   60000

    贷：主营业务收入——运输   54054.05

        应交税费——应交增值税（销项税额）   5945.95

【案例 9】2013 年 9 月，无锡 X 设备租赁公司出租给 L 公司两台数控机床，收取租金半年租金 18 万元并开具发票，L 公司使用两个月后发现其中一台机床的齿轮存在故障无法运转，要求 X 公司派人进行维修并退还 L 公司维修期间租金 2 万元，L 公司至主管税务机关开具《开具红字增值税专用发票通知单》，X 公司开具红字专用发票，退还已收租金 2 万元。

（1）X 企业 9 月份取得租金收入时的会计处理：

借：银行存款 　　　　　　　　　　　　　　　　180000

　　贷：主营业务收入——设备出租　　　　　　　　　　153846.15

　　　　应交税费——应交增值税（销项税额）　　　　　26153.85

（2）X 公司开具红字专用发票的会计处理：

借：银行存款 　　　　　　　　　　　　　　　　20000

　　贷：主营业务收入——运输　　　　　　　　　　　　17094.02

　　　　应交税费——应交增值税（销项税额）　　　　　2905.98

一般纳税人发生《试点实施办法》第十一条所规定情形，视同提供应税服务应提取的销项税额，借记"营业外支出"、"应付利润"等科目，贷记"应交税费——应交增值税（销项税额）"科目。

【案例 10】2013 年 8 月 3 日，南京 K 律师事务所安排两名律师参加某企业家沙龙，免费提供资产重组相关业务法律咨询服务 4 小时。8 月 5 日，该律师事务所安排三名律师参加"学雷锋"日活动，在市民广场进行免费法律咨询服务 3 小时（该律师事务所民事业务咨询服务价格为每人 800 元/小时）。

（1）8 月 3 日免费提供资产重组业务法律咨询，按最近时期提供同类应税服务的平均价格计算销项税额：

$$(2 \times 4 \times 800) \div (1 + 6\%) \times 6\% = 362.26 （元）$$

相关会计处理：

借：营业外支出 　　　　　　　　　　　　　　　362.26

　　贷：应交税费——应交增值税（销项税额）　　　　　362.26

（2）8 月 5 日为以社会公众为对象的服务活动，不属于视同提供应税服务。

五、一般纳税人出口应税服务

一般纳税人向境外单位提供适用零税率的应税服务，不计算应税服务销售额应缴纳的增值税。凭有关单证向税务机关申报办理该项出口服务的免抵退税。

（1）按税务机关批准的免抵税额借记"应交税费——应交增值税（出口抵减内销应纳税额）"科目，按应退税额借记"其他应收款——应收退税款（增值税出口退税）"等科目，按免抵退税额贷记"应交税费——应交增值税（出口退税）"科目。

（2）收到退回的税款时，借记"银行存款"科目，贷记"其他应收款——应收退税款（增值税出口退税）"科目。

（3）办理退税后发生服务中止补交已退回税款的，用红字或负数登记。

六、非正常损失

发生购进货物改变用途以及非正常损失等原因，按规定进项税额不得抵扣的，借记"其他业务成本"、"在建工程"、"应付福利费"、"待处理财产损溢"等科目，贷记"应交税费——应交增值税（进项税额转出）"科目。

七、免征增值税收入

纳税人提供应税服务取得按规定的免征增值税收入时，借记"银行存款"、"应收账款"、"应收票据"等科目，贷记"主营业务收入"、"其他业务收入"等科目。

八、当月缴纳本月增值税

当月缴纳本月增值税时，借记"应交税费——应交增值税（已交税金）"科目，贷记"银行存款"科目。

【案例11】M货运公司2013年8月虚开增值税专用发票被国税稽查部门查处，当月收到主管税务机关的《税务事项通知书》，告知对其实行纳税辅导期管理。9月3日，M公司当月第一次领购专用发票25份，17日已全部开具，取得营业额86000元（含税）；18日该公司再次到主管税务机关申领发票，按规定对前次已领购并开具的专用发票销售额预缴增值税。

预缴增值税税款的计算：

$86000 \div (1 + 11\%) \times 3\% = 2324.32$ （元）

相关会计处理：

借：应交税费——应交增值税（已交税金）　　　　　　2324.32

　　贷：银行存款　　　　　　　　　　　　　　　　　　　2324.32

九、购入税控系统专用设备

一般纳税人首次购入增值税税控系统专用设备，按实际支付或应付的金额，借记"固定资产"科目，贷记"银行存款"、"应付账款"等科目。按规定抵减的增值税应纳税额，借记"应交税费——应交增值税（减免税款）"科目，贷记"递延收益"科目。按期计提折旧，借记"管理费用"等科目，贷记"累计折旧"科目；同时，借记"递延收益"科目，贷记"管理费用"等科目。

一般纳税人发生技术维护费，按实际支付或应付的金额，借记"管理费用"等科目，贷记"银行存款"等科目。按规定抵减的增值税应纳税额，借记"应交税费——应交增值税（减免税款）"科目，贷记"管理费用"等科目。

【案例12】2013年10月，济南S生物科技公司首次购入增值税税控系统设备，支付价款1416元，同时支付当年增值税税控系统专用设备技术维护费370元。当月两项合计抵减当月增值税应纳税额1786元。

（1）首次购入增值税税控系统专用设备：

借：固定资产——税控设备　　　　　　　1416

　　贷：银行存款　　　　　　　　　　　　　　　1416

（2）发生防伪税控系统专用设备技术维护费：

借：管理费用　　　　　　　　　　　　　370

　　贷：银行存款　　　　　　　　　　　　　　　370

（3）抵减当月增值税应纳税额：

借：应交税费——应交增值税（减免税款）　1786

　　贷：管理费用　　　　　　　　　　　　　　　370

　　　　递延收益　　　　　　　　　　　　　　　1416

（4）以后各月计提折旧时（按3年，残值10%举例）：

借：管理费用　　　　　　　　　　　　　35.40

　　贷：累计折旧　　　　　　　　　　　　　　　35.40

借：递延收益　　　　　　　　　　　　　35.40

　　贷：管理费用　　　　　　　　　　　　　　　35.40

十、简易计税方法

一般纳税人提供适用简易计税方法应税服务的，借记"库存现金"、"银行存款"、"应收账款"等科目，贷记"主营业务收入"、"其他业务收入"等科目，贷记"应交税费——未交增值税"科目。

一般纳税人提供适用简易计税方法应税服务，发生《试点实施办法》第十一条所规定情形视同提供应税服务应缴纳的增值税额，借记"营业外支出"、"应付利润"等科目，贷记"应交税费——未交增值税"科目。

【案例 13】2013 年 10 月 25 日，济南 Z 巴士公司当天取得公交乘坐费85000 元。

计算按简易计税办法计算增值税应纳税款 $85000 \div 103\% \times 3\% = 2475.73$（元），相应会计处理为：

借：库存现金   85000

  贷：主营业务收入   82524.27

    应交税费——未交增值税   2475.73

十一、税款缴纳

月末，一般纳税人应将当月发生的应交未交增值税额自"应交税费——应交增值税"科目转入"未交增值税"明细科目，借记"应交税费——应交增值税（转出未交增值税）"科目，贷记"应交税费——未交增值税"科目。或将本月多交的增值税自"应交税费——应交增值税"科目转入"未交增值税"明细科目，借记"应交税费——未交增值税"科目，贷记"应交税费——应交增值税（转出多交增值税）"科目。

一般纳税人的"应交税费——应交增值税"科目的期末借方余额，反映尚未抵扣的增值税。"应交税费——未交增值税"科目的期末借方余额，反映多交的增值税；贷方余额，反映未交的增值税。

次月缴纳本月应交未交的增值税，借记"应交税费——未交增值税"科目，贷记"银行存款"科目。收到退回多交增值税税款时，借记"银行存款"科目，贷记"应交税费——未交增值税"科目。

十二、小规模纳税人提供应税服务

小规模纳税人提供应税服务，按确认的收入和按规定收取的增值税额，借记"应收账款"、"应收票据"、"银行存款"等科目，按规定收取的增值税额，贷记"应交税费——应交增值税"科目，按确认的收入，贷记"主营业务收入"、"其他业务收入"等科目。

十三、小规模纳税人初次购入税控设备

小规模纳税人初次购入增值税税控系统专用设备，按实际支付或应付的金额，借记"固定资产"科目，贷记"银行存款"、"应付账款"等科目。按规定抵减的增值税应纳税额，借记"应交税费——应交增值税"科目，贷记"递延收益"科目。按期计提折旧，借记"管理费用"等科目，贷记"累计折旧"科目；同时，借记"递延收益"科目，贷记"管理费用"等科目。

小规模纳税人发生技术维护费，按实际支付或应付的金额，借记"管理费用"等科目，贷记"银行存款"等科目。按规定抵减的增值税应纳税额，借记"应交税费——应交增值税"科目，贷记"管理费用"等科目。

十四、小规模纳税人税款缴纳

小规模纳税人月份终了上交增值税时，借记"应交税费——应交增值税"科目，贷记"银行存款"科目。收到退回多交的增值税税款时，作相反的会计分录。

第四章

营改增应税服务可有纳税筹划空间

第一节
有形动产租赁企业宜早做纳税安排[1]

按照财税〔2013〕37 号文件规定，营改增后提供有形动产租赁（包括有形动产的融资租赁和经营性租赁）服务的增值税税率为 17%，所称有形动产经营性租赁，是指在约定时间内将物品、设备等有形动产转让他人使用且租赁物所有权不变更的业务活动，其增值税应税销售额为出租有形动产取得的租金收入（含价外费用）全额。

现行税法规定，采用一般计税方法计税时，是以收取的销项税额减去进项税额的余额作为应纳税额；小规模纳税人或一般纳税人采用简易计税方法计税时，则是以销售额乘以征收率 3% 的积为应纳税额。在理论上，提供有形动产租赁服务的纳税人取得的租金收入，当增值率分别达到 18% 以及 30% 时，其增值税税负将超过按简易计税方法计算的税额或原按 5% 计算的营业税税额。因此，仔细研

---

① 摘自段文涛：《有形动产租赁企业宜早做纳税安排》，《中国税务报》，2013 年 6 月 10 日。

究和合理运用财税［2013］37 号文件的相关规定，将有利于纳税人对今后的税负提前予以评估。

一、是否要成为一般纳税人

应税服务年销售额超过 500 万元的试点纳税人，应申请办理一般纳税人资格认定手续（试点实施前已取得一般纳税人资格并兼有应税服务的试点纳税人无须重复办理）。办理一般纳税人将按照 17%税率计算应交增值税，小规模纳税人可直接按照征收率 3%计算缴纳增值税。把控 500 万元的应税服务销售额至少一个时期还是有效的，但也要注意不办理一般纳税人对于自己销售的负面影响。

二、租赁合同签订时间对税负的影响

按照财税［2013］37 号文件规定，试点纳税人在本地区试点实施之日前签订的尚未执行完毕的租赁合同，在合同到期日之前继续按照现行营业税政策规定缴纳营业税。

据此，8 月 1 日营改增在全国试点后，从事有形动产经营性租赁的纳税人所取得的销售额并非一律缴纳增值税，而应按取得的销售额所对应的租赁合同签订的时间予以区分：在 8 月 1 日之前签订的租赁合同属于试点前发生的业务，仍按 5%缴纳营业税，直至该租赁合同执行完毕;只有依据 8 月 1 日以后签订的租赁合同取得销售额时才缴纳增值税。

由此可见，签订租赁合同的时间（8 月 1 日前或后）将在相当一段时间（合同履约期）内影响纳税人的税负水平。

三、租赁标的物购置时间对税负的影响

增值税一般纳税人的应纳税额为当期销项税额抵扣当期进项税额后的余额;进项税额为纳税人购进货物或者接受加工修理修配劳务和应税服务，支付或者负担的增值税税额。从事有形动产经营性租赁的纳税人在 8 月 1 日之前购置的物品、设备等有形动产，因当时无法取得增值税专用发票，也就没有进项税额可抵

扣；但又要按提供有形动产租赁取得的销售额乘以 17%的税率计算销项税额，导致其税负畸高。为此，财税［2013］37 号文件作了特殊规定：一般纳税人以 8 月 1 日前购进或者自制的有形动产为标的物提供的经营租赁服务，试点期间可以选择适用简易计税方法，即按 3%的征收率计税。但一经选择，36 个月内不得变更。

一般纳税人在 8 月 1 日之前购置或自制物品、设备等有形动产，用于出租而取得的租金收入，在营改增试点期间一直可以按征收率 3%计算缴纳增值税，相对于按 5%缴纳营业税要减轻 2%的税负。

如果一般纳税人出租的物品、设备等有形动产是在 8 月 1 日之后购置或自制的，其进项税额则可以抵扣销项税额，但取得的租金收入也必须按 17%的税率计算销项税额。

在不考虑其他进项税额的情况下，有形动产租赁业务的增值率为 18%时，一般计税方法与简易计税方法的税负持平。

由于增值税应纳税额的计算比营业税要复杂，影响税负的因素也不仅有所述的以上几种，作为从事有形动产经营性租赁的纳税人，可根据已发布的营改增政策，结合企业自身的具体情况，进行系统的统筹谋划，选择对企业最有利的方法进行运作。

第二节
警惕"营改增"试点前后业务跨期风险

跨期业务，是指在"营改增"试点实施之前已经签订合同但其合同约定提供的服务延伸到试点实施之后，或者未签订合同但其实际提供的服务从试点实施之前延伸到试点实施之后的业务。2013 年 8 月 1 日营改增试点要推向全国，该类型业务在一定时期内仍将存在，因此，纳税风险并不会随税种转制而自行灭失。

一、提前纳税回避增值税的税务风险

"营改增"实施前后，交通运输业由营业税 3%的税率调整为增值税 11%的税

率，部分现代服务业由营业税 5%的税率调整为增值税 6%的税率。对于达到增值税一般纳税人标准的企业，在"营改增"之前，拟运用这个时间差和税率差，实现节税。

1. 约定收款日期未到，提前申报纳税。

【案例 1】四川凤飞运输公司 2013 年 1 月 20 日签订一份运输合同，总价款 100 万元，合同分期执行。约定 3 月 1 日开始提供运输服务并支付首款 20 万元，6 月 1 日支付第二期款项 30 万元，8 月 30 日完成运输服务支付尾款 50 万元。营改增后该公司符合增值税一般纳税人标准。

解析：

根据《营业税暂行条例》第十二条和《营业税暂行条例实施细则》第二十四条的规定，A 公司首款 20 万元和二期款 30 万元应当申报缴纳营业税。根据《交通运输业和部分现代服务业营业税改征增值税试点实施办法》（以下简称试点办法）第四十一条的规定，尾款 50 万元应当申报缴纳增值税。

四川凤飞公司认为，该运输服务合同在 2013 年 8 月 1 日前签订并在 2013 年 8 月 1 日前即已经开始执行，是否可在 2013 年 7 月一次性开具尾款 50 万元营业税发票呢？该公司在征询客户同意后在 2013 年 7 月 3 日一次性开具了 50 万元发票并申报缴纳了营业税。

有无税收风险呢？

开具发票即完税，貌似无税收风险。《营业税暂行条例》第十二条规定，营业税纳税义务发生时间为取得索取营业收入款项凭据的当天。《营业税暂行条例实施细则》第二十四条规定，取得索取营业收入款项凭据的当天，为书面合同确定的付款日期的当天。营改增后适用增值税纳税义务发生时间规定：先开具发票的，为开具发票的当天。而《营业税暂行条例》及其实施细则无此规定；开具营业税发票并非纳税义务发生时间。

可能存在的风险：国税征收 50 万元所对应应税服务销售额增值税，四川公司向地税申请退还 50 万元营业额所对应营业税。

2. 应税服务未完成，提前申报纳税。

【案例 2】四川志伟物流公司 2013 年 7 月 20 日签订一份运输合同，总价款 50 万元，合同未约定付款日期，预计 8 月 31 日完成运输服务。营改增后，该公司符合增值税一般纳税人标准。

该 B 公司为了少缴增值税，于 2013 年 7 月 30 日开具了营业税发票并申报缴纳了营业税。2013 年 8 月实际提供运输服务，但不必缴纳增值税。

有无税务风险呢？

政策规定：《营业税暂行条例实施细则》第二十四条规定，营业税纳税义务发生时间，未签订书面合同或者书面合同未确定付款日期的，为应税行为完成的当天。该公司提前开具营业税发票，存在国税征收 50 万元所对应应税服务销售额增值税和向地税申请退还 50 万元营业额所对应营业税的税务风险。

3. 未提供应税行为的预收款，提前申报纳税。

【案例3】山东云宫技术公司 2013 年 7 月 25 日签订一份技术服务合同，并于当日预收款 30 万元，约定 8 月 25 日开始提供技术服务。"营改增"后该公司符合增值税一般纳税人标准。

该公司考虑，该笔预收款在 8 月 25 日提供服务时，将依法缴纳 6% 增值税，不如 7 月开具发票向主管地税机关申报缴纳营业税。8 月 28 日，该公司客户以不能抵扣税款为由，要求其开具增值税专用发票。

政策规定：根据《营业税暂行条例》第十二条的规定，营业税纳税义务发生时间为收讫营业收入款项的当天。《营业税暂行条例实施细则》第二十四条规定，收讫营业收入款项，指纳税人应税行为发生过程中或者完成后收取的款项，而该公司未提供应税行为的预收款，无营业税纳税义务。

存在的风险：开具增值税专用发票，申请退还营业税。

二、应缴纳营业税推迟改缴增值税的风险

"营改增"后，由于小规模纳税人税负普遍下降，企业进项税额抵扣范围扩大，在试点实施之前，纳税人拟通过推迟纳税等手段，筹划节税。

1. 部分现代服务业小规模纳税人推迟结算，推迟纳税。

【案例4】郑州耀华公司 2013 年 6 月 20 日签订一份 1 年期咨询合同，约定 7 月 1 日起提供咨询服务，7 月 20 日支付首付款 20 万元。营改增试点后该公司为增值税小规模纳税人。该公司为减少应纳税款，于 8 月 8 日向客户开票收取首付款 20 万元，并向主管国税机关申报缴纳了增值税。

政策规定：《营业税暂行条例》第十二条规定，营业税纳税义务发生时间为取

得索取营业收入款项凭据的当天。《营业税暂行条例实施细则》第二十四条规定，取得索取营业收入款项凭据的当天，为书面合同确定的付款日期的当天。该笔20万元的收入已经合同约定，属于"营改增"前发生的纳税义务，应当缴纳营业税。

存在的风险：补缴营业税，开具增值税红字普通发票。

2. 应客户要求开具增值税专用发票，推迟纳税。

【案例5】保定俊坤公司2013年6月20日签订一份1年期咨询合同，7月1日起提供咨询服务。"营改增"试点后该公司为增值税小规模纳税人。为达成抵扣税款之目的，7月20日该公司客户预付款20万元时，要求提供增值税专用发票。乙公司考虑开具增值税专用发票还能节税，于8月8日向主管国税机关申请代开增值税专用发票并缴纳3%税款。

政策规定：根据《营业税暂行条例》第十二条规定，营业税纳税义务发生时间为收讫营业收入款项的当天。《营业税暂行条例实施细则》第二十四条规定，收讫营业收入款项，指纳税人应税行为发生过程中或者完成后收取的款项。该笔15万元的收入是在提供咨询服务过程中收讫的款项，属于"营改增"前发生的纳税义务，应当缴纳营业税。

存在的风险：补缴营业税，开具增值税红字专用发票。

【案例6】银川国萍机械租赁公司2013年6月1日签订一单设备租赁合同，设备租赁日自2013年9月1日起计算，合同期限两年，2013年7月1日收到客户预付租金80万元，并为客户开具了营业税发票80万元，2013年8月1日收到客户预付租金50万元，"营改增"试点后该公司为增值税一般纳税人。客户要求其开具增值税专用发票，2013年8月20日该公司为客户开具增值税专用发票，适用税率17%，客户取得专用发票后抵扣了进项税额。

解析：根据《营业税暂行条例实施细则》第二十五条规定，纳税人提供建筑业或者租赁业劳务，采取预收款方式的，其纳税义务发生时间为收到预收款的当天。该公司2013年7月30日即已经具备营业税纳税义务发生时间，所收到的100万元租金应当缴纳营业税并开具营业税发票。2013年8月1日所收到的预付租金50万元，根据《试点有关事项的规定》：试点纳税人在本地区试点实施之日前签订的尚未执行完毕的租赁合同，在合同到期日之前继续按照现行营业税政策规定缴纳营业税。同样应当开具营业税发票。

另外，根据《国家税务总局关于纳税人虚开增值税专用发票征补税款问题的公告》（国家税务总局公告 2012 年第 33 号）规定："纳税人虚开增值税专用发票，未就其虚开金额申报并缴纳增值税的，应按照其虚开金额补缴增值税；已就其虚开金额申报并缴纳增值税的，不再按照其虚开金额补缴增值税。"税务机关对纳税人虚开增值税专用发票的行为，应按《中华人民共和国税收征收管理办法》及《中华人民共和国发票管理办法》的有关规定给予处罚。纳税人取得虚开的增值税专用发票，不得作为增值税合法有效的扣税凭证抵扣其进项税额。该公司存在按适用税率申报缴纳增值税但不能抵扣该设备进项税额和主管地税机关要求其申报缴纳营业税的纳税风险，对于客户而言，取得的增值税专用发票也不能抵扣进项税额。

第三节
兼营简易计税方式货物进项税额该不该抵扣

有读者咨询：A 公司开发矿山，生产有砂、土、石料，还有以自己采掘的砂、土、石料连续生产砖、瓦（包括黏土实心砖、瓦）的情形，这样，在该公司的销售中，既有适用简易计税方式按征收率 6% 计算增值税的情形，也有适用增值税税率 17% 的情形，那么该公司生产经营过程中所取得的辅助材料、水、电、气、办公设备、固定资产以及营改增后的应税服务等进项税额是否都能抵扣呢？

《财政部、国家税务总局关于部分货物适用增值税低税率和简易办法征收增值税政策的通知》（财税 [2009] 9 号）第二条（三）规定，一般纳税人销售自产的下列货物，可选择按照简易办法依照 6% 征收率计算缴纳增值税，不得抵扣进项税额：

（1）县级及县级以下小型水力发电单位生产的电力。小型水力发电单位，是指各类投资主体建设的装机容量为 5 万千瓦以下（含 5 万千瓦）的小型水力发电单位。

（2）建筑用和生产建筑材料所用的砂、土、石料。

（3）以自己采掘的砂、土、石料或其他矿物连续生产的砖、瓦、石灰（不含黏土实心砖、瓦）。

（4）用微生物、微生物代谢产物、动物毒素、人或动物的血液或组织制成的生物制品。

（5）自来水。

（6）商品混凝土（仅限于以水泥为原料生产的水泥混凝土）。

一般纳税人选择简易办法计算缴纳增值税后，36个月内不得变更。

A公司自产砂、土、石料，且以其连续生产砖、瓦、石灰，这样该公司所销售的黏土实心砖、瓦适用一般计税方式按17%税率计算增值税。所销售的砂、土、石料和除黏土实心砖、瓦之外的砖瓦、石灰适用增值税简易计税办法按征收率6%计算增值税。

对于该公司的问题，其所购货物、修理修配劳务、应税服务等，有能够区分直接用于简易计税方式征税产品的情形，也有与一般计税方式征税产品混用的情形。对于前者，取得的进项税额不得抵扣，大家没有异议。对于后者，所取得的进项税额如何抵扣呢？

一种观点：混用的进项税额均可以抵扣，只需区分出直接用于简易计税方式征税产品的进项税额，直接转出即可。可以参照的政策依据有《增值税暂行条例》第十条（一）用于非增值税应税项目、免征增值税项目、集体福利或者个人消费的购进货物或者应税劳务，进项税额不得从销项税额中抵扣。但是这里所称购进货物，不包括既用于增值税应税项目（不含免征增值税项目）也用于非增值税应税项目、免征增值税（以下简称免税）项目、集体福利或者个人消费的固定资产。简易计税方式与一般计税方式同为增值税应税项目，既然增值税应税项目与营业税项目混用的购进货物进项税额可以全部抵扣，那么简易计税方式与一般计税方式混用的购进货物进项税额也应当准予全部抵扣，只不过这种方式对于其他产品销售全部选用一般计税方式的纳税人来说略显不公平而已。

另一种观点：按两种计税方式的销售额比例分摊进项税额。理由是，既然按照简易计税方式不得抵扣所购货物等的进项税额，那么相对应的进项税额就应转出计入产品销售成本。鉴于进项税额为两种计税方式的产品混用，可参照《增值税暂行条例实施细则》第二十六条的规定：一般纳税人兼营免税项目或者非增值税应税劳务而无法划分不得抵扣的进项税额的，按下列公式计算不得抵扣的进项税额：不得抵扣的进项税额＝当月无法划分的全部进项税额×当月免税项目销售额、非增值税应税劳务营业额合计÷当月全部销售额、营业额合计。这里可以将公式修改为：不得抵扣的进项税额＝当月无法划分的全部进项税额×当月简易征收项目销售额÷当月全部销售额。

笔者同意第二种观点并补充分析如下：所购货物用于简易征收的其进项税额不得抵扣，这里也包括所购货物混用的情形。虽然《增值税暂行条例》及其实施细则中查无依据，但是营改增后，从财税［2013］37号附件1《交通运输业和部分现代服务业营业税改征增值税试点实施办法》（下称实施办法）我们可以看出税务处理的原则，《实施办法》第十五条规定，一般纳税人提供应税服务适用一般计税方法计税。一般纳税人提供财政部和国家税务总局规定的特定应税服务，可以选择适用简易计税方法计税，但一经选择，36个月内不得变更。第二十四条规定，下列项目的进项税额不得从销项税额中抵扣：（一）用于适用简易计税方法计税项目、非增值税应税项目、免征增值税项目、集体福利或者个人消费的购进货物、接受加工修理修配劳务或者应税服务。其中涉及的固定资产、专利技术、非专利技术、商誉、商标、著作权、有形动产租赁，仅指专用于上述项目的固定资产、专利技术、非专利技术、商誉、商标、著作权、有形动产租赁。第二十六条规定，适用一般计税方法的纳税人，兼营简易计税方法计税项目、非增值税应税劳务、免征增值税项目而无法划分不得抵扣的进项税额，按照下列公式计算不得抵扣的进项税额：不得抵扣的进项税额＝当期无法划分的全部进项税额×（当期简易计税方法计税项目销售额＋非增值税应税劳务营业额＋免征增值税项目销售额）÷（当期全部销售额＋当期全部营业额），且主管税务机关可以按照上述公式依据年度数据对不得抵扣的进项税额进行清算。

可以总结为，如果一般纳税人所购货物、固定资产、应税服务专用于简易计税方式的产品项目，则进项税额直接转出处理计入产品销售成本。如果属于兼营混用情形，除固定资产外，则应首先按《实施办法》第二十六条计算不得抵扣的进项税额，再进行进项税额转出计入简易计税方式产品销售成本处理，这样才彰显税法的公平性。

《实施办法》试点地区提供公共交通运输服务（包括轮客渡、公交客运、轨道交通、出租车）的纳税人，其提供应税服务年销售额超过500万元的，可以选择按照简易计税方法计算缴纳增值税。

需要注意的是，在上述《实施办法》计算不得抵扣的进项税额公式中，只是对不能准确划分的进项税额按照公式进行换算，而不是针对全部进项税额，能够直接区分用于简易计税方式的所购货物其进项税额可以直接转出处理，对于一些混用的所购货物、劳务以及应税服务比如企业所消耗的水费、电费、企业办公所用的耗材、咨询费、审计费等，虽然量不大，但恰恰是企业容易忽视的地方，要进项公式换算后做进项税额转出处理。

另外，对于纳税人而言，进项税额转出是按月进行的，但由于年度内取得进项税额的不均衡性，有可能会造成按月计算的进项转出与按年度计算的进项转出产生差异，《实施办法》规定了主管税务机关可在年度终了对纳税人进项转出计算公式进行清算，可对相关差异进行调整。

第四节
税收缴款凭证能否作为进项税额扣除凭证

境外单位或个人提供增值税应税加工、修理、修配劳务以及营改增应税服务，其境内代理人或购买方代缴的增值税款解缴以后凭税收缴款凭证能否抵扣？

《增值税暂行条例实施细则》第十九条、《条例》第九条所称增值税扣税凭证，是指增值税专用发票、海关进口增值税专用缴款书、农产品收购发票和农产品销售发票以及运输费用结算单据。

财税〔2013〕37 号文所明确的增值税扣税凭证，是指增值税专用发票、海关进口增值税专用缴款书、农产品收购发票、农产品销售发票、铁路运输费用结算单据和税收缴款凭证。

纳税人凭税收缴款凭证抵扣进项税额的，应当具备书面合同、付款证明和境外单位的对账单或者发票。资料不全的，其进项税额不得从销项税额中抵扣。

对比营改增与条例增值税扣税凭证差异，我们发现多出一项"税收缴款凭证"，是不是可以说接受劳务、营改增应税服务可以凭"税收缴款凭证"抵扣进项税额呢？显然不可以。《试点实施办法》第二十二条（五）：接受境外单位或者个人提供的应税服务，从税务机关或者境内代理人取得的解缴税款的中华人民共和国税收缴款凭证（以下称税收缴款凭证）上注明的增值税额。这里只提到了"应税服务"并没包括"应税劳务"。

《国家税务总局关于调整增值税纳税申报有关事项的公告》（国家税务总局公

告 2013 年第 32 号）在《增值税纳税申报表附列资料（表二）》（本期进项税额明细）填表说明对于可以抵扣的第 7 栏"代扣代缴税收缴款凭证"：填写本期按规定准予抵扣的中华人民共和国税收缴款凭证上注明的增值税额。

安徽省营改增后对于该栏曾解读为：第 7 栏"代扣代缴税收通用缴款书"：填写本期申报抵扣的代扣代缴税收通用缴款书的增值税额。代扣代缴税收通用缴款书是指营业税改征增值税的纳税人，接受境外单位或个人提供的应税服务，境内的代理人或实际接受人代扣代缴增值税的税收通用缴款书。并且提示：①接受境外单位或个人提供的营业税服务，代扣代缴营业税的税收通用缴款书不允许抵扣，因此不得填入本栏。②接受境外单位或个人在境内提供的加工修理修配劳务，代扣代缴增值税的税收通用缴款书不允许抵扣，因此不得填入本栏。

之前为"税收通用缴款书"现在为"税收缴款凭证"，一样的凭证，应税服务可以抵扣，而应税劳务则不得抵扣，是否不符合增值税抵扣精神呢？我们尚需进一步关注政策变化。

第五节
进项税额转出的纳税筹划

【案例 7】2013 年 9 月，天元公司购进一批工程物资，取得专用发票价款 30 万元，税额 5.10 万元。天元公司会计认为工程物资用于不动产在建工程不必认证抵扣。2013 年 12 月工程完工，天元公司将剩余的 11.70 万元（含税）工程物资按账面价值对外出售。

天元公司会计处理如下：

（1）购进工程物资时：

借：工程物资   35.10

     贷：银行存款   35.10

（2）工程领用时：

借：在建工程   23.40

     贷：工程物资   23.40

（3）出售工程物资时：

借：银行存款   11.70

  贷：其他业务收入   10

    应交税费——应交增值税（销项税额） 1.70

借：其他业务支出   11.70

  贷：工程物资   11.70

问题： 该企业会计处理有错吗？我们改变一下会计处理呢？

（1）购进工程物资时：

借：原材料   30

  应交税费——应交增值税（进项税额） 5.1

  贷：银行存款   35.10

（2）工程领用时：

借：在建工程   23.40

  贷：工程物资   20

    应交税费——应交增值税（进项转出） 3.40

（3）出售工程物资时：

借：银行存款   11.70

  贷：其他业务收入   10

    应交税费——应交增值税（销项税额） 1.70

借：其他业务支出   10

  贷：原材料   10

结论： 增值税专用发票取得后先认证再抵扣，工程物资实际领用时再行转出进项税额应该是不错的处理方式。

第六节
营改增对服务双方定价的影响

思考1： 营改增前后税率从5%增加到6%，税负增加了1%吗？

如果营业税自身改革，税率从5%增加到6%，税负一定是增加1%。如果营业税改征增值税，由营业税税率 5%改征增值税税率 6%，则实际税负增加一定是小于 1%。

思考 2：营改增前后对于企业的税负影响仅仅是流转税吗？

【案例 8】方欣财税咨询公司每月营业收入 200 万元，一年营业收入 2400 万元。1%的名义税负其实际税负究竟是多少？

为考虑到问题的全面性，我们假设企业是盈利的且有足够的应纳税所得额，企业既没有进项抵扣也不存在营改增后提价情况，税金及附加按照城建税 7%、教育费附加 5%、地方教育附加 2%和防洪费 1%计算，如表 4-1 所示。

表 4-1

税　种	收　入 (万元)	营业税状态下 (万元)	增值税状态下 (万元)	税负增加 (万元)	税负增长率 (%)	累计增长率 (%)
营业税、增值税	2400	120	135.85	15.85	0.66	0.66
营业税金及附加	2400	15.6	17.66	2.06	0.09	0.75
企业所得税	2400	566.1	561.62	−4.48	−0.19	0.56

服务业原先按 5%缴纳营业税，改按 6%缴纳增值税。

名义流转税率增加税负 6%−5%=1%。

企业一年多缴纳流转税及附加=（135.85+17.66）−（120+15.6）=17.91（万元）。

实际流转税率增加税负=（135.85−120）÷2400=0.66%

一年少缴纳企业所得税=（2264.4−2246.49）×25%=4.48（万元）

综合流转税和企业所得税，企业总体税负增加=17.91−4.48=13.43（万元）。

思考 3：营改增后能承受卖方部分现代服务业多少提价幅度？

我们引入"营改增"税负平衡点的求解过程：

假设征收营业税时营业收入为 2000 元，则应交营业税 2000×5%=100（元），营业税金及附加 100×（7%+3%+2%+1%）=13（元），税费率=（100+13）÷2000=5.65%，企业净收入=2000−100−13=1887（元）。

改征增值税后，适用税率 6%，要保持和原来营业税率 5%时税负相等，则税后净收入应仍旧保持 1887 元，设此时销售的价格为 x，则：

$$x-x÷（1+6\%）×6\%-x÷（1+6\%）×6\%×12\%=1887（元）$$

解得 x=2015.94 元，则提价比例=（2015.94−2000）÷2000=0.80%

即当企业从5%营业税率转为征收6%增值税后，企业若是没有进项抵扣，要使税负和原先相同，提价比例为0.8%，而这就是"营改增"税负平衡点提价的下限。

企业提价越高利润越高，但是我们测算上也不能增加买方税收负担，我们假定企业对客户提价1%后，来看一下企业和客户双方税改后的情况。

服务业按6%改交增值税，且提价1%对服务企业税负影响，以［案例15］为例。

一年让客户付=2400×（1+1%）=2424（万元），营改增后一年营业收入=2424÷（1+6%）=2286.79（万元），仍假设企业没有可以抵扣的进项税额，则一年的增值税=2286.79×6%=137.21（万元）。

企业所得税方面，税前可扣除应纳税所得额=137.21×12%=16.47（万元），此时营业收入=2286.79（万元），则2286.79－17.84=2268.95（万元）。

一年多缴纳流转税及其附加=（137.21+17.84）－（120+15.6）=19.45（万元）

一年多缴纳企业所得税=（2268.95－2264.4）×25%=1.14（万元）

综合流转税和企业所得税，企业总体税负增加=19.45+1.14=20.59（万元），但是因为提价了1%，向客户多收了24万元，实际上提价1%便可以完全弥补原先增加的税负，并多产生=24－20.59=3.41（万元）的现金流入，如表4-2所示。

表4-2

税改后	交增值税不提价	交增值税提价1%
流转税及附加增加	17.91	19.45
企业所得税增加	-4.48	1.14
企业总体税负增加	13.43	20.59
税改导致企业收入增加	0	24（向下家多收部分）
税改导致企业实际成本增加	13.43	-3.41（即实际成本减少3.41）

服务业按6%改交增值税，且提价1%后对接受服务方税负的影响：

对于客户而言，企业原开营业税发票时不能抵扣，需付出现金流2400万元。

上家如提价1%后虽然需先付出2424万元（即多付给上家24万元），但可以抵扣6%即137.21万元的进项税（即少付137.21万元流转税及附加）。

和上家一样，税改也会影响下家的企业所得税情况，在提价1%情况下，企业所得税将增加28.3万元的支出，实际下家现金流出减少137.21－28.3－24=

84.91（万元）（即对外少付出 84.91 万元）。

总结：改交增值税后不提价和提价 1%对于下家税负和实际支出增减变动情况如表 4–3 所示。

表 4–3

税改后	上家不提价	上家提价 1%
流转税及附加减少	135.84	137.21
企业所得税减少	−33.96	−28.30
企业总体税负减少	101.88	108.91
税改导致下家成本增加	—	24（向上家多付部分）
税改导致下家实际成本减少	101.88	84.91

上述案例计算结果看出：企业提价 1%，企业和客户双方的成本都是减少的，都可以享受到税改所带来的利益，但是提供服务方并非可以无限制提价，若提价超过 6%无疑会损害服务接受方的利益，所以实务中买卖双方应以合作共赢为原则，营改增后协商确定提价幅度。

第七节
如何选择应税服务商

【**案例 9**】方欣公司开发科技电子产品，售价 20000 元/台，开发该产品所需的主要部件有两家供应商可以选择供货并自行运输，分别为一般纳税人 A 公司和可以代开增值税专用发票的小规模纳税人 B 公司，两家公司报价不同，含税报价分别为 15000 元和 14000 元，公司采购部愿意选择报价较低的 B 公司作为供应商，财务部愿意选择能提供增值税专用发票的 A 公司作为供应商。

应如何选择呢？

方案一：选 A 公司

单台销售额 20000 元，可以取得增值税专用发票 15000 元，可以抵扣进项税额 $15000 \div (1 + 17\%) \times 17\% = 2179.49$（元）。

应交增值税 $= 20000 \div (1 + 17\%) \times 17\% - 2179.49 = 726.49$（元）

应交城建税及教育费附加、地方教育附加等 $= 726.49 \times (7\% + 3\% + 2\%) = 87.18$

（元）

应交企业所得税 $= [20000 \div (1+17\%) - 15000 \div (1+17\%) - 87.18] \times 25\% = 1046.58$ （元）

可以为公司带来净现金流量 $= 20000 - 15000 - 726.49 - 87.18 - 1046.58 = 3139.75$ （元）

可以形成税后净利润 $= 20000 \div (1+17\%) - 15000 \div (1+17\%) - 87.18 - 1046.58 = 3139.75$ （元）

税后利润 = 净现金流量

综合税收负担率 $= (726.49 + 87.18 + 1046.58) \div (726.49 + 87.18 + 1046.58 + 3139.75) \times 100\% = 37.21\%$

方案二：选 B 公司

单台销售额 20000 元，可以取得代开增值税专用发票 14000 元，可以抵扣进项税额 $14000 \div (1+3\%) \times 3\% = 407.77$ （元）。

应交增值税 $= 20000 \div (1+17\%) \times 17\% - 407.77 = 2498.22$ （元）

应交城建税及教育费附加、地方教育附加等 $= 2498.22 \times (7\% + 3\% + 2\%) = 299.79$ （元）

应交企业所得税 $= [20000 \div (1+17\%) - 14000 \div (1+3\%) - 299.79] \times 25\% = 800.50$ （元）

可以为公司带来净现金流量 $= 20000 - 14000 - 2498.22 - 299.79 - 800.50 = 2401.49$ （元）

可以形成税后利润 $= [20000 \div (1+17\%) - 14000 \div (1+3\%) - 299.79] - 800.50 = 2401.49$ （元）

综合税收负担率 $= (2498.22 + 299.79 + 800.50) \div (2498.22 + 299.79 + 800.50 + 2401.49) \times 100\% = 59.98\%$

两方案对比，选择 A 公司有 3139.75 元净利润，选择 B 公司有 2401.49 元净利润，选择 A 公司比选择 B 公司净利润高出 738.26 元；另外，从综合税收负担率比较，方案一也要比方案二低很多，因此，财务人员认定选择 A 公司对公司有利。

但是，取得能够足额抵扣增值税进项税额的专用发票的方案一定就优于只能取得 3% 进项税额抵扣的方案吗？

我们假设 B 公司愿意改变报价，比如报价 12000 元，是不是对于本公司利益更具诱惑力呢？

假设从一般纳税人处购进货物的价格（含税）为 X，从小规模纳税人处购进货物价格（含税）为 Y，则两种方案下净利润为：

选择一般纳税人净利润 = 销售额（不含税）− X÷（1+17%）−［销售额（不含税）− X÷（1+17%）］×17%×（7%+3%+2%）

选择小规模纳税人净利润 = 销售额（不含税）− Y÷（1+3%）−［销售额（不含税）×17%− Y÷（1+3%）×3%］×（7%+3%+2%）

假设两方案净利润相等的情况下，计算得：Y = X×86.55%

已知 A 公司报价 15000 元，则 B 公司报价应不高于 15000×86.55% = 12982.53（元）对于方欣公司都是合算的。

从上述案例可知，一般纳税人企业采购环节取得足额增值税专用发票抵扣进项税额是有好处的，但也不能为抵扣而抵扣，采购方案选择的标准仍然要立足于企业净利润、净现金流量的最大化。

在具体规划中，不外乎以下几种情况：

（1）税率 17% 与代开专用发票抵扣 3% 的比较。

（2）税率 17% 与不能抵扣税额的普通发票的比较。

（3）如果涉及农产品则是另外一种情形，一般纳税人购进农产品，不论是从农业生产者手中购买的还是从经营者手中购买的，也不论是自己开具的农产品收购发票还是取得的普通发票或增值税专用发票，均可计算抵扣进项税。只不过是税率 13% 与扣除率 13% 的比较，比率相同但结果仍有差异。

（4）如果涉及营改增企业，则是税率 11% 与代开专用发票抵扣 7% 的比较；税率 6% 与代开专用发票抵扣 3% 的比较；税率 11%、6% 与不能抵扣税额的普通发票的比较。

以上每一种比较之中均可寻求到彼此之间的平衡点，企业可根据自身情况权衡判断，但以上仅为税金进货渠道的理论分析，实务中企业应结合采购的其他综合成本一并考虑，比如产品质量、供货及时性、合作关系等方能确定适合企业的最佳进货方案。

第八节
"营改增"下企业拆分的税务谋划

在"营改增"试点下，交通运输企业及部分现代服务业企业认定为一般纳税人的标准是年应税销售额达到 500 万元，认定一般纳税人后，取得的增值税进项税额可以抵扣；否则按照小规模纳税人进行征管，征收率为 3%，不存在进项税额抵扣问题。应税服务销售额反映了一个企业规模的大小，假如企业可以合理控制规模是否可以通过增值税纳税人的身份认定来谋划企业税负呢？

【案例 10】陕西晓琦物流运输公司，"营改增"之前适用 3% 的营业税税率，2014 年经营规模有所扩大，预计 2014 年营业收入为 800 万元，如果被认定为一般纳税人其测算购进相关原材料和应税服务总额为 300 万元，可抵扣进项税额为51 万元（300×17%），企业应纳增值税为 37 万元（800×11%－51）；如果将企业拆分为两家运输公司，营业额均为 400 万元，则还将是小规模纳税人，则应纳增值税合计为 24 万元（400×3%×2），显然企业规模扩大由于纳税人的身份有别会增加税负支出，一年税负差异 13 万元，可否再成立一家公司呢？

解析：

假如另外成立一家公司不影响其经营现状，我们计算公司拆分方式的临界点如下：

假定运输公司的营业收入为 α（α＞500 万元），购进可扣除原材料和修理修配等劳务的金额合计为 β，在一般纳税人的计算方式下，则增值税应纳税额为 α×11%－β×17%；如果将公司拆分为 n 个小规模纳税人，营业额分别为 r_1，r_2，…，r_n（r_n＜500，$\sum r_n = \alpha$），则应纳增值税为 r_1×3%＋r_2×3%＋…r_n×3%＝α×3%。

假定拆分前增值税税负高于拆分后税负，则 α×11%－β×17%＞α×3%，得到 47.06%＞β÷α，也就是说如果一般纳税人的运输企业可扣除外购项目金额与运输收入之比小于 47.06%，企业拆分成为小规模纳税人能够节约税款。

验证如下：

购进可抵扣进项税额的货物、加工修理修配劳务以及应税服务为 800×47.06%＝376.48（万元）

一般纳税人应交增值税 $800×11\%-376.48×17\%=24$（万元），与企业拆分税负一致。可见，如果该企业购进可抵扣进项税额的货物、加工修理修配劳务以及应税服务成本费用额如果大于 376.48 万元，申请认定一般纳税人为宜，否则企业拆分更有利。

关于进项税额的抵扣问题，应注意到在现行法律之下，运输业小规模纳税人可以委托税务机关按照 3% 征收率开具增值税专用发票，运输劳务的购买者可以按照发票上注明的税额 3% 进行抵扣，对购买方的压力将会得到一定程度的缓解。

另外，如果运输劳务的购买方为营业税纳税人或者属于旅客运输等不允许扣除进项税额的项目，运输劳务的供给双方将会"共赢"。

第九节
"营改增"将对建筑业产生哪些影响

《财政部、国家税务总局关于印发营业税改征增值税试点方案的通知》（财税 [2011] 110 号）拟将建筑业营业税改征为增值税，税率为 11%。建筑业"营改增"，涉及建筑业及其上下游产业链，对建筑业的发展影响深远，由于建筑业的复杂性，营改增何去何从，引业内人士无限遐想。

猜想一："甲供材料"谁来采购？

在营业税政策下，"甲供材料"是房地产企业与施工企业在工程建设过程中常见的合作方式。即房地产开发商在进行施工招投标与施工单位签订合同时，开发方为甲方，合同中规定该工程项目中所使用的主要材料由甲方统一购入，再由甲方将工程所需材料调拨给施工企业（乙方）使用。"甲供材料"一般为大宗材料，比如钢筋、钢板、管材以及水泥等，现行增值税率为 17%。我们猜想房地产业一定会晚于建筑业实施营改增，建筑业步入营改增后，假设天元房地产公司（甲方）与柏林建筑公司（乙方）签订工程施工合同，甲方征收营业税不征收增值税，甲方如果选择此类"甲供材料"因不需要抵扣进项税额款，甲供材税金直接计入成本。假设甲方共计支付钢材价款 1000 万元和增值税额 170 万元，钢材成本合计 1170 万元计入成本；如果钢材 1000 万元（不含税）由施工企业自行采购（增值税额 117 万元施工企业可抵扣进项税，不增加成本），在结算时，钢材价格不变的情况下，钢材 1000 万元（不含税），增值税额 110 元，房地产企业成本合计 1110 万元。两相比较，房地产企业"甲供材料"钢材成本会降低 1170 - 1110 = 60（万元），对于建筑公司来说，甲供材可不计收入、不计销项税额，若是自己采购，则可以抵扣 170 万元，而只需要计算销项税额 110 万元，也可减少税负 60 万元。

猜想二：成本都能取得进项税额发票？

我们知道，施工企业承建的工程项目比较分散，很多工程所处地域比较偏僻，所面对的材料供应商及材料种类"散、杂、小"，如砖瓦、白灰、砂石、土方及零星材料基本上由个体户、杂货店、小规模纳税人供应，购买的材料没有发票或者取得的发票不是增值税专用发票。由于发票管理难度大，材料进项税额无法正常抵扣，使建筑业实际税负加大。施工企业的实际税负很可能会增加。

猜想三：商品混凝土等材料增加税负。

根据《财政部、国家税务总局关于部分货物适用增值税低税率和简易办法征收增值税政策的通知》（财税 [2009] 9 号）规定，一般纳税人销售自产的下列货物，可选择按照简易办法依照 6% 征收率计算缴纳增值税：①建筑用和生产建筑材料所用的砂、土、石料；②以自己采掘的砂、土、石料或其他矿物连续生产的砖、瓦、石灰（不含黏土实心砖、瓦）；③自来水；④商品混凝土（仅限于以水泥为原料生产的水泥混凝土）。

以上所列货物，都是工程项目的主要材料，在工程造价中所占比重较大。假设施工企业购入以上材料都能取得正规增值税发票，可抵扣的进项税率为 6%，而建筑业增值税销项税率为 11%，施工企业购入的以上材料必将增加 5% 的纳税成本，从而加大建筑业实际税负，挤占利润空间。

猜想四：建筑劳务费增加税负。

建筑工程人工费占工程总造价的 20%~30%，而劳务用工主要来源于成建制的建筑劳务公司及零散的农民工。建筑劳务公司作为建筑业的一部分，为施工企业提供专业的建筑劳务，取得劳务收入按 11% 计征增值税销项税，却没有进项税额可抵扣，与原 3% 营业税率相比，增加了 8% 的税负。劳务公司作为微利企业，承受不了这么重的税负，势必走向破产，或将税负转嫁到施工企业。另外，农民工提供零星劳务产生的人工费，也没有增值税发票，无可抵扣的进项税额，势必加大建筑施工企业人工费的税负。那么营改增之后是否也会像有形动产融资租赁一般，对于建筑劳务企业实际税负超过 3%即征即退呢？

猜想五：转包或分包给个人取得发票能否扣除。

建筑工程尽管不允许转包或承包给个人，但是这种现象并不能有效禁止，营业税政策下，发包方要全额缴纳营业税，增值税政策下，假如发包方也能够取得承包方增值税专用发票，能否准予抵扣进项税额呢？

猜想六：发票的收集和认证工作难度大。

施工企业与传统生产制造企业的业务模式和客户类型差异较大，施工项目分散在全国各地，材料采购的地域也相应分散，材料管理部门多而杂，每笔采购业务都要按照现有增值税发票管理模式开具增值税发票，且材料发票的数量巨大，发票的收集、审核、整理等工作难度大、时间长。按现行制度规定，进项税额要在 180 天内认证完毕，其工作难度非常大。

猜想七：纳税地点是机构所在地还是劳务发生地？

施工企业按照营业税政策在劳务发生地纳税，增值税政策下，原则上应以机构所在地为主，那么劳务发生地主管税务机关如何实施有效管理，财政收入如何分配？建筑施工企业基本上注册以中心城市，小城镇乡村发生建筑施工劳务，增值税也要纳入中心城市吗？小城镇乡村如何发展？是否会设计一个在劳务发生地按一定预征率先纳税的方式呢？

猜想八：税制改革对联营合作项目冲击大。

目前，在施工企业内部，联营合作项目普遍存在，联营合作方大部分不是合法的正规企业，且部分合作方是自然人，没有健全的会计核算体系，工程成本核算形同虚设，采购的材料、分包工程、租赁的机械设备和设施基本没有正式的税务发票，也没有索取发票的意识。在营业税下，以工程总造价为计税依据计征营业税，不存在税款抵扣问题，营业税也与成本费用关系不大。但在增值税下，应纳税额为当期销项税额抵扣当期进项税额后的余额，销项税额是不含税工程造价乘以增值税率计算，进项税额是材料采购、设备租赁、工程分包等环节取得的增值税专用发票上注明的增值税额，进项税额产生于成本费用支出环节，增值税与工程造价、成本费用密不可分。如果联营合作项目在采购、租赁、分包等环节不能取得足够的增值税专用发票，那么增值税进项税额就很小，可抵扣的税款较少，缴纳的税款较多，工程实际税负有可能达到 6%~11%，超过总包方的管理费率，甚至超过项目的利润率，总包方和联营合作方都将无利可取，涉税风险会威胁到联营合作项目管理模式的生存和发展。

猜想九：挂靠应该没有生命力了。

建筑行业中承包项目挂靠经营的情况十分常见，被挂靠方对挂靠方的财务管理通常是松散的。由于仅收管理费，企业只对工程项目收入和收取的管理费关注，成本、费用则是挂靠方的事，挂靠方实际上处于个体经营状况。

个体工商户以外的其他个人不属于一般纳税人，按照简易计税方法计算缴纳增值税。而根据现行营业税暂行条例实施细则第十一条及财税〔2010〕37号规定，单位以承包、承租、挂靠方式经营的，承包人、承租人、挂靠人（以下统称承包人）发生应税行为，承包人以发包人、出租人、被挂靠人（以下统称发包人）名义对外经营并由发包人承担相关法律责任的，以发包人为纳税人；否则以承包人为纳税人。建筑企业挂靠经营模式下，挂靠方必须以有资质的建筑企业名义对外经营并由发包人承担相关法律责任。因此，纳税人不可能是挂靠方。

《财政部、国家税务总局关于印发〈营业税改征增值税试点方案〉的通知》（财税〔2011〕110号）规定，建筑业原则上适用增值税一般计税方法。根据规定，应税服务的年应征增值税销售额超过财政部和国家税务总局规定标准的纳税人为一般纳税人，未超过规定标准的纳税人为小规模纳税人。建筑业销售额通常情况下，规模较大，通常适用增值税一般计税方法。

由于挂靠经营模式下，施工企业对成本、费用疏于管理，如果挂靠项目在采购、租赁、分包等环节不能取得足够的增值税专用发票，那么增值税进项税额就很小，可抵扣的税款较少，缴纳的税款较多。财税〔2011〕110号规定，建筑业适用11%税率，工程实际税负最高可能达到11%。因此，挂靠施工在营业税政策下一路绿灯，皆因税负不高，增值税政策下，挂靠人不注重取得增值税专用发票，最后坑了被挂靠人，挂靠施工营改增后将行不通。

第十节
房地产业 "营改增" 将产生哪些影响

一、不动产增值税链条的断裂

建筑业营改增，而房地产属于不动产，假如不营改增，则意味着增值税链条的断裂，意味着之前的销项税额全部不能抵扣。势必又在助推房价飙升。

二、房地产营改增后，房地产成本会减少

即便是建筑业营改增，在房地产营改增前，建筑业发生的销项税额，甲方仍不能抵扣进项税额。如果房地产营改增后，不动产是增值税范围，则可以抵扣。这意味着不动产增值税链条的衔接。房地产项目建筑成本中 11% 的增税税额将不再是成本，进项税额抵扣相应会增加房地产企业的利润，对于房价回落还是有益的。

三、房地产营改增后，销售对利润的影响

房地产营改增后，其销售不动产产生的销项税额，受让方如为增值税一般纳税人，对受让方来说也不是成本，也可以抵扣。

假定在不增加受让方成本的情况下，房地产的利润该如何计算呢？营改增前，假设收入 10000 万元，营业税及附加 550 万元，则开发产品净收入为 9450 万元。

营改增后，对方可以抵扣，则保持对方成本不变，不含税收入 10000 万元，销项税额 1100 万元（不增加对方成本），则净收入 10000 万元，相比营改增前多出 550 万元。

房地产住房类项目受让方须负担 11% 的高额增值税税负。和商业地产不同，

由于房地产住房类项目最终是购房人居住，购房人为自然人，不能成为一般纳税人抵扣进项税额，房地产住房类项目受让方须负担 11% 的高额增值税税负。假定，上述房地产为住房类项目，不增加对方成本情况下收入 10000 万元（含税），价税分离后收入为 $10000 \div (1 + 11\%) = 9009.01$（万元），和营改增前比较，净收入减少 $10000 - 550 - 9009.01 = 440.99$（万元）。考虑可抵扣进项税额的情况，假定上述房地产住房类项目，房地产开发成本为 7000 万元，土地成本占 40%，为 2800 万元；建筑成本占 30%，为 2100 万元（不含税），进项税 231 万元，其他可抵扣进项税 60 万元，可抵扣进项税合计 290 万元，则营改增前后利润相差 $440.99 - 290 = 150.99$（万元）。

四、营改增后对房地产企业资金流利好

营业税在确认预售收入的当期就要缴纳，占用流动资金。销售不动产营业税金及附加为 5.6%。营业税构成为房地产企业不可忽视的现金流出。而改征增值税后，一般房地产项目建设、材料等先购入，多数时间，进项税额大于销项税额，因而开发之初较长的时间内无税可缴，减少企业流动资金的占用。楼市调控政策下，现金流往往比利润更重要。

五、房地产业营改增，商业地产将获重大利好

不仅如此，房地产营改增后，对整个相关上下游行业将产生深远影响。在房地产营改增前，不动产是非增值税应税项目，建筑行业、电梯制造、门窗、园林绿化、建筑设计等行业的用于不动产的增值税销项税额，甲方不能作为进项税额抵扣，会增加甲方成本。

房地产营改增后，不动产是增值税应税项目，甲方（一般纳税人）均能作为进项税额抵扣，则能够增加甲方利润。甲方当然不仅仅是房地产企业，而是所有投资不动产的增值税一般纳税人。

因此，房地产业纳入营改增，不考虑土地增值税或消费税的因素，房产商税负、利润会有明显变化。对于商业地产来说，由于投资方（甲方）可抵扣进项税额，并不增加投资成本。那么，形成不动产之前所有已纳的增值税额，也将行成

企业利润。

众所周知，不动产投资金额巨大。仅以房地产企业投资商业营业用房为例，国家统计局公布的 2012 年全国房地产开发和销售情况，房地产开发商业营业用房施工面积 65814 万平方米，投资商业营业用房 9312 亿元。商业营业用房销售面积 7759 万平方米，商业营业用房销售额 7000 亿元。

如果按房地产施工成本的比重 20%计算，商业营业用房施工成本约为 1862.4 亿元。假定房地产企业均为增值税一般纳税人，1862.4 亿元产生的建筑业销项税额 $1862.4 \div (1 + 11\%) \times 11\% = 184.56$（亿元）将不再是甲方成本，会增加房地产企业利润。

此外，如果假定商业营业用房的受让方均为增值税一般纳税人，商业营业用房销售额 7000 亿元产生的销项税额也不再是受让方成本，而是受让方可抵扣的进项税额。营改增之前企业还要纳营业税 $7000 \times 5\% = 350$（亿元）。两项合计 $184.56 + 350 = 534.56$（亿元），将全部形成企业利润。

而实际上，房地产业营改增商业地产减税效果会更多。不动产"营改增"，商业地产不仅仅是商业营业用房，还有办公用房以及其他经营用途的房地产；受益人也不仅仅是房地产企业，而是涉及商业地产及其上下游产业链。

可见，房地产业营改增，将惠及所有投资商业地产的增值税一般纳税人和相关上下游行业，可谓是结构性减税的一场"饕餮盛宴"，何时启动，我们拭目以待。

附 录

"营改增"自测试题

"营改增" 自测试题 A

一、单项选择题（共 15 题）

1. 根据财税〔2013〕37 号文件规定，自 2013 年（   ）起，在全国范围内开展交通运输业和部分现代服务业营改增试点。

A. 7 月 1 日　　　　B. 9 月 1 日　　　　C. 8 月 1 日　　　　D. 12 月 1 日

参考答案：C

答案解析：《关于在全国开展交通运输业和部分现代服务业营业税改征增值税试点税收政策的通知》（财税〔2013〕37 号）规定：自 2013 年 8 月 1 日起，在全国范围内开展交通运输业和部分现代服务业营改增试点。

试题难易度：01 容易

知识点：增值税—营改增—试点日期。

2. 营业税改征增值税的试点行业包括（   ）。

A. 建筑业

B. 部分现代服务业

C. 邮电通讯业

D. 文化娱乐业

参考答案：B

答案解析：财税〔2013〕37 号附件 1《交通运输业和部分现代服务业营业税改征增值税试点实施办法》第一条：在中华人民共和国境内（以下称境内）提供交通运输业和部分现代服务业服务（以下称应税服务）的单位和个人，为增值税纳税人。纳税人提供应税服务，应当按照本办法缴纳增值税，不再缴纳营业税。

试题难易度：01 容易

知识点：增值税—营改增—应税服务范围。

3. 提供货物运输服务，增值税税率是（   ）。

A. 17%   B. 11%   C. 13%   D. 6%

参考答案：B

答案解析：财税〔2013〕37 号附件 1《交通运输业和部分现代服务业营业税改征增值税试点实施办法》第十二条：提供交通运输业服务，税率为 11%。

试题难易度：01 容易

知识点：增值税—营改增—应税服务适用税率。

4. 试点小规模纳税人或一般纳税人简易征收，征收率是多少？（   ）

A. 17%   B. 4%   C. 6%   D. 3%

参考答案：D

答案解析：财税〔2013〕37 号附件 1《交通运输业和部分现代服务业营业税改征增值税试点实施办法》第十三条：增值税征收率为 3%。

试题难易度：01 容易

知识点：增值税—营改增—应税服务简易征收率。

5. 广州乙公司为一般纳税人，当月提供技术咨询服务，收取 50000 元，进项税额为 0，当月应申报缴纳增值税（   ）元。

A. 1456.31   B. 7264.96   C. 4954.96   D. 2830.19

参考答案：D

答案解析：$50000 \div (1 + 6\%) \times 6\% = 2830.19$（元）

试题难易度：02 中等

知识点：增值税—营改增——般纳税人—应税服务税率。

6. 广州丁公司为小规模纳税人，当月提供技术咨询服务，收取 50000 元，当月应申报缴纳增值税（　　）元。

A. 1456.31　　　　B. 7264.96　　　　C. 4954.96　　　　D. 2830.19

参考答案：A

答案解析：50000÷(1+3%)×3%=1456.31（元）

试题难易度：02 中等

知识点：增值税—营改增—小规模纳税人—应税服务简易征收率。

7. 新正税务师事务所为营改增一般纳税人，2013 年 9 月为企业提供涉税鉴证业务收入 10 万元，期初进项税额留抵 1000 元，问应计算缴纳（　　）元增值税？

A. 6000　　　　B. 5660.38　　　　C. 4660.38　　　　D. 2912.62

参考答案：C

答案解析：100000÷(1+6%)×6%−1000=4660.38（元）

试题难易度：02 中等

知识点：增值税—营改增——般纳税人—应纳税额。

8. 方欣公司为营改增试点一般纳税人，2013 年 8 月购进玉米一批，进行深加工，从采购方取得销售普通发票 100 万元，方欣当期可抵扣的增值税进项税额为（　　）万元。

A. 6　　　　B. 5.66　　　　C. 9.90　　　　D. 13

参考答案：D

答案解析：100×13%=13（万元）。财税［2013］37 号附件 1《交通运输业和部分现代服务业营业税改征增值税试点实施办法》第二十二条：下列进项税额准予从销项税额中抵扣：（三）购进农产品，除取得增值税专用发票或者海关进口增值税专用缴款书外，按照农产品收购发票或者销售发票上注明的农产品买价和 13%的扣除率计算进项税额。计算公式为：

进项税额=买价×扣除率

买价，是指纳税人购进农产品在农产品收购发票或者销售发票上注明的价款和按照规定缴纳的烟叶税。

试题难易度：02 中等

知识点：增值税—营改增——一般纳税人—可抵扣进项税额。

9. 营改增后，试点一般纳税人下列项目的进项税额可以从销项税额中抵扣（　　）。

A. 库房丢失的购进货物及对应的运费　　　B. 车间领用的购进货物

C. 幼儿园领用的购进货物及对应运费　　　D. 职工乘坐飞机

参考答案：B

答案解析：A属于非正常损失的购进货物及相关的加工修理修配劳务和交通运输业服务。C属于用于集体福利。D属于接受的旅客运输服务。均属于不得从销项税额中抵扣进项税额。

试题难易度：03 较难

知识点：增值税—营改增——一般纳税人—可抵扣进项税额。

10. 有（　　）下列情形之一者，应当按照销售额和增值税税率计算应纳税额，不得抵扣进项税额，也不得使用增值税专用发票。

A. 一般纳税人会计核算不健全，但能够提供准确税务资料的

B. 应当申请办理一般纳税人资格认定且已经申请的

C. 一般纳税人会计核算不健全，或者不能够提供准确税务资料的

D. 已经获得一般纳税人资格，但当年度收入额为40万元

参考答案：C

答案解析：财税〔2013〕37号附件1《交通运输业和部分现代服务业营业税改征增值税试点实施办法》第二十九条　有下列情形之一者，应当按照销售额和增值税税率计算应纳税额，不得抵扣进项税额，也不得使用增值税专用发票：（一）一般纳税人会计核算不健全，或者不能够提供准确税务资料的。（二）应当申请办理一般纳税人资格认定而未申请的。

试题难易度：01 容易

知识点：增值税—营改增——一般纳税人—不得抵扣进项税额。

11. 营改增纳税人提供应税服务，应当向索取增值税专用发票的接受方开具增值税专用发票，并在增值税专用发票上分别注明销售额和销项税额。属于下列情形之一的，不得开具增值税专用发票（　　）。

A. 航空公司提供旅客航空服务　　　B. 提供运输分包业务

C. 提供咨询服务　　　D. 提供广告服务

参考答案：A

答案解析：ABCD 都属于应税服务范围，但是 A 属于向消费者个人提供应税服务。

试题难易度：02 中等

知识点：增值税—营改增—发票开具。

12. 营改增试点水路运输服务是指通过江、河、湖、川等天然、人工水道或者海洋航道运送货物或者旅客的运输业务活动。包括（　　）。

A. 程租　　　　　B. 湿租　　　　　C. 光租　　　　　D. 干租

参考答案：A

答案解析：远洋运输的程租、期租业务，属于水路运输服务。程租业务，是指远洋运输企业为租船人完成某一特定航次的运输任务并收取租赁费的业务。期租业务，是指远洋运输企业将配备有操作人员的船舶承租给他人使用一定期限，承租期内听候承租方调遣，不论是否经营，均按天向承租方收取租赁费，发生的固定费用均由船东负担的业务。光租业务：指远洋运输企业将船舶在约定的时间内出租给他人使用，不配备操作人员，不承担运输过程中发生的各种费用，只收取固定租赁费的业务，光租属于让渡资产使用权。湿租业务，是指航空运输企业将配备有机组人员的飞机承租给他人使用一定期限，承租期内听候承租方调遣，不论是否经营，均按一定标准向承租方收取租赁费，发生的固定费用均由承租方承担的业务。干租又称光机租赁，干租仅涉及飞机的租赁，不包括机组人员和备件。承租人必须自己提供机组、燃油，甚至自己提供维修服务。

试题难易度：02 中等

知识点：增值税—营改增—应税服务范围—交通运输业。

13. 营改增鉴证咨询服务不包括（　　）。

A. 认证服务　　　B. 鉴证服务　　　C. 咨询服务　　　D. 招标代理服务

参考答案：D

答案解析：鉴证咨询服务，包括认证服务、鉴证服务和咨询服务。

试题难易度：01 容易

知识点：增值税—营改增—应税服务范围—部分现代服务业。

14. 试点单位和个人提供的国际运输服务适用增值税（　　）税率。

A. 0　　　　　　　B. 3%　　　　　　C. 6%　　　　　　D. 11%

参考答案：A

答案解析：财税〔2013〕37号附件4《应税服务适用增值税零税率和免税政策的规定》：中华人民共和国境内（以下称境内）的单位和个人提供的国际运输服务、向境外单位提供的研发服务和设计服务，适用增值税零税率。

试题难易度：02 中等

知识点：增值税—营改增—零税率。

15. 境内的单位和个人提供的下列应税服务免征增值税，但财政部和国家税务总局规定适用零税率的除外：（　　）。

A. 工程、矿产资源在境内的工程勘察勘探服务

B. 会议展览地点在境内的会议展览服务

C. 存储地点在境外的仓储服务

D. 标的物在境外使用的不动产租赁服务

参考答案：C

答案解析：财税〔2013〕37号附件4《应税服务适用增值税零税率和免税政策的规定》：境内的单位和个人提供的下列应税服务免征增值税，但财政部和国家税务总局规定适用零税率的除外：

（一）工程、矿产资源在境外的工程勘察勘探服务。

（二）会议展览地点在境外的会议展览服务。

（三）存储地点在境外的仓储服务。

（四）标的物在境外使用的有形动产租赁服务。

（五）在境外提供的广播影视节目（作品）的发行、播映服务。

（六）符合本规定第一条第（一）项规定但不符合第一条第（二）项规定条件的国际运输服务。

（七）符合本规定第二条第一款规定但不符合第二条第二款规定条件的港澳台运输服务。

（八）向境外单位提供的下列应税服务：

1. 技术转让服务、技术咨询服务、合同能源管理服务、软件服务、电路设计及测试服务、信息系统服务、业务流程管理服务、商标著作权转让服务、知识产权服务、物流辅助服务（仓储服务除外）、认证服务、鉴证服务、咨询服务、广播影视节目（作品）制作服务、期租服务、程租服务、湿租服务。但不包括：合

同标的物在境内的合同能源管理服务，对境内货物或不动产的认证服务、鉴证服务和咨询服务。

2. 广告投放地在境外的广告服务。

试题难易度：02 中等

知识点：增值税—营改增—免征增值税。

二、多项选择题（共 18 题）

1. 营业税改征增值税的基本原则包括（　　）。

A. 统筹设计、分步实施　　　　　　B. 规范税制、合理负担

C. 全面协调、平稳过渡　　　　　　D. 统一税率

参考答案：ABC

答案解析：财税〔2011〕110 号《营业税改征增值税试点方案》指导思想。

试题难易度：02 中等

知识点：增值税—营改增—指导思想。

2. 营业税改征增值税的试点计税方式是怎样的？（　　）

A. 交通运输业、建筑业原则上适用增值税一般计税方法

B. 金融保险业原则上适用增值税一般计税方法

C. 邮电通信业、现代服务业、文化体育业、销售不动产和转让无形资产，原则上适用增值税一般计税方法

D. 生活性服务业，原则上适用增值税简易计税方法

参考答案：ACD

答案解析：财税〔2011〕110 号《营业税改征增值税试点方案》：计税方式。交通运输业、建筑业、邮电通信业、现代服务业、文化体育业、销售不动产和转让无形资产，原则上适用增值税一般计税方法。金融保险业和生活性服务业，原则上适用增值税简易计税方法。

试题难易度：02 中等

知识点：增值税—营改增—税制安排—计税方式。

3. 单位以承包、承租、挂靠方式经营的，营改增后确定纳税人方正确的为（　　）。

A. 承包人、承租人、挂靠人以发包人、出租人、被挂靠人名义对外经营并由发包人承担相关法律责任的，以该发包人为纳税人。

B. 承包人、承租人、挂靠人以自己名义对外经营并由发包人承担相关法律责任的，以该发包人为纳税人。

C. 承包人、承租人、挂靠人以自己对外经营并由自己承担相关法律责任的，以该发包人为纳税人。

D. 承包人、承租人、挂靠人以发包人、出租人、被挂靠人名义对外经营不由发包人承担相关法律责任的，以该承包人为纳税人。

参考答案：AD

答案解析：《交通运输业和部分现代服务业营业税改征增值税试点实施办法》第二条：单位以承包、承租、挂靠方式经营的，承包人、承租人、挂靠人（以下称承包人）以发包人、出租人、被挂靠人（以下称发包人）名义对外经营并由发包人承担相关法律责任的，以该发包人为纳税人。否则，以承包人为纳税人。

试题难易度：02 中等

知识点：增值税—营改增—纳税人—挂靠经营。

4. 目前营改增试点中应税服务范围包括（　　）。

A. 陆路运输服务、水路运输服务、航空运输服务、管道运输服务、铁路运输服务

B. 研发和技术服务

C. 信息技术服务、文化创意服务

D. 物流辅助服务、有形动产租赁服务

E. 鉴证咨询服务

参考答案：BCDE

答案解析：《交通运输业和部分现代服务业营业税改征增值税试点实施办法》第八条：应税服务，是指陆路运输服务、水路运输服务、航空运输服务、管道运输服务、研发和技术服务、信息技术服务、文化创意服务、物流辅助服务、有形动产租赁服务、鉴证咨询服务、广播影视服务。应税服务的具体范围按照本办法所附的《应税服务范围注释》执行。不包括铁路运输服务，所以 A 错误。

试题难易度：02 中等

知识点：增值税—营改增—应税服务范围。

5. 在境内提供应税服务,是指应税服务提供方或者接受方在境内。下列情形不属于在境内提供应税服务:( )。

A. 美国甲公司向境内单位或者个人在纽约提供的咨询服务

B. 英国乙公司向境内单位或者个人出租完全在伦敦使用的汽车服务

C. 美国甲公司向境内单位或者个人在广州提供的咨询服务

D. 英国乙公司向境内单位或者个人出租在广州使用的房产服务

参考答案:AB

答案解析:《交通运输业和部分现代服务业营业税改征增值税试点实施办法》第十条:在境内提供应税服务,是指应税服务提供方或者接受方在境内。下列情形不属于在境内提供应税服务:(一)境外单位或者个人向境内单位或者个人提供完全在境外消费的应税服务。(二)境外单位或者个人向境内单位或者个人出租完全在境外使用的有形动产。(三)财政部和国家税务总局规定的其他情形。A、B不属于在境内提供应税服务。

试题难易度:03 较难

知识点:增值税—营改增—境内提供应税服务。

6. 增值税的计税方法,下列正确的有( )。

A. 一般纳税人提供应税服务适用一般计税方法计税

B. 一般纳税人提供财政部和国家税务总局规定的特定应税服务,可以选择适用简易计税方法计税,但一经选择,36个月内不得变更

C. 小规模纳税人提供应税服务适用简易计税方法计税

D. 境外单位或者个人在境内提供应税服务,在境内未设有经营机构的,扣缴义务人按照简易计税方式扣缴税款

参考答案:ABC

答案解析:境外单位或者个人在境内提供应税服务,在境内未设有经营机构的,扣缴义务人按照下列公式计算应扣缴税额:应扣缴税额=接受方支付的价款÷(1+税率)×税率。

试题难易度:02 中等

知识点:增值税—营改增—计税方法。

7. 营改增纳税人取得的增值税扣税凭证不符合法律、行政法规或者国家税务总局有关规定的,其进项税额不得从销项税额中抵扣,增值税扣税凭证,是指

（　　）。

A. 增值税专用发票　　　　　　　　B. 海关进口增值税专用缴款书

C. 农产品收购发票　　　　　　　　D. 农产品销售发票

E. 运输费用结算单据　　　　　　　F. 税收缴款凭证

参考答案：ABCDF

答案解析：《交通运输业和部分现代服务业营业税改征增值税试点实施办法》第二十三条：纳税人取得的增值税扣税凭证不符合法律、行政法规或者国家税务总局有关规定的，其进项税额不得从销项税额中抵扣。增值税扣税凭证，是指增值税专用发票、海关进口增值税专用缴款书、农产品收购发票、农产品销售发票、铁路运输费用结算单据和税收缴款凭证。纳税人凭税收缴款凭证抵扣进项税额的，应当具备书面合同、付款证明和境外单位的对账单或者发票。资料不全的，其进项税额不得从销项税额中抵扣。E 错误，因为 8 月 1 日后只有铁路运输费用结算单据允许抵扣。

试题难易度：02 中等

知识点：增值税—营改增—进项税额—抵扣凭证。

8. 营改增纳税人有下列情形之一者，应当按照销售额和增值税税率计算应纳税额，不得抵扣进项税额，也不得使用增值税专用发票（　　）。

A. 一般纳税人会计核算不健全，或者不能够提供准确税务资料的

B. 应当申请办理一般纳税人资格认定而未申请的

C. 应开具未开具发票的

D. 丢失增值税专用发票的

参考答案：AB

答案解析：《交通运输业和部分现代服务业营业税改征增值税试点实施办法》第二十九条：有下列情形之一者，应当按照销售额和增值税税率计算应纳税额，不得抵扣进项税额，也不得使用增值税专用发票：（一）一般纳税人会计核算不健全，或者不能够提供准确税务资料的。（二）应当申请办理一般纳税人资格认定而未申请的。

试题难易度：02 中等

知识点：增值税—营改增—发票开具。

9. 纳税人提供应税服务适用免税、减税规定的，适用如下规定：（　　）。

A. 可以放弃免税、减税

B. 放弃免税、减税但可以零申报

C. 放弃免税、减税后，36 个月内不得再申请免税、减税

D. 放弃免税、减税后，48 个月内不得再申请免税、减税

E. 纳税人提供应税服务同时适用免税和零税率规定的，优先适用免税

参考答案：AC

答案解析：《交通运输业和部分现代服务业营业税改征增值税试点实施办法》第四十四条：纳税人提供应税服务适用免税、减税规定的，可以放弃免税、减税，依照本办法的规定缴纳增值税。放弃免税、减税后，36 个月内不得再申请免税、减税。纳税人提供应税服务同时适用免税和零税率规定的，优先适用零税率。

试题难易度：02 中等

知识点：增值税—营改增—免税、减税。

10. 交通运输业，是指使用运输工具将货物或者旅客送达目的地，使其空间位置得到转移的业务活动。包括（　　）。

A. 陆路运输服务　　　　　　　　B. 水路运输服务

C. 航空运输服务　　　　　　　　D. 管道运输服务

参考答案：ABCD

答案解析：根据《应税服务范围注释》规定：交通运输业，是指使用运输工具将货物或者旅客送达目的地，使其空间位置得到转移的业务活动。包括陆路运输服务、水路运输服务、航空运输服务和管道运输服务。

试题难易度：01 较易

知识点：增值税—营改增—应税服务范围—交通运输业。

11. 研发和技术服务包括（　　）。

A. 研发服务　　　　　　　　　　B. 技术转让服务

C. 技术咨询服务　　　　　　　　D. 合同能源管理服务

E. 工程勘察勘探服务

参考答案：ABCDE

答案解析：根据《应税服务范围注释》规定：研发和技术服务，包括研发服务、技术转让服务、技术咨询服务、合同能源管理服务、工程勘察勘探服务。

知识点：增值税—营改增—应税服务范围—部分现代服务业—研发和技术服务。

12. 营改增文化创意服务包括（　　）。

A. 设计服务　　　　　　　　　B. 商标著作权转让服务

C. 知识产权服务　　　　　　　D. 图书出版

E. 会议展览服务

参考答案：ABCE

答案解析：根据《应税服务范围注释》规定：文化创意服务，包括设计服务、商标和著作权转让服务、知识产权服务、广告服务和会议展览服务。D 图书出版原来即是增值税征收范围。

试题难易度：02 中等

知识点：增值税—营改增—应税服务范围—部分现代服务业—文化创意服务。

13. 鉴证咨询服务，包括（　　）。

A. 监理服务　　　B. 认证服务　　　C. 鉴证服务　　　D. 咨询服务

参考答案：BCD

答案解析：根据《应税服务范围注释》规定：鉴证咨询服务，包括认证服务、鉴证服务和咨询服务。

（1）认证服务，是指具有专业资质的单位利用检测、检验、计量等技术，证明产品、服务、管理体系符合相关技术规范、相关技术规范的强制性要求或者标准的业务活动。

（2）鉴证服务，是指具有专业资质的单位，为委托方的经济活动及有关资料进行鉴证，发表具有证明力的意见的业务活动。包括会计鉴证、税务鉴证、法律鉴证、工程造价鉴证、资产评估、环境评估、房地产土地评估、建筑图纸审核、医疗事故鉴定等。

（3）咨询服务，是指提供和策划财务、税收、法律、内部管理、业务运作和流程管理等信息或者建议的业务活动。

试题难易度：02 中等

知识点：增值税—营改增—应税服务范围—部分现代服务业—鉴证咨询服务。

14. 根据财税〔2013〕37 号文件，试点纳税人提供应税服务，关于销售额确定不正确的有（　　）。

A. 允许其以取得的全部价款和价外费用，扣除支付给非试点纳税人（指试点地区不按照《试点实施办法》缴纳增值税的纳税人和非试点地区的纳税人）价款后的余额为销售额

B. 试点纳税人中的小规模纳税人提供交通运输业服务和国际货物运输代理服务，按照国家有关营业税政策规定差额征收营业税的，其支付给试点纳税人的价款，也允许从其取得的全部价款和价外费用中扣除

C. 试点纳税人中的一般纳税人提供国际货物运输代理服务，按照国家有关营业税政策规定差额征收营业税的，其支付给试点纳税人的价款，也允许从其取得的全部价款和价外费用中扣除

D. 试点纳税人中的一般纳税人提供国际货物运输代理服务，其支付给试点纳税人的价款，取得增值税专用发票的，不得从其取得的全部价款和价外费用中扣除

E. 经中国人民银行、商务部、银监会批准从事融资租赁业务的试点纳税人提供有形动产融资租赁服务，以取得的全部价款和价外费用（包括残值）扣除由出租方承担的有形动产的贷款利息（包括外汇借款和人民币借款利息）、关税、进口环节消费税、安装费、保险费的余额为销售额

参考答案：ABCD

答案解析：财税〔2013〕37 号附件 2《交通运输业和部分现代服务业营业税改征增值税试点有关事项的规定》关于销售额的规定。经中国人民银行、商务部、银监会批准从事融资租赁业务的试点纳税人提供有形动产融资租赁服务，以取得的全部价款和价外费用（包括残值）扣除由出租方承担的有形动产的贷款利息（包括外汇借款和人民币借款利息）、关税、进口环节消费税、安装费、保险费的余额为销售额。

试点纳税人从全部价款和价外费用中扣除价款，应当取得符合法律、行政法规和国家税务总局有关规定的有效凭证。否则，不得扣除。

上述凭证是指：

（1）支付给境内单位或者个人的款项，以发票为合法有效凭证。

（2）缴纳的税款，以完税凭证为合法有效凭证。

（3）支付给境外单位或者个人的款项，以该单位或者个人的签收单据为合法有效凭证，税务机关对签收单据有疑义的，可以要求其提供境外公证机构的确

认证明。

（4）国家税务总局规定的其他凭证。

试题难易度：02 中等

知识点：增值税—营改增—销售额。

15. 一般纳税人资格认定和计税方法正确的有 （　　）。

A. 应税服务年销售额标准为 500 万元

B. 试点地区应税服务年销售额未超过 500 万元的原公路、内河货物运输业自开票纳税人，应当申请认定为一般纳税人

C. 试点纳税人中的一般纳税人提供的公共交通运输服务（包括轮客渡、公交客运、轨道交通、出租车），可以选择按照简易计税方法计算缴纳增值税

D. 试点纳税人中的一般纳税人提供的公共交通运输服务，可以选择按照简易计税方法计算缴纳增值税。公共交通运输服务，包括轮客渡、公交客运、轨道交通（含地铁、城市轻轨)、出租车、长途客运、班车。其中，班车，是指按固定路线、固定时间运营并在固定站点停靠的运送旅客的陆路运输

参考答案：ACD

答案解析：财税 ［2013］ 37 号附件 2《交通运输业和部分现代服务业营业税改征增值税试点有关事项的规定》关于一般纳税人资格认定和计税方法的规定。

试题难易度：02 中等

知识点：增值税—营改增——一般纳税人资格认定—计税方法。

16. 营改增中下列税收优惠正确的有 （　　）。

A. 为安置随军家属就业而新开办的企业，自领取税务登记证之日起，其提供的应税服务 3 年内免征增值税

B. 享受税收优惠政策的企业，随军家属必须占企业总人数的 60%（含）以上，并有军（含）以上政治和后勤机关出具的证明

C. 从事个体经营的随军家属，自领取税务登记证之日起，其提供的应税服务 3 年内免征增值税

D. 随军家属必须有军以上政治机关出具的可以表明其身份的证明，但税务部门应当进行相应的审查认定

参考答案：ABC

答案解析：财税 ［2013］ 37 号附件 3《交通运输业和部分现代服务业营业税

改征增值税试点过渡政策的规定》关于随军家属、军队转业干部、城镇退役士兵就业的过渡政策规定。

试题难易度：03 较难

知识点：增值税—营改增—计税方法。

17. 境内的单位和个人提供的国际运输服务适用增值税零税率。国际运输服务，是指（　　）。

A. 在境内载运货物出境　　　　B. 在境外载运旅客或者货物入境

C. 在境外载运旅客或者货物　　D. 在境内载运旅客出境

参考答案：ABC

答案解析：财税〔2013〕37 号附件 4《应税服务适用增值税零税率和免税政策的规定》：第一条（一）规定，不包括 D。

试题难易度：02 中等

知识点：增值税—营改增—零税率—国际运输服务。

18. 试点地区的单位和个人提供的下列应税服务免征增值税，但财政部和国家税务总局规定适用零税率的除外（　　）。

A. 工程、矿产资源在境外的工程勘察勘探服务

B. 会议展览地点在境外的会议展览服务

C. 存储地点在境外的仓储服务

D. 标的物在境外使用的有形动产租赁服务

E. 广告投放地在境外的广告服务

参考答案：ABCDE

答案解析：财税〔2013〕37 号附件 4《应税服务适用增值税零税率和免税政策的规定》规定：七、境内的单位和个人提供的下列应税服务免征增值税，但财政部和国家税务总局规定适用零税率的除外：

（一）工程、矿产资源在境外的工程勘察勘探服务。

（二）会议展览地点在境外的会议展览服务。

（三）存储地点在境外的仓储服务。

（四）标的物在境外使用的有形动产租赁服务。

（五）在境外提供的广播影视节目（作品）的发行、播映服务。

（六）符合本规定第一条第（一）项规定但不符合第一条第（二）项规定条

件的国际运输服务。

（七）符合本规定第二条第一款规定但不符合第二条第二款规定条件的港澳台运输服务。

（八）向境外单位提供的下列应税服务：

1. 技术转让服务、技术咨询服务、合同能源管理服务、软件服务、电路设计及测试服务、信息系统服务、业务流程管理服务、商标著作权转让服务、知识产权服务、物流辅助服务（仓储服务除外）、认证服务、鉴证服务、咨询服务、广播影视节目（作品）制作服务、期租服务、程租服务、湿租服务。但不包括：合同标的物在境内的合同能源管理服务，对境内货物或不动产的认证服务、鉴证服务和咨询服务。

2. 广告投放地在境外的广告服务。

试题难易度：02 中等

知识点：增值税—营改增—零税率—免征增值税。

三、判断题（共 15 题）

1. 营改增服务贸易进口在国内环节征收增值税，出口实行零税率或免税制度。　　　　　　　　　　　　　　　　　　　　　　（　）

参考答案：对

答案解析：《试点方案》明确，服务贸易进口在国内环节征收增值税，出口实行零税率或免税制度。

试题难易度：02 中等

知识点：增值税—营改增—服务贸易—进口—出口。

2. 营改增试点纳税人认定为一般纳税人后，不符合管理规定的要转为小规模纳税人管理。　　　　　　　　　　　　　　　　　　　（　）

参考答案：错

答案解析：《交通运输业和部分现代服务业营业税改征增值税试点实施办法》规定：除国家税务总局另有规定外，一经认定为一般纳税人后，不得转为小规模纳税人。

试题难易度：02 中等

知识点：增值税—营改增——一般纳税人资格认定。

3. 中华人民共和国境外（以下称境外）的单位或者个人在境内提供应税服务，在境内未设有经营机构的，以其代理人为增值税扣缴义务人。　　　（　　）

参考答案：对

答案解析：《交通运输业和部分现代服务业营业税改征增值税试点实施办法》第六条：中华人民共和国境外（以下称境外）的单位或者个人在境内提供应税服务，在境内未设有经营机构的，以其代理人为增值税扣缴义务人；在境内没有代理人的，以接受方为增值税扣缴义务人。

试题难易度：02 中等

知识点：增值税—营改增—境外单位或个人—提供应税服务—扣缴义务人。

4. 试点中增值税的计税方法，包括一般计税方法和简易计税方法。　　（　　）

参考答案：对

答案解析：《交通运输业和部分现代服务业营业税改征增值税试点实施办法》第十四条。

试题难易度：01 较易

知识点：增值税—营改增—计税方法。

5. 一般纳税人提供财政部和国家税务总局规定的特定应税服务，可以选择适用简易计税方法计税，但一经选择，一年内不得变更。　　　　　　（　　）

参考答案：错

答案解析：《交通运输业和部分现代服务业营业税改征增值税试点实施办法》第十五条：一般纳税人提供应税服务适用一般计税方法计税。一般纳税人提供财政部和国家税务总局规定的特定应税服务，可以选择适用简易计税方法计税，但一经选择，36 个月内不得变更。

试题难易度：02 中等

知识点：增值税—营改增—计税方法。

6. 境外单位或者个人在境内提供应税服务，在境内未设有经营机构的，扣缴义务人按照简易计税方法计算扣缴税款。　　　　　　　　　　（　　）

参考答案：错

答案解析：《交通运输业和部分现代服务业营业税改征增值税试点实施办法》第十七条：境外单位或者个人在境内提供应税服务，在境内未设有经营机构的，

扣缴义务人按照下列公式计算应扣缴税额：应扣缴税额＝接受方支付的价款÷(1＋税率)×税率

试题难易度：01 较易

知识点：增值税—营改增—计税方法—境外单位或个人提供应税服务。

7. 应纳税额＝当期销项税额－当期进项税额，当期销项税额小于当期进项税额不足抵扣时，其不足部分可以结转下期继续抵扣。　　　　　　(　　)

参考答案：对

答案解析：《交通运输业和部分现代服务业营业税改征增值税试点实施办法》第十八条：一般计税方法的应纳税额，是指当期销项税额抵扣当期进项税额后的余额。应纳税额计算公式：应纳税额＝当期销项税额－当期进项税额，当期销项税额小于当期进项税额不足抵扣时，其不足部分可以结转下期继续抵扣。

试题难易度：01 较易

知识点：增值税—营改增—应纳税额。

8. 从销售方或者提供方取得的增值税专用发票上注明的增值税额准予从销项税额中抵扣。　　　　　　　　　　　　　　　　　　　(　　)

参考答案：对

答案解析：《交通运输业和部分现代服务业营业税改征增值税试点实施办法》第二十二条：下列进项税额准予从销项税额中抵扣：从销售方或者提供方取得的增值税专用发票（含货物运输业增值税专用发票、税控机动车销售统一发票，下同）上注明的增值税额。

试题难易度：01 较易

知识点：增值税—营改增—进项税额—抵扣。

9. 购进农产品，除取得增值税专用发票或者海关进口增值税专用缴款书外，按照农产品收购发票或者销售发票上注明的农产品买价10%的扣除率计算的进项税额准予从销项税额中抵扣。　　　　　　　　　　　　(　　)

参考答案：错

答案解析：《交通运输业和部分现代服务业营业税改征增值税试点实施办法》第二十二条：下列进项税额准予从销项税额中抵扣：……（三）购进农产品，除取得增值税专用发票或者海关进口增值税专用缴款书外，按照农产品收购发票或者销售发票上注明的农产品买价和13%的扣除率计算的进项税额。计算公式为：

进项税额=买价×扣除率。买价，是指纳税人购进农产品在农产品收购发票或者销售发票上注明的价款和按照规定缴纳的烟叶税。

试题难易度：02 中等

知识点：增值税—营改增—进项税额—抵扣 。

10. 根据财税［2013］37 号文，营改增试点后，可以计算抵扣进项税额的运输费用金额，是指运输费用结算单据上注明的运输费用（包括铁路临管线及铁路专线运输费用）、建设基金、装卸费、保险费等其他杂费。　　　　（　　）

参考答案：错

答案解析：《交通运输业和部分现代服务业营业税改征增值税试点实施办法》第二十二条：下列进项税额准予从销项税额中抵扣：……（四）接受铁路运输服务，按照铁路运输费用结算单据上注明的运输费用金额和7%的扣除率计算的进项税额。进项税额计算公式：

进项税额=运输费用金额×扣除率

运输费用金额，是指铁路运输费用结算单据上注明的运输费用（包括铁路临管线及铁路专线运输费用）、建设基金，不包括装卸费、保险费等其他杂费。

试题难易度：02 中等

知识点：增值税—营改增—进项税额—抵扣。

11. 纳税人取得的增值税扣税凭证不符合法律、行政法规或者国家税务总局有关规定的，其进项税额不得从销项税额中抵扣。　　　　　　　（　　）

参考答案：对

答案解析：《交通运输业和部分现代服务业营业税改征增值税试点实施办法》第二十三条。

试题难易度：01 较易

知识点：增值税—营改增—进项税额—扣税凭证。

12. 纳税人凭通用缴款书抵扣进项税额的，应当具备书面合同、付款证明和境外单位的对账单或者发票。资料不全的，其进项税额不得从销项税额中抵扣。

（　　）

参考答案：错

答案解析：《交通运输业和部分现代服务业营业税改征增值税试点实施办法》第二十三条：纳税人凭税收缴款凭证抵扣进项税额的，应当具备书面合同、付款证明和境外单位的对账单或者发票。资料不全的，其进项税额不得从销项税额中抵扣。

试题难易度：01 较易

知识点：增值税—营改增—进项税额—扣税凭证。

13. 两个或者两个以上的纳税人，经财政部和国家税务总局批准可以视为一个纳税人合并纳税。 （ ）

参考答案：对

答案解析：《交通运输业和部分现代服务业营业税改征增值税试点实施办法》第七条：两个或者两个以上的纳税人，经财政部和国家税务总局批准可以视为一个纳税人合并纳税。具体办法由财政部和国家税务总局另行制定。

试题难易度：01 较易

知识点：增值税—营改增—合并纳税。

14. 自用的应征消费税的摩托车、汽车、游艇，但作为提供交通运输业服务的运输工具和租赁服务标的物的除外。 （ ）

参考答案：错

答案解析：财税〔2013〕37 号附件 2《交通运输业和部分现代服务业营业税改征增值税试点有关事项的规定》明确：原增值税一般纳税人自用的应征消费税的摩托车、汽车、游艇，其进项税额准予从销项税额中抵扣。

试题难易度：01 较难

知识点：增值税—营改增—摩托车、汽车、游艇。

15. 在境外提供的广播影视节目（作品）的发行、播映服务适用增值税零税率。 （ ）

参考答案：错

答案解析：财税〔2013〕37 号附件 4《应税服务适用增值税零税率和免税政策的规定》规定：七、境内的单位和个人提供的下列应税服务免征增值税，但财政部和国家税务总局规定适用零税率的除外：

（一）工程、矿产资源在境外的工程勘察勘探服务。

（二）会议展览地点在境外的会议展览服务。

（三）存储地点在境外的仓储服务。

（四）标的物在境外使用的有形动产租赁服务。

（五）在境外提供的广播影视节目（作品）的发行、播映服务。

（六）符合本规定第一条第（一）项规定但不符合第一条第（二）项规定条件的国际运输服务。

（七）符合本规定第二条第一款规定但不符合第二条第二款规定条件的港澳台运输服务。

（八）向境外单位提供的下列应税服务：

1. 技术转让服务、技术咨询服务、合同能源管理服务、软件服务、电路设计及测试服务、信息系统服务、业务流程管理服务、商标著作权转让服务、知识产权服务、物流辅助服务（仓储服务除外）、认证服务、鉴证服务、咨询服务、广播影视节目（作品）制作服务、期租服务、程租服务、湿租服务。但不包括：合同标的物在境内的合同能源管理服务，对境内货物或不动产的认证服务、鉴证服务和咨询服务。

2. 广告投放地在境外的广告服务。

试题难易度：02 中等

知识点：增值税—营改增—零税率—免征增值税。

四、计算题（共 2 题）

1. 西安建工集团公司（增值税一般纳税人）2013 年 8 月发生如下业务：

（1）按照 2012 年施工机械租赁合同约定，本月收取租金 100 万元现金；

（2）按照本月签订的施工机械租赁合同约定，本月一次性收取半年租金 200 万元，施工机械 2013 年 7 月采购，自 2013 年 9 月开始交付对方使用。

（3）按照本月签订的施工机械租赁合同约定，本月收取月租金 150 万元，施工机械 2013 年 8 月采购，支付 585 万元银行存款并取得专用发票。

当期发生施工机械运输费支出 40 万元现金并取得专用发票，但是无法区分每个合同所发生成本费用是多少。不考虑本月取得的增值税其他进项税额，请计算该公司应纳税额。

参考答案：

应纳营业税 = 100 × 5% = 5（万元）

简易计税应纳增值税 = 200 ÷ (1 + 3%) × 3% = 5.83（万元）

一般计税增值税销项税额 $= 150 \div (1 + 17\%) \times 17\% = 21.79$ （万元）

增值税进项税额 $= 40 \div (1 + 11\%) \times 11\% + 585 \div (1 + 17\%) \times 17\% = 88.96$ （万元）

不得抵扣的进项税额 $= 3.96 \times (100 + 200 \div 1.03) \div (100 + 200 \div 1.03 + 150 \div 1.17)$ $= 2.75$ （万元）

一般计税应纳增值税额 $= 21.79 - (88.96 - 2.75) = -64.42$ （万元），为留抵税额。

答案解析：《关于在全国开展交通运输业和部分现代服务业营业税改征增值税试点税收政策的通知》（财税〔2013〕37号）附件2：《交通运输业和部分现代服务业营业税改征增值税试点有关事项的规定》规定：试点纳税人中的一般纳税人，以该地区试点实施之日前购进或者自制的有形动产为标的物提供的经营租赁服务，试点期间可以选择适用简易计税方法计算缴纳增值税。试点纳税人在本地区试点实施之日前签订的尚未执行完毕的租赁合同，在合同到期日之前继续按照现行营业税政策规定缴纳营业税。

难易度：较难（03）

知识点：营改增—有形动产租赁—营业税—增值税。

2. 南京国庆广告公司（增值税一般纳税人）2013年8月发生如下业务：取得广告代理收入200万元现金，其中支付给江苏电视台84万元现金，发生影视设备租赁收入40万元现金，购买小汽车支付30万元现金，上述支出均取得了增值税专用发票，如果企业在会计账簿中单独核算上述收入和成本，并且不考虑本月取得的增值税其他进项税额，请计算增值税应纳税额。

参考答案：

增值税销项税额 $= 200 \div (1 + 6\%) \times 6\% + 40 \div (1 + 17\%) \times 17\% = 17.13$ （万元）

增值税进项税额 $= 84 \div (1 + 6\%) \times 6\% + 30 \div (1 + 17\%) \times 17\% = 9.11$ （万元）

应纳增值税额 $= 17.13 - 9.11 = 8.02$ （万元）

答案解析：《关于在全国开展交通运输业和部分现代服务业营业税改征增值税试点税收政策的通知》（财税〔2013〕37号）附件2：《交通运输业和部分现代服务业营业税改征增值税试点有关事项的规定》规定：原增值税一般纳税人自用的应征消费税的摩托车、汽车、游艇，其进项税额准予从销项税额中抵扣。

难易度：容易（01）

知识点：营改增—进项税额—小汽车进项税额抵扣。

"营改增"自测试题 B

一、单项选择题（共 15 题）

1. 营改增试点最早的试点地区是（　　）。

A. 北京　　　　　B. 上海　　　　　C. 浙江省　　　　　D. 江苏省

参考答案：B

答案解析：根据《财政部、国家税务总局关于在上海市开展交通运输业和部分现代服务业营业税改征增值税试点的通知》（财税〔2011〕111 号）（2013 年 8 月 1 日起废止）规定，上海于 2012 年 1 月 1 日起开始营改增试点工作。

试题难易度：01 容易

知识点：增值税—营改增—试点地区。

2. 2013 年 8 月 1 日起营业税改征增值税的试点行业包括（　　）。

A. 交通运输业　　　　　　　　　B. 现代服务业

C. 服务业　　　　　　　　　　　D. 建筑业

参考答案：A

答案解析：财税〔2013〕37 号附件 1《交通运输业和部分现代服务业营业税改征增值税试点实施办法》第一条：在中华人民共和国境内（以下称境内）提供交通运输业和部分现代服务业服务（以下称应税服务）的单位和个人，为增值税纳税人。纳税人提供应税服务，应当按照本办法缴纳增值税，不再缴纳营业税。B 应当是部分现代服务业。

试题难易度：01 容易

知识点：增值税—营改增—应税服务范围。

3. 提供设备租赁增值税税率为（　　）。

A. 17%　　　　　B. 11%　　　　　C. 13%　　　　　D. 6%

参考答案：A

答案解析：财税〔2011〕110 号《营业税改征增值税试点方案》：税率。在现行增值税 17%标准税率和 13%低税率基础上，新增 11%和 6%两档低税率。租赁有形动产等适用 17%税率，交通运输业、建筑业等适用 11%税率，其他部分现代服务业适用 6%税率。

试题难易度：01 容易

知识点：增值税—营改增—应税服务适用税率。

4. 提供涉税鉴证服务，增值税税率是（　　）。

A. 17%　　　　　　B. 11%　　　　　　C. 13%　　　　　　D. 6%

参考答案：D

答案解析：财税〔2011〕110 号《营业税改征增值税试点方案》：税率。在现行增值税 17%标准税率和 13%低税率基础上，新增 11%和 6%两档低税率。租赁有形动产等适用 17%税率，交通运输业、建筑业等适用 11%税率，其他部分现代服务业适用 6%税率。

试题难易度：01 容易

知识点：增值税—营改增—应税服务适用税率。

5. 广州甲公司为小规模纳税人，当月提供货物运输服务，收取 50000 元，当月应申报缴纳增值税（　　）元。

A. 1456.31　　　B. 7264.96　　　C. 4954.96　　　D. 2830.19

参考答案：A

答案解析：$50000 \div (1 + 3\%) \times 3\% = 1456.31$（元）。

试题难易度：02 中等

知识点：增值税—营改增—小规模纳税人—应税服务简易征收率。

6. 法国丙公司为广州 A 公司提供技术咨询服务，收取 50000 元，A 公司应扣缴增值税（　　）元。

A. 1456.31　　　B. 7264.96　　　C. 4954.96　　　D. 2830.19

参考答案：D

答案解析：$50000 \div (1 + 6\%) \times 6\% = 2830.19$（元）。

试题难易度：02 中等

知识点：增值税—营改增——一般纳税人—应税服务税率。

7. 一般纳税人提供财政部和国家税务总局规定的特定应税服务，可以选择适用简易计税方法计税，但一经选择，（　　）个月内不得变更。

A. 12　　　　　　B. 24　　　　　　C. 36　　　　　　D. 60

参考答案：C

答案解析：财税 〔2013〕 37 号附件 1《交通运输业和部分现代服务业营业税改征增值税试点实施办法》第十五条：一般纳税人提供应税服务适用一般计税方法计税。一般纳税人提供财政部和国家税务总局规定的特定应税服务，可以选择适用简易计税方法计税，但一经选择，36 个月内不得变更。

试题难易度：02 中等

知识点：增值税—营改增——一般纳税人—简易征收。

8. 方欣公司 2013 年 8 月接受新正税务师事务所汇算清缴审计业务，支付审计费用 10 万元，新正税务师事务所为营改增试点一般纳税人，其所开具的增值税专用发票进项税额是（　　）。

A. 6000　　　　　B. 5660.38　　　　C. 4660.38　　　　D. 2912.62

参考答案：B

答案解析：100000÷（1+6%）×6%＝5660.38 （元）。

试题难易度：02 中等

知识点：增值税—营改增——一般纳税人—应纳税额。

9. 方欣公司为从事技术开发的营改增试点一般纳税人，2013 年 8 月采购过程中取得试点一般纳税人货物运输增值税专用发票一张，价税合计 11 万元，取得铁路货物运输发票 12 万元，方欣当期可抵扣的增值税进项税额为（　　）元。

A. 10900.90　　　B. 11891.89　　　C. 22792.79　　　D. 19300.90

参考答案：D

答案解析：110000÷（1+11%）×11%＋120000×7%＝19300.90 （元）。《交通运输业和部分现代服务业营业税改征增值税试点实施办法》第二十二条：下列进项税额准予从销项税额中抵扣：（一） 从销售方或者提供方取得的增值税专用发票上注明的增值税额。（四） 接受铁路运输服务，按照铁路运输费用结算单据上注明的运输费用金额和 7% 的扣除率计算的进项税额。

试题难易度：03 较难

知识点：增值税—营改增——一般纳税人—可抵扣进项税额。

10. 方欣公司为营改增试点一般纳税人，2013 年 8 月取得收入中有营业税收入 5 万元，简易计税方式收入 8 万元，一般计税方法收入 17 万元，当期进项税额 2 万元，公司无法划分不得抵扣的进项税额，问当期可予以抵扣的进项税额是（　　）元。

A. 20000　　　　　B. 16667　　　　　C. 14667　　　　　D.11333.33

参考答案：D

答案解析：不得抵扣的进项税额 = 当期无法划分的全部进项税额 ×（当期简易计税方法计税项目销售额 + 非增值税应税劳务营业额 + 免征增值税项目销售额）÷（当期全部销售额 + 当期全部营业额）= 20000 ×（80000 + 50000）÷（170000 + 80000 + 50000）= 8666.67（元）。当期可予以抵扣的进项税额 = 20000 – 8666.67 = 11333.33（元）。

试题难易度：03 较难

知识点：增值税—营改增——一般纳税人—可抵扣进项税额—不得抵扣进项税额。

11. 营改增增值税纳税义务发生时间为（　　）。

A. 纳税人提供应税服务并收讫销售款项或者取得索取销售款项凭据的当天；先开具发票的，为开具发票的当天

B. 纳税人提供有形动产租赁服务采取预收款方式的，其纳税义务发生时间为提供租赁日期的当天

C. 纳税人发生视同提供应税服务的，其纳税义务发生时间为应税服务提供的当天

D. 纳税人提供应税服务开具发票的，为开具发票的当天

参考答案：A

答案解析：B 应为纳税人提供有形动产租赁服务采取预收款方式的，其纳税义务发生时间为收到预收款的当天。C 应为纳税人视同提供应税服务的，其纳税义务发生时间为应税服务完成的当天。D 应为纳税人提供应税服务开具发票的，为开具发票的当天。

试题难易度：03 较难

知识点：增值税—营改增—纳税义务发生时间。

12. 营改增试点中交通运输业，是指使用运输工具将货物或者旅客送达目的地，使其空间位置得到转移的业务活动。不包括（　　）。

A. 陆路运输服务   B. 水路运输服务

C. 航空运输服务   D. 铁路运输服务

参考答案：D

答案解析：《应税服务范围注释》：交通运输业，是指使用运输工具将货物或者旅客送达目的地，使其空间位置得到转移的业务活动。包括陆路运输服务、水路运输服务、航空运输服务和管道运输服务。陆路运输服务，是指通过陆路（地上或者地下）运送货物或者旅客的运输业务活动，包括公路运输、缆车运输、索道运输及其他陆路运输，暂不包括铁路运输。

试题难易度：01 容易

知识点：增值税—营改增—应税服务范围—交通运输业。

13. 部分现代服务业，是指围绕制造业、文化产业、现代物流产业等提供技术性、知识性服务的业务活动。不包括（　　）。

A. 信息技术服务   B. 物业服务

C. 物流辅助服务   D. 设备租赁服务

参考答案：B

答案解析：部分现代服务业，是指围绕制造业、文化产业、现代物流产业等提供技术性、知识性服务的业务活动。包括研发和技术服务、信息技术服务、文化创意服务、物流辅助服务、有形动产租赁服务、鉴证咨询服务、广播影视服务。

试题难易度：01 容易

知识点：增值税—营改增—应税服务范围—部分现代服务业。

14. 试点增值税一般纳税人提供交通运输业或部分现代服务业等应税服务可以使用的发票不包括（　　）。

A. 增值税专用发票   B. 增值税普通发票

C. 货物运输业增值税专用发票   D. 营业税运输发票

参考答案：D

答案解析：2013 年 8 月 1 日后除铁路运输外，交通运输业纳入全国营改增试点应税服务范围，因此不得再使用营业税运输费用结算单据。

试题难易度：01 容易

知识点：增值税—营改增—发票开具。

15. 国际运输服务不包括 （   ）。

A. 在境内载运旅客出境　　　　　　B. 在境外载运旅客或者货物入境

C. 在境外载运旅客或者货物　　　　D. 在境内载运旅客

参考答案：D

答案解析：财税〔2013〕37 号附件 4《应税服务适用增值税零税率和免税政策的规定》规定：国际运输服务，是指：①在境内载运旅客或者货物出境；②在境外载运旅客或者货物入境；③在境外载运旅客或者货物。

试题难易度：02 中等

知识点：增值税—营改增—国际运输服务。

二、多项选择题（18 题）

1. 营业税改征增值税的指导思想为 （   ）。

A. 建立健全有利于科学发展的税收制度　　B. 促进经济结构调整

C. 支持现代服务业发展　　　　　　　　　D. 取消营业税

参考答案：ABC

答案解析：财税〔2011〕110 号《营业税改征增值税试点方案》指导思想。

试题难易度：02 中等

知识点：增值税—营改增—指导思想。

2. 营业税改征增值税的试点主要税制安排税率设计正确的包括 （   ）。

A. 租赁有形动产适用 17% 税率

B. 交通运输业适用 11% 税率

C. 除租赁有形动产外其他部分现代服务业适用 6% 税率

D. 建筑业等适用 11% 税率

参考答案：ABCD

答案解析：财税〔2011〕110 号《营业税改征增值税试点方案》：税率。在现行增值税 17% 标准税率和 13% 低税率基础上，新增 11% 和 6% 两档低税率。租赁有形动产等适用 17% 税率，交通运输业、建筑业等适用 11% 税率，其他部分现代服务业适用 6% 税率。

试题难易度：02 中等

知识点：增值税—营改增—税制安排—税率设计。

3. 在中华人民共和国境内提供交通运输业和部分现代服务业服务的单位应当缴纳增值税，不再缴纳营业税。这里单位包括（　　）。

A. 企业　　　　　　B. 行政单位　　　　C. 事业单位　　　　D. 军事单位

E. 社会团体

参考答案：ABCDE

答案解析：《交通运输业和部分现代服务业营业税改征增值税试点实施办法》第一条：在中华人民共和国境内（以下称境内）提供交通运输业和部分现代服务业服务（以下称应税服务）的单位和个人，为增值税纳税人。纳税人提供应税服务，应当按照本办法缴纳增值税，不再缴纳营业税。单位，是指企业、行政单位、事业单位、军事单位、社会团体及其他单位。

试题难易度：01 较易

知识点：增值税—营改增—纳税人。

4. 营改增试点纳税人一般纳税人和小规模纳税人的区分原则符合规定的有（　　）。

A. 应税服务的年应征增值税销售额超过财政部和国家税务总局规定标准的纳税人为一般纳税人，未超过规定标准的纳税人为小规模纳税人

B. 应税服务年销售额超过规定标准的其他个人不属于一般纳税人

C. 小规模纳税人会计核算健全，能够提供准确税务资料的，可以向主管税务机关申请一般纳税人资格认定，成为一般纳税人

D. 不经常提供应税服务的非企业性单位、企业和个体工商户不能申请一般纳税人资格

E. 不经常提供应税服务的非企业性单位、企业和个体工商户可选择按照小规模纳税人纳税

参考答案：ABCE

答案解析：《交通运输业和部分现代服务业营业税改征增值税试点实施办法》第三条：不经常提供应税服务的非企业性单位、企业和个体工商户可选择按照小规模纳税人纳税。反之，也可以选择按照一般纳税人纳税，所以 D 错误。

试题难易度：02 中等

知识点：增值税—营改增——一般纳税人认定。

5. 营改增中非营业活动中提供的交通运输业和部分现代服务业服务是指（　　）。

A. 非企业性单位按照法律和行政法规的规定，为履行国家行政管理和公共服务职能收取政府性基金或者行政事业性收费的活动

B. 单位或者个体工商户聘用的员工为本单位或者雇主提供交通运输业和部分现代服务业服务

C. 单位或者个体工商户为员工提供交通运输业和部分现代服务业服务

D. 财政部和国家税务总局规定的其他情形

参考答案：ABCD

答案解析：《交通运输业和部分现代服务业营业税改征增值税试点实施办法》第九条：提供应税服务，是指有偿提供应税服务。有偿，是指取得货币、货物或者其他经济利益。非营业活动中提供的交通运输业和部分现代服务业服务不属于提供应税服务。非营业活动，是指：（一）非企业性单位按照法律和行政法规的规定，为履行国家行政管理和公共服务职能收取政府性基金或者行政事业性收费的活动。（二）单位或者个体工商户聘用的员工为本单位或者雇主提供交通运输业和部分现代服务业服务。（三）单位或者个体工商户为员工提供交通运输业和部分现代服务业服务。（四）财政部和国家税务总局规定的其他情形。

试题难易度：02 中等

知识点：增值税—营改增—非营业活动。

6. 营改增试点中增值税税率正确的有（　　）。

A. 提供有形动产租赁服务，税率为 17%

B. 提供交通运输业服务，税率为 11%

C. 提供现代服务业服务（有形动产租赁服务除外），税率为 6%

D. 财政部和国家税务总局规定的应税服务，税率为零

参考答案：ABCD

答案解析：财税〔2011〕110 号《营业税改征增值税试点方案》：税率。在现行增值税 17% 标准税率和 13% 低税率基础上，新增 11% 和 6% 两档低税率。租赁有形动产等适用 17% 税率，交通运输业、建筑业等适用 11% 税率，其他部分现代服务业适用 6% 税率。

试题难易度：02 中等

知识点：增值税—营改增—税制安排—税率设计。

7. 营改增试点纳税人取得的下列进项税额准予从销项税额中抵扣（　　）。

A. 从销售方或者提供方取得的增值税专用发票上注明的增值税额

B. 从海关取得的海关进口增值税专用缴款书上注明的增值税额

C. 购进农产品，除取得增值税专用发票或者海关进口增值税专用缴款书外，按照农产品收购发票或者销售发票上注明的农产品买价和13%的扣除率计算的进项税额

D. 接受交通运输业服务，按照运输费用结算单据上注明的运输费用金额和7%的扣除率计算的进项税额

E. 接受境外单位或者个人提供的应税服务，从税务机关或者境内代理人取得的解缴税款的中华人民共和国税收通用缴款书上注明的增值税额

参考答案：ABCE

答案解析：D项只有铁路运输可以按照运输费用结算单据上注明的运输费用金额和7%的扣除率计算的进项税额予以抵扣。《交通运输业和部分现代服务业营业税改征增值税试点实施办法》第二十二条：下列进项税额准予从销项税额中抵扣：

（一）从销售方或者提供方取得的增值税专用发票（含货物运输业增值税专用发票、税控机动车销售统一发票，下同）上注明的增值税额。

解读：此条新增了内容，明确了增值税专用发票的内容，注意实为三种发票。

（二）从海关取得的海关进口增值税专用缴款书上注明的增值税额。

（三）购进农产品，除取得增值税专用发票或者海关进口增值税专用缴款书外，按照农产品收购发票或者销售发票上注明的农产品买价和13%的扣除率计算的进项税额。计算公式为：

进项税额＝买价×扣除率

买价，是指纳税人购进农产品在农产品收购发票或者销售发票上注明的价款和按照规定缴纳的烟叶税。

（四）接受铁路运输服务，按照铁路运输费用结算单据上注明的运输费用金额和7%的扣除率计算的进项税额。进项税额计算公式：

进项税额＝运输费用金额×扣除率

运输费用金额，是指铁路运输费用结算单据上注明的运输费用（包括铁路临

管线及铁路专线运输费用）、建设基金，不包括装卸费、保险费等其他杂费。

解读：此条明确运输费用按7%抵扣的仅为目前未营改增的铁路运输发票。

（五）接受境外单位或者个人提供的应税服务，从税务机关或者境内代理人取得的解缴税款的中华人民共和国税收缴款凭证（以下称税收缴款凭证）上注明的增值税额。

试题难易度：02 中等

知识点：增值税—营改增—可抵扣进项税额。

8. 营改增纳税人下列项目的进项税额不得从销项税额中抵扣（　　）。

A. 用于适用简易计税方法计税项目、非增值税应税项目、免征增值税项目、集体福利或者个人消费的购进货物、接受加工修理修配劳务或者应税服务。其中涉及的固定资产、专利技术、非专利技术、商誉、商标、著作权、有形动产租赁，仅指专用于上述项目的固定资产、专利技术、非专利技术、商誉、商标、著作权、有形动产租赁

B. 非正常损失的购进货物及相关的加工修理修配劳务和交通运输业服务

C. 非正常损失的在产品、产成品所耗用的购进货物（不包括固定资产）、加工修理修配劳务或者交通运输业服务

D. 接受的旅客运输服务

E. 自用的应征消费税的摩托车、汽车、游艇，但作为提供交通运输业服务的运输工具和租赁服务标的物的除外

参考答案：ABCD

答案解析：《交通运输业和部分现代服务业营业税改征增值税试点实施办法》第二十四条：下列项目的进项税额不得从销项税额中抵扣：

（一）用于适用简易计税方法计税项目、非增值税应税项目、免征增值税项目、集体福利或者个人消费的购进货物、接受加工修理修配劳务或者应税服务。其中涉及的固定资产、专利技术、非专利技术、商誉、商标、著作权、有形动产租赁，仅指专用于上述项目的固定资产、专利技术、非专利技术、商誉、商标、著作权、有形动产租赁。

（二）非正常损失的购进货物及相关的加工修理修配劳务和交通运输业服务。

（三）非正常损失的在产品、产成品所耗用的购进货物（不包括固定资产）、加工修理修配劳务或者交通运输业服务。

（四）接受的旅客运输服务。

答案 E 属于财税〔2011〕111 号文规定，财税〔2013〕37 号文取消了这一规定。

试题难易度：02 中等

知识点：增值税—营改增—进项税额—不得抵扣进项税额。

9. 营改增增值税纳税义务发生时间为（　　）。

A. 纳税人提供应税服务并收讫销售款项或者取得索取销售款项凭据的当天；先开具发票的，为开具发票的当天

B. 纳税人提供应税服务并收讫销售款项。收讫销售款项，是指纳税人提供应税服务过程中或者完成后收到款项

C. 纳税人提供应税服务取得索取销售款项凭据的当天，是指书面合同确定的付款日期；未签订书面合同或者书面合同未确定付款日期的，为应税服务完成的当天

D. 纳税人提供有形动产租赁服务采取预收款方式的，其纳税义务发生时间为收到预收款的当天

E. 增值税扣缴义务发生时间为纳税人增值税纳税义务发生的当天

参考答案：ABCDE

答案解析：《交通运输业和部分现代服务业营业税改征增值税试点实施办法》第四十一条：增值税纳税义务发生时间的规定。

试题难易度：02 中等

知识点：增值税—营改增—纳税义务发生时间。

10. 纳税人提供应税服务，应当向索取增值税专用发票的接受方开具增值税专用发票，并在增值税专用发票上分别注明销售额和销项税额。营改增纳税人属于下列情形之一的，不得开具增值税专用发票：（　　）。

A. 向消费者个人提供应税服务

B. 适用免征增值税规定的应税服务

C. 向政府机关提供应税服务

D. 向小规模纳税人提供应税服务

参考答案：AB

答案解析：《交通运输业和部分现代服务业营业税改征增值税试点实施办法》

第四十九条：纳税人提供应税服务，应当向索取增值税专用发票的接受方开具增值税专用发票，并在增值税专用发票上分别注明销售额和销项税额。属于下列情形之一的，不得开具增值税专用发票：（一）向消费者个人提供应税服务。（二）适用免征增值税规定的应税服务。

试题难易度：02 中等

知识点：增值税—营改增—发票开具。

11. 部分现代服务业，是指围绕制造业、文化产业、现代物流产业等提供技术性、知识性服务的业务活动。包括（　　　）。

A. 研发和技术服务　　　　　　　B. 信息技术服务

C. 文化创意服务　　　　　　　　D. 物流辅助服务

E. 有形动产租赁服务和广播影视服务

参考答案：ABCDE

答案解析：根据《应税服务范围注释》规定：部分现代服务业，是指围绕制造业、文化产业、现代物流产业等提供技术性、知识性服务的业务活动。包括研发和技术服务、信息技术服务、文化创意服务、物流辅助服务、有形动产租赁服务、鉴证咨询服务、广播影视服务。

试题难易度：01 较易

知识点：增值税—营改增—应税服务范围—部分现代服务业。

12. 信息技术服务，是指利用计算机、通信网络等技术对信息进行生产、收集、处理、加工、存储、运输、检索和利用，并提供信息服务的业务活动。包括（　　　）。

A. 软件服务　　　　　　　　　　B. 电路设计及测试服务

C. 信息系统服务　　　　　　　　D. 业务流程管理服务

参考答案：ABCD

答案解析：根据《应税服务范围注释》规定：信息技术服务，是指利用计算机、通信网络等技术对信息进行生产、收集、处理、加工、存储、运输、检索和利用，并提供信息服务的业务活动。包括软件服务、电路设计及测试服务、信息系统服务和业务流程管理服务。1. 软件服务，是指提供软件开发服务、软件咨询服务、软件维护服务、软件测试服务的业务行为。2. 电路设计及测试服务，是指提供集成电路和电子电路产品设计、测试及相关技术支持服务的业务行为。3. 信息系统服务，是指提供信息系统集成、网络管理、桌面管理与维护、信息系统应用、基础信息技术管理平台整合、信息技术基础设施管理、数据中心、托管中心、安全服务的业务行为。4. 业务流程管理服务，是指依托计算机信息技术提供的人力资源管理、财务经济管理、金融支付服务、内部数据分析、呼叫中心和电子商务平台等服务的业务活动。

试题难易度：02 中等

知识点：增值税—营改增—应税服务范围—部分现代服务业—信息技术服务。

13. 物流辅助服务，包括（　　）。

A. 航空服务 　　　　　　　　　　B. 港口码头服务

C. 货运客运场站服务 　　　　　　D. 仓储服务和装卸搬运服务

参考答案：ABCD

答案解析：根据《应税服务范围注释》规定：物流辅助服务，包括航空服务、港口码头服务、货运客运场站服务、打捞救助服务、货物运输代理服务、代理报关服务、仓储服务和装卸搬运服务。

试题难易度：02 中等

知识点：增值税—营改增—应税服务范围—部分现代服务业—物流辅助服务。

14. 试点纳税人兼有不同税率或者征收率的销售货物、提供加工修理修配劳务或者应税服务的，应当分别核算适用不同税率或征收率的销售额，未分别核算销售额的，按照以下方法适用税率或征收率（　　）。

A. 兼有不同税率的销售货物、提供加工修理修配劳务或者应税服务的，从高适用税率。

B. 兼有不同征收率的销售货物、提供加工修理修配劳务或者应税服务的，从高适用征收率。

C. 兼有不同税率和征收率的销售货物、提供加工修理修配劳务或者应税服务的，从高适用税率。

D. 税务机关核定销售额。

参考答案：ABC

答案解析：财税〔2013〕37 号附件 2《交通运输业和部分现代服务业营业税改征增值税试点有关事项的规定》关于混业经营的规定：试点纳税人兼有不同税率或者征收率的销售货物、提供加工修理修配劳务或者应税服务的，应当分别核算适用不同税率或征收率的销售额，未分别核算销售额的，按照以下方法适用税率或征收率：

（1）兼有不同税率的销售货物、提供加工修理修配劳务或者应税服务的，从高适用税率。

（2）兼有不同征收率的销售货物、提供加工修理修配劳务或者应税服务的，从高适用征收率。

（3）兼有不同税率和征收率的销售货物、提供加工修理修配劳务或者应税服务的，从高适用税率。

试题难易度：02 中等

知识点：增值税—营改增—混业经营—计税方法。

15. 试点纳税人从全部价款和价外费用中扣除价款，应当取得符合法律、行政法规和国家税务总局有关规定的凭证。否则，不得扣除。上述凭证是指（   ）。

A. 支付给境内单位或者个人的款项，且该单位或者个人发生的行为属于增值税或营业税征收范围的，以该单位或者个人开具的发票为合法有效凭证

B. 支付的行政事业性收费或者政府性基金，以开具收据为合法有效凭证

C. 支付给境外单位或者个人的款项，以该单位或者个人的签收单据为合法有效凭证，税务机关对签收单据有疑义的，可以要求其提供境外公证机构的确认证明

D. 国家税务总局规定的其他凭证

参考答案：ACD

答案解析：财税〔2013〕37 号附件 2《交通运输业和部分现代服务业营业税改征增值税试点有关事项的规定》关于销售额的规定。

试题难易度：02 中等

知识点：增值税—营改增—销售额。

16. 原增值税纳税人营改增试点中下列处理正确的有（   ）。

A. 原增值税一般纳税人接受试点纳税人提供的应税服务，取得的增值税专用发票上注明的增值税额为进项税额，准予从销项税额中抵扣

B. 原增值税一般纳税人接受试点纳税人中的小规模纳税人提供的交通运输业服务，按照从提供方取得的增值税专用发票上注明的价税合计金额和 7% 的扣除率计算进项税额，从销项税额中抵扣

C. 增值税一般纳税人接受境外单位或者个人提供的应税服务，按照规定应当扣缴增值税的，准予从销项税额中抵扣的进项税额为从税务机关或者代理人取得的解缴税款的中华人民共和国税收缴款凭证上注明的增值税额

D. 增值税一般纳税人购进货物或者接受加工修理修配劳务，用于简易计税方法计税项目，进项税额不得从销项税额中抵扣

参考答案：ACD

答案解析：财税〔2013〕37号附件2《交通运输业和部分现代服务业营业税改征增值税试点有关事项的规定》关于原增值税纳税人营改增后的规定。B属于财税〔2011〕111号文规定，财税〔2013〕37号文规定：原增值税一般纳税人取得的试点小规模纳税人由税务机关代开的增值税专用发票，按增值税专用发票注明的税额抵扣进项税额。

试题难易度：02 较难

知识点：增值税—营改增—计税方法。

17. 营改增中下列再就业税收优惠正确的有（　　　）。

A. 持《就业失业登记证》人员从事个体经营的，在3年内按照每户每年8000元为限额依次扣减其当年实际应缴纳的增值税、城市维护建设税、教育费附加和个人所得税

B. 试点纳税人年度应缴纳税款小于扣减限额的，以其实际缴纳的税款为限；大于扣减限额的，应当以扣减限额为限

C. 享受优惠政策的个体经营试点纳税人，是指提供《应税服务范围注释》服务的试点纳税人

D. 持《就业失业登记证》人员包括三年内毕业的应届高校毕业生

参考答案：AB

答案解析：财税〔2013〕37号附件3《交通运输业和部分现代服务业营业税改征增值税试点过渡政策的规定》关于失业人员就业的过渡政策规定。C应为：享受优惠政策的个体经营试点纳税人，是指提供《应税服务范围注释》服务（除广告服务外）的试点纳税人。D是指毕业年度内高校毕业生。

试题难易度：03 较难

知识点：增值税—营改增—过渡政策—再就业税收优惠。

18. 提供国际运输服务的单位和个人适用增值税零税率，应符合以下要求

（　　）。

A. 以水路运输方式提供国际运输服务的，应当取得《国际船舶运输经营许可证》

B. 以陆路运输方式提供国际运输服务的，应当取得《道路运输经营许可证》和《国际汽车运输行车许可证》，且《道路运输经营许可证》的经营范围应当包括"国际运输"

C. 以航空运输方式提供国际运输服务的，应当取得《公共航空运输企业经营许可证》且其经营范围应当包括"国际航空客货邮运输业务"

D. 只要实质提供了国际运输服务即可

参考答案：ABC

答案解析：财税〔2013〕37号附件4《应税服务适用增值税零税率和免税政策的规定》，不包括D。

试题难易度：02 中等

知识点：增值税—营改增—零税率—国际运输服务。

三、判断题（共 15 题）

1. 试点纳税人2013年8月1日之前签订的尚未执行完毕的租赁合同，8月1日后要开始缴纳增值税。（　　）

参考答案：错

答案解析：财税〔2013〕7号附件2《交通运输业和部分现代服务业营业税改征增值税试点有关事项的规定》规定：1. 试点纳税人在本地区试点实施之日前签订的尚未执行完毕的租赁合同，在合同到期日之前继续按照现行营业税政策规定缴纳营业税。

试题难易度：02 中等

知识点：增值税—营改增—试点事项规定。

2. 试点纳税人提供应税服务，按照国家有关营业税政策规定差额征收营业税的，因取得的全部价款和价外费用不足以抵减允许扣除项目金额，截至本地区试点实施之日尚未扣除的部分，不得在计算试点纳税人本地区试点实施之日后的销售额时予以抵减，应当向原主管地税机关申请退还营业税。（　　）

参考答案：对

答案解析：财税〔2013〕37号附件2《交通运输业和部分现代服务业营业税改征增值税试点有关事项的规定》规定：试点纳税人提供应税服务，按照国家有关营业税政策规定差额征收营业税的，因取得的全部价款和价外费用不足以抵减允许扣除项目金额，截至本地区试点实施之日尚未扣除的部分，不得在计算试点纳税人本地区试点实施之日后的销售额时予以抵减，应当向原主管地税机关申请退还营业税。

试题难易度：02中等

知识点：增值税—营改增—试点事项规定。

3. 试点纳税人本地区试点实施之日前提供的应税服务，因税收检查等原因需要补缴税款的，应按照营改增规定补缴增值税。　　　　　　　　　（　　）

参考答案：错

答案解析：财税〔2013〕37号附件2《交通运输业和部分现代服务业营业税改征增值税试点有关事项的规定》规定：试点纳税人本地区试点实施之日前提供的应税服务，因税收检查等原因需要补缴税款的，应按照现行营业税政策规定补缴营业税。

试题难易度：02中等

知识点：增值税—营改增—试点事项规定。

4. 营改增前的增值税纳税人向试点纳税人购买服务取得的增值税专用发票，可按现行规定抵扣进项税额。　　　　　　　　　　　　　　　（　　）

参考答案：对

答案解析：《试点方案》明确，改革试点期间增值税抵扣政策的衔接。现有增值税纳税人向试点纳税人购买服务取得的增值税专用发票，可按现行规定抵扣进项税额。

试题难易度：02中等

知识点：增值税—营改增—抵扣进项税额。

5. 营改增后，除个体工商户外的其他个人交增值税不交营业税。　（　　）

参考答案：错

答案解析：根据《交通运输业和部分现代服务业营业税改征增值税试点实施办法》规定，营改增纳税人包括个人，即个体工商户和其他个人。

试题难易度：02 中等

知识点：增值税—营改增—纳税人—个人。

6. 广州 A 公交公司向 B 公司无偿提供租车服务，要视同提供应税服务计算缴纳增值税。 （　　）

参考答案：对

答案解析：《交通运输业和部分现代服务业营业税改征增值税试点实施办法》第十一条：单位和个体工商户的下列情形，视同提供应税服务：（一）向其他单位或者个人无偿提供交通运输业和部分现代服务业服务，但以公益活动为目的或者以社会公众为对象的除外。（二）财政部和国家税务总局规定的其他情形。

试题难易度：03 较难

知识点：增值税—营改增—无偿提供应税服务—视同销售。

7. 试点中一般纳税人提供应税服务必须适用一般计税方法计税。 （　　）

参考答案：错

答案解析：《交通运输业和部分现代服务业营业税改征增值税试点实施办法》第十五条：一般纳税人提供应税服务适用一般计税方法计税。一般纳税人提供财政部和国家税务总局规定的特定应税服务，可以选择适用简易计税方法计税，但一经选择，36 个月内不得变更。

试题难易度：02 中等

知识点：增值税—营改增—计税方法。

8. 小规模纳税人提供应税服务适用简易计税方法计税。 （　　）

参考答案：对

答案解析：《交通运输业和部分现代服务业营业税改征增值税试点实施办法》第十六条。

试题难易度：01 较易

知识点：增值税—营改增—计税方法。

9. 一般计税方法的应纳税额，是指当期销项税额抵扣当期进项税额后的余额。 （　　）

参考答案：对

答案解析：《交通运输业和部分现代服务业营业税改征增值税试点实施办法》第十八条：一般计税方法的应纳税额，是指当期销项税额抵扣当期进项税额后的余额。应纳税额计算公式：应纳税额＝当期销项税额－当期进项税额，当期销项税额小于当期进项税额不足抵扣时，其不足部分可以结转下期继续抵扣。

试题难易度：01 较易

知识点：增值税—营改增—应纳税额。

10. 一般计税方法的销售额不包括销项税额，纳税人采用销售额和销项税额合并定价方法的，按照下列公式计算销售额：销售额＝含税销售额×税率。

（　　）

参考答案：错

答案解析：销售额＝含税销售额÷（1＋税率）

试题难易度：01 较易

知识点：增值税—营改增—销售额。

11. 从海关取得的海关进口增值税专用缴款书上注明的增值税额不能从销项税额中抵扣。

（　　）

参考答案：错

答案解析：《交通运输业和部分现代服务业营业税改征增值税试点实施办法》第二十二条：下列进项税额准予从销项税额中抵扣：……（二）从海关取得的海关进口增值税专用缴款书上注明的增值税额。

试题难易度：02 中等

知识点：增值税—营改增—进项税额—抵扣。

12. 营改增试点后，接受铁路运输业服务，按照运输费用结算单据上注明的运输费用金额和7%的扣除率计算的进项税额不能再抵扣。

（　　）

参考答案：错

答案解析：《交通运输业和部分现代服务业营业税改征增值税试点实施办法》第二十二条：下列进项税额准予从销项税额中抵扣：……（四）接受铁路运输服务，按照运输费用结算单据上注明的运输费用金额和7%的扣除率计算的进项税额。进项税额计算公式：

进项税额＝运输费用金额×扣除率

试题难易度：02 中等

知识点：增值税—营改增—进项税额—抵扣。

13. 接受境外单位或者个人提供的应税服务，接受境外单位或者个人提供的应税服务，从税务机关或者境内代理人取得的解缴税款的中华人民共和国税收缴款凭证（以下称税收缴款凭证）上注明的增值税额。 （ ）

参考答案：对

答案解析：《交通运输业和部分现代服务业营业税改征增值税试点实施办法》第二十二条：下列进项税额准予从销项税额中抵扣：……（五）接受境外单位或者个人提供的应税服务，从税务机关或者境内代理人取得的解缴税款的中华人民共和国税收缴款凭证（以下称税收缴款凭证）上注明的增值税额。

试题难易度：02 中等

知识点：增值税—营改增—进项税额—抵扣。

14. 增值税扣税凭证，是指增值税专用发票、增值税普通发票、海关进口增值税专用缴款书、农产品收购发票、农产品销售发票、运输费用结算单据和通用缴款书。 （ ）

参考答案：错

答案解析：《交通运输业和部分现代服务业营业税改征增值税试点实施办法》第二十三条：增值税扣税凭证，是指增值税专用发票、海关进口增值税专用缴款书、农产品收购发票、农产品销售发票、铁路运输费用结算单据和税收缴款凭证。

试题难易度：02 中等

知识点：增值税—营改增—进项税额—扣税凭证。

15. 中华人民共和国境外的单位或者个人在境内提供应税服务，在境内没有代理人的，应自行申报纳税。 （ ）

参考答案：错

答案解析：《交通运输业和部分现代服务业营业税改征增值税试点实施办法》第六条：中华人民共和国境外（以下称境外）的单位或者个人在境内提供应税服务，在境内未设有经营机构的，以其代理人为增值税扣缴义务人；在境内没有代理人的，以接受方为增值税扣缴义务人。

试题难易度：01 较易

知识点：增值税—营改增—扣缴义务人。

四、计算题（共 2 题）

1. 北京新正运输公司（增值税一般纳税人）2013 年 9 月发生如下业务：取得运输收入 100 万元（现金），其中支付给北京越通运输单位（增值税一般纳税人）30 万元现金，取得增值税专用发票；支付给上海智耕运输公司（增值税小规模纳税人）20 万元现金，取得增值税代开专用发票，支付给石家庄俊坤物流公司 35 万元现金，取得增值税普通发票，另外取得货运代理收入 40 万元现金。如果企业在会计账簿中单独核算上述收入和成本，并且不考虑本月取得的增值税其他进项税额，请计算增值税应纳税额。

参考答案：

增值税销项税额 $= 100 \div (1+11\%) \times 11\% + 40 \div (1+6\%) \times 6\% = 12.17$（万元）

增值税进项税额 $= 30 \div (1+11\%) \times 11\% + 20 \div (1+3\%) \times 3\% = 3.55$（万元）

应纳增值税额 $= 12.17 - 3.55 = 8.62$（万元）

答案解析：《关于在全国开展交通运输业和部分现代服务业营业税改征增值税试点税收政策的通知》（财税〔2013〕37 号）附件 2：《交通运输业和部分现代服务业营业税改征增值税试点有关事项的规定》：原增值税一般纳税人取得的试点小规模纳税人由税务机关代开的增值税专用发票，按增值税专用发票注明的税额抵扣进项税额。此条新增内容明确规定了小规模纳税人代开票按注明税额抵扣，实质是对原征 3 抵 7 政策的调整。

难易度：较难（02）

知识点：营改增—进项税额—抵扣凭证。

2. 青岛大华公司 2013 年 12 月由于仓库倒塌损毁产品一批，已知损失产品账面价值为 80000 元，当期总的生产成本 420000 元。其中耗用外购材料、低值易耗品等价值为 300000 元，材料所包含运费 50000 元，外购货物适用 17% 的增值税率，运费适用税率为 11%。

计算转出的增值税进项税额？

答案解析：

损失产品成本中所耗外购货物的材料成本 $= 80000 \times [\,(300000-50000) \div 420000) = 47619.05$（元）

应转出进项税额＝47619.05×17%＝8095.24（元）

损失产品成本中所耗运费额＝80000×（50000÷420000）＝9523.81（元）

应转出进项税额＝9523.81×11%＝1047.62（元）

借：待处理财产损溢——待处理流动资产损溢　　89142.86

　　贷：产成品　　　　　　　　　　　　　　　　　　80000

　　　　应交税费——应交增值税（进项税额转出）　　9142.86

答案解析：《关于在全国开展交通运输业和部分现代服务业营业税改征增值税试点税收政策的通知》（财税〔2013〕37号）附件1：《交通运输业和部分现代服务业营业税改征增值税试点实施办法》。

难易度：较难（03）

知识点：营改增—进项税额—非正常损失